全国职业教育"十三五"规划教材·机车车辆类

# 内燃机车驾驶专业实训指导书

主　编　吴秀霞　于彦良

副主编　戴建勇

主　审　马德祥

（扫描二维码，观看与本书配套的相关视频教学资源）

北京交通大学出版社

·北京·

## 内 容 简 介

本书以铁道机车专业教学指导委员会制定的最新专业教学标准为基础,结合铁路工作现场对内燃机车驾驶相关岗位必备核心技能要求,对学生进行内燃机车驾驶技能实训。

全书共设 10 个项目 40 个任务,涉及内燃机车驾驶实习认知（6 个任务）、内燃机车乘务员自检自修作业技能训练（2 个任务）、内燃机车全面检查作业技能训练（5 个任务）、柴油机试验及故障处理技能训练（4 个任务）、内燃机车整备作业技能训练（2 个任务）、内燃机车电气故障判断与处理技能训练（2 个任务）、内燃机车制动机试验检查及故障处理技能训练（2 个任务）、一次乘务作业技能训练（10 个任务）、内燃机车微机网络控制系统操作技能训练（2 个任务）、行车安全装备操作技能训练（5 个任务）。

本书配有相关任务的操作视频,可用作高职、中专院校相关专业的教学书,也可供铁路企业相关岗位的技术人员培训使用。

**图书在版编目（CIP）数据**

内燃机车驾驶专业实训指导书 / 吴秀霞,于彦良主编. —北京：北京交通大学出版社,2020.12

ISBN 978-7-5121-4354-8

Ⅰ. ① 内… Ⅱ. ① 吴… ② 于… Ⅲ. ① 内燃机车－驾驶员－高等职业教育－教材 Ⅳ. ① U268.48

中国版本图书馆 CIP 数据核字（2020）第 218105 号

**内燃机车驾驶专业实训指导书**
NEIRAN JICHE JIASHI ZHUANYE SHIXUN ZHIDAOSHU

责任编辑：陈跃琴

出版发行：北京交通大学出版社　　　　电话：010-51686414　　http://www.bjtup.com.cn

地　　址：北京市海淀区高梁桥斜街 44 号　邮编：100044

印 刷 者：北京鑫海金澳胶印有限公司

经　　销：全国新华书店

开　　本：185 mm×260 mm　　印张：19.75　　字数：493 千字

版 印 次：2020 年 12 月第 1 版　　2020 年 12 月第 1 次印刷

印　　数：1～2 500 册　　定价：58.00 元

# 前　言

机车驾驶技能实训是高职院校铁道机车专业的核心课程之一，本书适应当前高职教育人才培养模式和课程改革相关要求，根据铁道机车专业教学指导委员会制定的最新专业教学标准编写，共设计 10 个实训项目，主要内容包括：内燃机车驾驶实习认知、内燃机车乘务员自检自修作业技能训练 、内燃机车全面检查作业技能训练、柴油机试验及故障处理技能训练、内燃机车整备作业技能训练、内燃机车电气故障判断与处理技能训练、内燃机车制动机试验检查及故障处理技能训练、一次乘务作业技能训练、内燃机车微机网络控制系统操作技能训练、行车安全装备操作技能训练等。

本书通过互联网和移动终端平台，对传统纸质教材内容与新媒体视频资源进行了有机融合。采用"项目/任务/活动"的编排结构，适用于理实一体化教学模式，既可以作为高职、中专院校相关专业教学用书，也可以作为铁路企业技术人员的培训用书。

本书创建了相关资源的链接，学习者通过智能手机、iPad 等移动设备中的相关应用，扫描扉页的二维码，就可以观看与之相关的视频。

本书由河北轨道运输职业技术学院吴秀霞、于彦良担任主编，戴建勇担任副主编，河北轨道运输职业技术学院李联福、许建林、贺保华、刘超、马光及中国铁路北京局集团有限公司怀柔北机务段刘敏参编，具体编写分工为：吴秀霞编写项目 2～5，于彦良、马光编写项目 6，于彦良、贺保华编写项目 8，于彦良、戴建勇编写项目 10，贺保华、刘超、刘敏编写项目 1，许建林编写项目 7，李联福编写项目 9。本书由中国铁路北京局集团有限公司怀柔北机务段马德祥担任主审。

本书在编写过程中得到中国铁路北京局集团有限公司机务部、职工培训部、怀柔北机务段、石家庄电力机务段、唐山机务段等单位的大力支持和帮助，在此一并表示感谢！

由于水平有限，教材中难免有缺陷和不足，恳请广大读者批评指正。

编　者

2020 年 6 月

# 目　　录

# 项目 1

# 内燃机车驾驶实习认知

## 任务 1.1　组织准备及安全教育

**【任务描述】**

　　本任务主要讲述铁道机车专业认识实习的组织程序和准备工作、实习前人身安全教育内容、机务段运输生产组织方式，以及韶山型、和谐型内燃机车的基本概况。专业认识实习是学生专业学习阶段重要的实践性教学环节之一，是学生必须完成的专业认识实习内容。

**【学习目标】**

| 知识目标 | 熟悉机务段的生产组织方式和铁路运输安全作业的规定及措施，使学生对机务段运输工作有一个较全面的感性认识 |
|---|---|
| 能力目标 | 使学生进一步消化和深化已学到的专业基础理论知识，并通过实践检查学生对所学理论知识的理解程度、掌握程度和应用能力 |
| 素质目标 | 养成细致、认真的工作作风；养成独立分析问题的良好习惯；能够比较自如地与他人沟通、协作完成工作 |

## 活动 1.1.1　组织准备

**【活动要点】**：① 组织程序。
　　　　　　　　② 安全教育要求和主要内容。

**1. 组织程序**

① 在学校进行专业认识实习动员，宣布实习纪律及相关制度。

② 进入机务段，接受教育科入段教育。

③ 入段教育经考试合格后，按照实习安排到车间实习，由车间进行安全教育。

④ 车间教育经考试合格后，车间根据实习要求分配学生到班组，由班组再次进行安全教育，合格后方可开始实习。

⑤ 按照计划，定期进行轮岗实习。

**2. 安全教育要求和主要内容**

进入机务段实习要进行三级安全教育：入段教育，车间教育，班组教育。

① 入段教育侧重思想教育、传统教育和纪律教育；

② 车间教育侧重安全技术基础知识的教育；

③ 班组教育侧重现场安全操作的教育。

在组织学生对机务段运转车间、检修车间、整备场等现场进行参观时，应针对各车间生产特点，结合安全规章，对生产组织情况和安全注意事项进行实地讲解，使学生牢固树立安全第一的思想，确保实习工作顺利进行。

## 活动 1.1.2　安全教育

🔥 **【活动要点】：** ① 机务部门职工应具备的一般安全常识。
　　　　　　　　　② 机车乘务员安全作业一般要求。

**1. 机务部门职工应具备的一般安全常识**

① 各工种、各岗位的职工和工作人员必须学习、掌握有关安全作业制度和安全常识，并经安全考试合格后方准上岗作业（一年定期考一次，80 分以上为合格）。

② 工作时，必须按规定穿戴好防护用品，并注意整洁。冬季不得把防护耳孔盖严；夏季禁止赤足裸臂，禁止穿凉鞋、高跟鞋、塑料底鞋、钉子鞋上岗作业。双层及以上作业，必须戴好安全帽。工作前，要充分休息，不准饮酒；工作中，要精力充沛，精神集中，坚守岗位，不准做与本职工作无关的事。

③ 保持作业场所整洁、通道畅通，产品、配件、原材料堆放整齐。下班前，要关闭风、汽、水、电等开关，工具、材料要收拾整齐，打扫周围环境，关好门窗，做到工完、料净、场地清洁。

④ 在任何情况下，均不得在机车、车辆、机械设备等下面或有倒塌危险、有毒气体和过分潮湿的地点及附近休息、乘凉或避风雨，不准在铁路钢轨、枕木上坐卧、逗留，禁止在吊起的重物下停留或行走。

⑤ 禁止在道心或枕木头上行走。横越线路或道口时，要"一站、二看、三通过"，严禁抢行、钻车。不得脚踏尖轨和道岔转动部分，严禁从集中联动的道岔处通过。

⑥ 在夜间通过沟渠或有碍通行的处所时，应携带照明用具。在地沟、水井、水池等附近通行时，应防止滑落摔伤，严禁从地沟上跳越。

⑦ 一切机械设备都必须建立检修、保养、使用方面的专人负责制。没有本机械操作合格证的其他人员，严禁操纵本机械。

⑧ 各种机械设备转动部分及有危险的外露部分，均应设置防护装置。进行检修或临时排除故障、擦拭等工作时，必须切断动力来源。修理带有压力的部件时，应先截断压力来源，放出余压后，方准进行工作。严禁带压紧固或修理。

⑨ 各种电动机具要安装漏电保护器，除按规定日期检查绝缘电阻外，每次使用前也必须对绝缘进行检查。

⑩ 严禁私自拉线、接火或安装用电设备，更不得用铁丝等导电的物体接触或拴拉电线。

临时拴拉电线或增设灯头等用电设备，须通知电工按正当手续办理。

⑪　各种机械设备、工具及检查、测量用具等的质量状态，必须严格按照规定期限进行检查、修理和校验。工作前，还应对机械设备、工具等进行严格检查和试车。

⑫　对于有爆炸、燃烧危险的物品等，要按规定妥善存放、管理，严禁在其附近吸烟和明火作业。特殊情况必须动火时，要严格按规定报有关部门批准。

⑬　进入各种容器内（如锅炉、金属槽等）工作时，进口处应设"里面有人工作"警示牌，同时设专人监护。冬季严禁用炭等燃料在内部取暖，以防窒息。工作结束关盖时，应先检查，确认无人后方可进行。

⑭　在机车上部和高处作业时，要站稳抓牢，做好安全防护措施，佩戴好安全带（绳），禁止将重物搬上搬下，或从高处抛掷工具、工件等。天气不良危及人身安全时，禁止上高处作业。

⑮　登高作业使用的梯子、作业平台，必须符合国家标准要求。配备的活动木梯、高凳、升降台等，必须经过应力计算和技术性能试验，合格后方准投入使用。使用前，应检查并确认其完整、良好、安全可靠；作业时，要思想集中，不得用力过猛、探身过远、高空跨越；升降移动时，须确认安全无误，方可开动。梯子与地面要有一定安全角度（55°～60° 为宜），并要有防滑装置。两人不得在同一梯子上作业，在无安全防护措施时不得双手离开梯子作业。使用人字梯时，应挂好安全链钩。由高处下来时，不得面向外方。

⑯　二人扛抬时，应同肩同步、同起同落。所用绳索、抬具应扎系牢固，防止滑落。二人以上搬运笨重物件时，必须统一行动、专人指挥、相互配合、呼唤应答。

⑰　在电气化区段，为保证人身安全，除牵引供电专业人员按规定作业外，其他任何人员及所携带的物件、作业工器具等须与牵引供电设备高压带电部分保持 2 m 以上的距离，与回流线、架空地线、保护线保持 1 m 以上距离。电气化区段保洁、施工等作业，不得使水管向供电线路方向喷射。机车保洁时，不得采用向车体上部喷水方式洗刷车体。

⑱　在电气化区段，通过铁路平交道口的车辆限界及货物装载高度（从地面算起）不得超过 4.5 m。若车辆上部或货物装载高度（从地面算起）超过 2 m，通过平交道口时，车辆上部及装载的货物上严禁坐人。对于机车、动车组及各种车辆上方的接触网设备，在未停电并办理安全防护措施前，禁止任何人员攀登到车顶或车辆装载的货物上。

⑲　机车在段内进行整备作业，需要操纵隔离开关时，要严格执行登记、监护、呼唤应答等各种制度，办理隔离开关使用手续，不得简化程序。升弓前，司机必须亲自检查并确认高压室内、地沟内或机车下无人作业，进行呼唤应答，鸣笛后，方可升弓。

⑳　发现牵引供电设备断线及部件损坏，或发现牵引供电设备上挂有线头、绳索、塑料布、脱落搭接异物等时，均不得与之接触，应立即通知附近车站，在牵引供电设备检修人员到达并采取措施以前，任何人员均应距已断线索或异物处所 10 m 以上。

㉑　各岗位职工除应严格遵守安全用电规定外，必须懂得触电急救知识。

**2. 机车乘务员安全作业一般要求**

①　机车乘务员（含动车组司机，以下同）上岗前，必须在有资质的铁路机车司机培训基地进行培训，考试合格并取得职业资格证书后，方能担当乘务工作。

②　出退勤时，同一班人要同行，应走固定的走行线路，严禁以车代步、走道心或枕木头。

③ 在机车（含动车组，以下同）上或靠近机车工作时，须处于安全、牢固的地点。禁止站在可能变动位置的物体上工作。

④ 在参加定期修及入厂时，应按工厂有关安全技术细则进行工作。

⑤ 在停车从事检查或处理走行部故障时，不得侵入邻线，要随时注意机车车辆运行状态。在中间站等会有通过列车、动车组的相邻线路时，禁止在相邻线路（有站台时除外）一侧进行作业。

在车底下作业时，要做好呼唤应答，禁止用身体各部挎、挤、靠制动系统和其他部件。更换闸瓦时，须在手柄或闸把上挂好禁动牌，关闭闸缸塞门，以防机车移动造成伤亡。在坡道上进行上述工作时，应打好铁鞋。

⑥ 动车前应加强联系，确认司机、学习司机及有关人员处于安全位置后方可鸣笛动车，做到人不齐全不动车、车不停稳不上下。

⑦ 当机车在段内、站内运行时，不得向外探身过远，要注意瞭望，防止被信号机、接触网杆、三层作业平台、擦车架及检修库大门等设施刮伤、碰伤。

⑧ 当机车出入检修库时，车库大门应开好。机车走行板、梯子、脚蹬、车顶等不得有人，车内人员头部不得探出窗外。

⑨ 禁止在机车、车辆走行时进入钩档内作业。摘钩时应"一关前、二关后、三摘风管、四提钩"；连挂时要"一停、二引、三检、四挂"。

⑩ 当机车部件保有压力时，严禁进行维修，更不得用敲打、紧固、捻、钻等方式施修。

⑪ 在区间停车进行下部作业时，夜间应将停车地点照明，必须实行全列车制动，禁止从无渡板和无栏杆的桥梁上乘降。在较高的路堤上作业时，应注意防止跌落。

⑫ 机车在运行中，不得在司机室外部从事任何检查或修理工作，中门、非操纵端门窗必须锁闭。途中会车时，严禁将头探出窗外，并须注意邻线列车运行情况，接近车尾前应鸣笛。

⑬ 在内燃机车上从事检查、修理等工作时，禁止使用明火照明，机械间、电气间内严禁吸烟，检查蓄电池时戴好防护手套，严禁将金属工具跨线放置，并注意防止电解液溅出灼伤。

⑭ 在电气化区段运行的机车、动车、车辆的可以攀登到车顶的梯子、天窗等处所，均应设"电气化区段、严禁攀登"警告标志。

⑮ 凡运行途经电气化区段的机车，都必须严格执行电气化区段作业制度。整备完后出库前，对通往车顶或车体走行板的门、梯子，必须加锁或加装自动报警装置，严禁到车顶上作业或用水冲洗机车上部。

## 【考核评价】

**1. 自我评价**

① 自我考核：叙述机车乘务员安全作业一般要求。

② 自我评价（见表1-1）。

表1–1 自我评价（每项满分为10分）

| 序号 | 评价内容 | 得分 | 亮点 |
|---|---|---|---|
| 1 | 课前知识查阅、调研完成情况 | | |
| 2 | 课前、课中与人协作沟通表现 | | |
| 3 | 安全作业知识掌握情况 | | |
| 4 | 课前、课中学习态度表现 | | |

**2. 小组评价（见表1–2）**

表1–2 小组评价（每项满分为10分）

| 序号 | 评价内容 | 得分 | 亮点 |
|---|---|---|---|
| 1 | 课中学习态度表现 | | |
| 2 | 课前、课中与人协作沟通表现 | | |
| 3 | 安全作业知识掌握情况 | | |

**3. 教师评价（见表1–3）**

表1–3 教师评价（每项满分为10分）

| 序号 | 评价内容 | 得分 | 亮点 |
|---|---|---|---|
| 1 | 课前知识查阅、调研完成情况 | | |
| 2 | 课中参与及协作情况 | | |
| 3 | 掌握安全作业知识的效果 | | |

【教师建议】

人身安全是所有工作的基础。只有牢固树立安全第一的思想，才能确保实习工作顺利进行。

# 任务 1.2 熟悉机务段

【任务描述】

参观机务段运用车间、检修车间、整备车间，了解机务段的组织架构，收集机务段空间布局、车间组成、技术装备水平、基本工艺流程等信息，对机务段总体概况形成初步认知。

【学习目标】

| 知识目标 | 了解铁路机务系统的总体概况，掌握机务段布局情况及机务段的职责、类型、组织结构 |
|---|---|
| 能力目标 | 收集机务段空间布局、车间组成、技术装备水平、基本工艺流程等信息，对机务段总体概况形成初步认知 |
| 素质目标 | 养成细致、认真的工作作风；养成独立分析问题的良好习惯；能够比较自如地与他人沟通、协作完成工作 |

## 活动 1.2.1　机务段概况

◈【活动要点】：① 铁路机务系统管理机制。
　　　　　　　② 全路机务段布局。

　　国铁集团运输统筹监督局机辆部为铁路机务系统最高级单位,在各铁路局集团公司下设机务处,每个机务处下设若干个机务段,机务段下设若干个机务车间、机务折返段,同时还有检修车间、整备车间、设备车间、各职能科室。

　　机务车间也称运转车间,其前身为小型机务段,在铁路生产力布局调整时,将机车配属数量较少、规模较小、交路距离较短的机务段整体并入重要的铁路枢纽的机务段中,将并入的小型机务段整合为机务车间或运转车间。一般机务车间,配属一定数量的机车,担当一定距离的机车交路,负责机车的简单整备、检修(一般为小修、碎修)。

　　全路共有 18 个铁路局集团公司,下辖 69 个机务段:

　　① 中国铁路哈尔滨局集团有限公司 5 个:哈尔滨机务段、齐齐哈尔机务段、牡丹江机务段、佳木斯机务段、三棵树机务段(客运机务段)。

　　② 中国铁路沈阳局集团有限公司 8 个:沈阳机务段(客运机务段)、苏家屯机务段、锦州机务段、吉林机务段、通辽机务段、白城机务段、梅河口机务段、大连机务段。

　　③ 中国铁路呼和浩特局集团有限公司 2 个:包头西机务段、集宁机务段。

　　④ 中国铁路北京局集团有限公司 7 个:怀柔北机务段、北京机务段、丰台机务段、天津机务段、唐山机务段、石家庄电力机务段、邯郸机务段。

　　⑤ 中国铁路太原局集团有限公司 3 个:太原机务段、湖东电力机务段、侯马北电力机务段。

　　⑥ 中国铁路济南局集团有限公司 3 个:济南机务段(客运机务段)、济南西机务段、青岛机务段。

　　⑦ 中国铁路郑州局集团有限公司 3 个:郑州机务段、新乡机务段、洛阳机务段。

　　⑧ 中国铁路上海局集团有限公司 5 个:上海机务段(客运机务段)、南京东机务段、杭州机务段、合肥机务段、徐州机务段。

　　⑨ 中国铁路武汉局集团有限公司 3 个:武昌南机务段、江岸机务段、襄阳机务段。

　　⑩ 中国铁路西安局集团有限公司 3 个:西安机务段(客运机务段)、新丰镇机务段、安康机务段。

　　⑪ 中国铁路乌鲁木齐局集团有限公司 3 个:乌鲁木齐机务段(客运机务段)、库尔勒机务段、哈密机务段。

　　⑫ 中国铁路南昌局集团有限公司 4 个:南昌机务段(客运机务段)、福州机务段、向塘机务段、鹰潭机务段。

　　⑬ 中国铁路成都局集团有限公司 4 个:重庆机务段、贵阳机务段、西昌机务段、成都机务段。

　　⑭ 中国铁路兰州局集团有限公司 3 个:兰州西机务段、嘉峪关机务段、迎水桥机务段。

　　⑮ 中国铁路南宁局集团有限公司 2 个:南宁机务段、柳州机务段。

　　⑯ 中国铁路昆明局集团有限公司 2 个:昆明机务段、开远机务段。

⑰ 中国铁路广州局集团有限公司 6 个：广州机务段、长沙机务段、株洲机务段、怀化机务段、龙川机务段、海口机务段。

⑱ 中国铁路青藏集团有限公司 2 个：西宁机务段、格尔木机务段。

## 活动 1.2.2　机务段的职责、类型、组织机构

◐ 【活动要点】：机务段的职责及组织机构。

**1. 机务段的职责**

机务段是铁路运输一线的基层生产单位，一般设在铁路区段站或编组站所在地。机务段的主要职责是管好、用好、修好机车，圆满完成旅客列车、货物列车的牵引和调车工作等任务，具体表现在以下几方面：

① 机务段在国铁集团、铁路局集团公司的领导和指挥下，贯彻执行国铁集团、铁路局集团公司的有关规章、命令和指示。

② 编制机车运用计划，组织本段的配属机车和乘务组完成所担当区段的列车牵引作业和车站调车作业任务。

③ 对运用机车进行整备和日常保养检查。

④ 编制机车检修计划，组织机车按计划实施段修及落实机车的大、中修工作，确保机车技术状态良好。

⑤ 科学地组织人员，合理调配机车，质量良好地完成机车检修、列车牵引及调车作业任务。

**2. 机务段的类型**

机务段按其担当运输工作性质的不同，可分为客运机务段、货运机务段及客货混合机务段。按检修设备能力的不同，可分为中修机务段及小修机务段。根据机车走行公里数及检修机车的台数，又可分为特等、一等、二等、三等共四类机务段。另外，还有根据配属机车的种类、运用检修的情况来进行分类的。

对机务段进行评级分类，有利于合理安排投资，适当配置干部及定员；也有利于在牵引动力加快改革的新形势下，对机务段的设置、机车的运用检修进行改革和调整。

**3. 机务段的组织机构**

机务段下设管理部门和生产车间。

机务段的管理部门主要有办公室、安全科、技术科、材料科、教育科、统计科、运用科、财务科、劳人科、验收室。

机务段的生产车间主要有运用车间（客运、货运）、检修车间、整备车间、设备车间、折返段、救援列车和其他辅助车间。

机务段可根据定编、生产任务或本段特点增加或减少管理部门和生产车间，但总体组织机构不会有太大的变化。生产车间的主要职责如下：

① 运用车间设有机车队、机车组，负责机车运用管理，组织乘务员担当牵引任务。

② 检修车间设有各种工区、班组，负责机车修理、配件加工、质量检验等工作。

③ 整备车间负责机车用燃料、润滑油、水、砂、软水剂等物资的供应和机车的各种整备作业。

④ 设备车间负责机务本段和折返段的机械设备、水电动力设施的管理与维修。

⑤ 折返段是机务段的行车派出机构，级别与车间相同。折返段一般不配属机车，负责机车的检修、维护与保养，是乘务员换乘、休息的场所。

## 活动 1.2.3　检修车间概况

🔥 【活动要点】：① 检修车间的工作任务。
　　　　　　　　② 机车检修作业组织和指挥程序。
　　　　　　　　③ 根据收集到的信息，总结一项安全生产管理机制或者一项检修工艺流程。

**1. 组织机构**

检修车间的组织机构如图 1-1 所示。

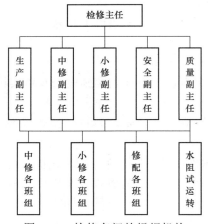

图 1-1　检修车间的组织机构

**2. 工区和作业班组分类**

① 按机车修程不同可分为中修（架修）工区、小辅修（定修）工区等。每个工区设置若干班组，班组的负责人为工长，负责班组的生产管理工作，每个班组根据生产需要还可以成立若干小组。工区领工员负责工区检修生产管理的全面工作，工区技术员负责工区技术工作。

② 按检修组织模式和管理模式不同可分为备品工区、上车工区等，还可根据检修任务设立行修组、专修组、中修组、备品组等。专修组负责机车小辅修，备品组负责机车中修备品的检修、试验，还负责修复临修和专修组拆下来的零部件。

**3. 检修车间的工作任务**

检修车间是机务段负责对机车进行定期检修工作的生产车间，其基本任务如下：

① 贯彻执行有关规章、制度、命令，按照全面质量管理的原则，抓好机车检修质量、检修时间、劳动生产率、配件材料及能源消耗等主要技术经济指标。

② 贯彻执行按固定机车的综合性包修负责制或按机车主要部分的专业性包修负责制，

并根据检修任务的需要设立相应的班组，加强对生产班组的管理。

③ 在段修过程中，严格执行"四按三化记名修"制度，不断提高机车检修工作的程序化、文明化、机械化程度，建立健全各种修程的检修台账和记录，把记名检修落实到班组管理和岗位责任制中去。

④ 建立健全会议制度，正确指挥车间生产。检修主任（或副主任）要按时主持召开各种检修会议，传达上级命令，确定超修范围，检查生产进度，协调各有关方面的工作，并按照机车检修评定标准对每台机车的检修工作进行总结和评定。

⑤ 切实抓好机车检修、配件修复、段制品生产等调度工作，保证机车中修、小辅修和大型互换配件检修按作业网络图进行，实现均衡生产。

⑥ 根据段定的职工培训计划，按生产班组的不同专业，有计划地组织检修人员学习技术、业务，不断使其提高技术水平和业务素质。

⑦ 加强安全生产思想教育，坚持安全生产制度，及时总结和推广安全生产经验，确保人身和设备安全。

**4. 机车检修作业组织和指挥程序**

由主管检修段长负责机车检修的组织和指挥，技术科负责组织制订机车大修、中修、小辅修计划，根据修程合理地选择各检修部门生产过程的组织形式，检修车间及相关车间负责实施机车检修。

## 活动 1.2.4　运用车间概况

🔥 **【活动要点】**：① 机务段运用车间组织结构及职责范围。
　　　　　　　　② 机车司机需要遵守的规章制度。
　　　　　　　　③ 机车乘务员一次乘务作业标准。

**1. 运用车间组织结构**

运用车间的组织机构如图 1-2 所示。

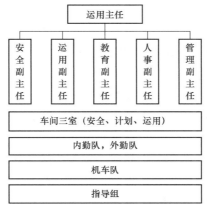

图 1-2　运用车间的组织机构

**2. 运用车间职责范围**

① 对机车担当区段的安全管理、人员管理、作业标准管理负全面责任。

② 按照段《安全管理十项机制》的规定要求，制定安全控制的具体落实机制，实现安全生产的有序可控。

③ 落实安全管理逐级负责制，制定车间各指导组的岗位责任，对专业技术人员、各指导司机进行有效的管理、监督、检查、考核，使安全管理工作层层负责，有序推进。

④ 制定车间干部岗位工作标准和安全管理量化考核标准，建立工作述职讲评制度，实现有序管理。

⑤ 对机车乘务员执行"两纪一化"情况进行检查、督导，并加强现场作业的控制。

⑥ 对职工违章违纪问题进行调查、分析、处理。

⑦ 根据车流计划协调运用科，保证机车、人员供应，确保满足运输生产需要。

⑧ 协调职教科对职工进行应知应会、必知必会知识的教育，不断提高乘务员技术、业务素质。

⑨ 消灭责任路外伤亡事故、行车一般事故、行车事故苗子、人身轻伤事故、火险火情或其他险情。

**3. 运用车间乘务工作简介**

运用车间的生产任务是：认真贯彻执行上级命令、指示，按照列车运行图、机车周转图制订日工作计划，组织机车乘务员完成机车的运用及整备作业，制定乘务员乘务作业标准和担当区段的司机操作图，并负责按检修计划扣车和组织机车的中间技术检查作业等。根据生产要求，运用车间也有由少量的检修工人组成的行车修理组，以便及时处理机车临修故障，加强机车的日常维护工作。

1）机车司机岗位责任制

① 严格执行《铁路技术管理规程》（以下简称《技规》）、《铁路机车运用管理规程》（以下简称《运规》）、《机车操作规程》（以下简称《操规》）、《铁路交通事故调查处理规则》（以下简称《事规》）、《铁路局集团公司行车组织规则》（以下简称《行规》）、《车站行车工作细则》（以下简称《站细》）及《机车乘务员一次作业标准》等行车规章的规定，保证行车及人身安全。

② 交接机车时，按《操规》规定的检查项目及要求，认真检查机车，试验机车各部机能。对于出库牵引列车的机车，各主要部件和设备须符合《技规》（普速铁路部分）第131条的规定，保证机车质量良好。

③ 列车运行中，严格执行各项限制速度，严格按信号要求行车，按列车操纵示意图操纵列车，执行呼唤应答和车机联控制度，安全、正点、平稳操纵列车，良好地完成运输任务，负责列车运行安全。

④ 熟知机车故障处理及非正常行车办法，发生问题果断处理，努力减少损失。

⑤ 负责保养机车，使之处于良好状态。

2）机车乘务员一次乘务作业标准

机车乘务员一次乘务作业程序：待乘—出勤—接班—出库—挂车—发车—途中运行—站

内停车—调车作业—到达作业—入库作业—交班退勤。

## 活动1.2.5　整备车间概况

🔥【活动要点】：① 整备车间的主要任务。
　　　　　　　② 机车整备作业的组织和指挥程序。
　　　　　　　③ 机车整备基本作业流程。

**1. 整备车间的主要任务**

整备车间担当机车的库内整备作业等工作，主要任务是：

① 贯彻落实国铁集团、铁路局集团公司及机务段有关机车整备、检修的管理工作方针、政策，贯彻"质量第一"和"修养并重，预防为主"的方针。

② 充分利用配属设备及场地的通过能力，合理组织机车整备，保证运用机车质量及运用机车台数。

③ 做好机车用水、燃料油、润滑油脂、绝缘油、合金、水处理药品主要用料的质量检验和质量监督。

**2. 机车整备作业的组织和指挥程序**

整备车间实行铁路四班制，每班由整备组、地勤检查组、外勤组三大块组成。整备组由烤砂工、上砂工、油脂发放工、洗车工等组成，地勤检查组由上部检查员、下部检查员、隔离开关值班员、工具管理员和给油员组成，外勤组由外勤作业人员组成。

机车整备作业组织和指挥工作，由机车调度室负责，具体如下：

① 机车计划调度员按日（班）机车交路计划向外勤值班员传达工作计划。

② 外勤、整备车间、监控车间按整备作业规定，组织机车洗车、行车安全装备检测、上砂、上油、上水、运记转储、领取油脂、隔离开关操作等整备作业。

③ 外勤值班员按照机车交路，以优先安排急交机车为原则，合理安排机车停放股道。对于需要临修的机车，司机应提前向机车调度员汇报，由外勤值班员为其合理安排股道。对于需要转线的机车，由外勤值班员通知司机或调车员进行转线。

**3. 机车整备作业程序**

① 车间整备调度人员负责与机务段运用科机车调度人员及外勤人员联系，指挥、协调库内机车整备工作安排。车间整备调度人员负责填记《机务段整备工作日志》，记录机车在段内整备作业全过程及有关信息。

② 车间整备调度人员与机务段机车调度人员及外勤人员积极联系、密切配合，准确掌握机车计划出入段时间，以便做好机车整备作业安排。

③ 机车入段后，先由外勤人员通知车间整备调度人员，再由车间整备调度人员通知整备车间各组作业人员做好接车准备。

④ 整备信息平台输入人员根据入库机车车型、车号，对该机车各项预警信息、轮缘尺寸、近期机车质量情况进行查询，并将查询结果告知车间整备调度人员、质检员，做到对机

车当前质量心中有数。各相关作业人员必须严格按照整备信息平台显示的预警信息内容，对各周期的保养处所进行作业，作业结束并经质检员验收合格后及时通知整备信息平台输入人员录入相关信息或消除预警。

⑤ 轮乘机车入库后，必须确定接车地点，由整备车间司机接车，并与乘务员办理相应的交接手续。

⑥ 整备人员与乘务员共同检查工具、备品情况，燃油量（电力机车电量）情况，并填写《机车交接班登记簿》。

⑦ 机车整备的所有工作，包括地检、保养、保洁、燃整、行修等，全部由整备车间按标准完成。机车整备过程中应执行禁动牌管理制度。机车整备作业应实行分段、分片立体平行作业，以压缩作业时间，提高作业效率，逐步达到"检修一体化"作业，实现自控型班组的一职多能。

机车整备基本作业流程如图 1-3 所示。

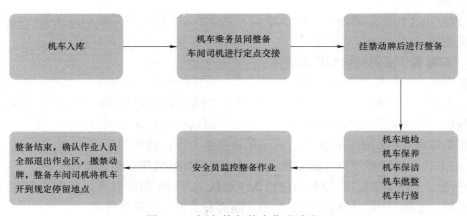

图 1-3　机车整备基本作业流程

## 【考核评价】

### 1. 自我评价

① 自我考核：描述机务段的职责及组织结构。

② 自我评价（见表 1-4）。

表 1-4　自我评价（每项满分为 10 分）

| 序号 | 评价内容 | 得分 | 亮点 |
|---|---|---|---|
| 1 | 课前知识查阅、调研完成情况 | | |
| 2 | 课前、课中与人协作沟通表现 | | |
| 3 | 机务段总体概况掌握情况 | | |
| 4 | 课前、课中学习态度表现 | | |

### 2. 小组评价（见表1–5）

表1–5　小组评价（每项满分为10分）

| 序号 | 评价内容 | 得分 | 亮点 |
|---|---|---|---|
| 1 | 课中学习态度表现 | | |
| 2 | 课前、课中与人协作沟通表现 | | |
| 3 | 机务段总体概况掌握情况 | | |

### 3. 教师评价（见表1–6）

表1–6　教师评价（每项满分为10分）

| 序号 | 评价内容 | 得分 | 亮点 |
|---|---|---|---|
| 1 | 课前知识查阅、调研完成情况 | | |
| 2 | 课中参与及协作情况 | | |
| 3 | 掌握机务段总体概况的效果 | | |

【教师建议】

　　了解铁路机务系统的总体概况，掌握机务段布局情况，对机务段的职责、类型、组织结构产生初步认知。

# 任务 1.3　内燃机车总体认知

【任务描述】

　　在实训教学中，需要提供东风$_{7C}$型、东风$_{4B}$型、$HX_N5$型内燃机车各一台。为了增强学生对内燃机车的直观感性认识，可将学生分成若干小组，以小组为单位学习内燃机车的结构及总体布置情况，熟悉各种设备的安装位置，并展开针对性的讨论。

【学习目标】

| 知识目标 | 了解东风$_{7C}$型、东风$_{4B}$型和$HX_N5$型内燃机车的总体概况、设备布置及其主要技术参数 |
|---|---|
| 能力目标 | 能正确分析东风$_{7C}$型、东风$_{4B}$型和$HX_N5$型内燃机车的结构特点，能指出各种设备的安装位置 |
| 素质目标 | 养成细致、认真的工作作风；养成独立分析问题的良好习惯；能够比较自如地与他人沟通、协作完成工作 |

## 活动 1.3.1　内燃直流机车总体认知

🔥 **【活动要点】:**　① 东风$_{4B}$型内燃机车电气室内的设备布置。
　　　　　　　　　② 东风$_{4B}$型内燃机车冷却室内的设备布置。
　　　　　　　　　③ 东风$_{7C}$型内燃机车的高、低压电气柜内的设备布置。
　　　　　　　　　④ 东风$_{7C}$型内燃机车司机室内的设备布置。
　　　　　　　　　⑤ 东风$_{7C}$型内燃机车动力室内的设备布置。

**1. 东风$_{4B}$型内燃机车总体认知**

1）东风$_{4B}$型内燃机车总体布置

东风$_{4B}$型内燃机车是中国铁路干线客、货运用机车,客运型机车与货运型机车除传动齿轮比不同(客运型为71:21,货运型为63:14)外,机车结构基本相同。东风$_{4B}$型内燃机车总体布置如图1-4所示。东风$_{4B}$型内燃机车外观如图1-5所示。

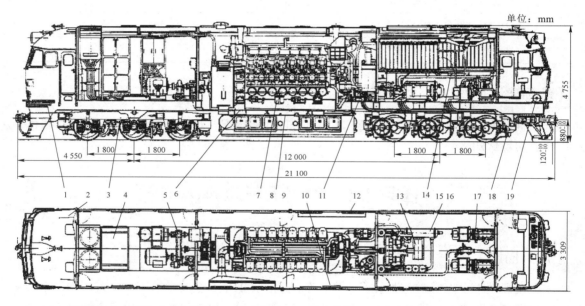

1—装饰带;2—车体;3—转向架;4—电气设备;5—传动机构;6—柴油发电机组;7—燃油系统;
8—防寒装置;9—蓄电池箱;10—测量仪表;11—预热系统;12—空气滤清器;13—通风机;14—冷却
装置;15—机油系统;16—冷却水系统;17—空气制动系统;18—撒砂系统;19—自动控制系统。

图1-4　东风$_{4B}$型内燃机车总体布置

东风$_{4B}$型内燃机车的车体为框架式薄壁结构承载式车体。机车从前到后分别为Ⅰ端司机室、电气室、动力室、冷却室、Ⅱ端司机室五个部分,其中电气室、动力室和冷却室顶部均设计成活动顶盖,以便拆装车内部件。左右侧壁、底架、车顶、司机室焊接在一起构成车体。

东风$_{4B}$型内燃机车采用双司机室,两端设有同等功能的司机室,可双向操纵机车。司机室内机车运行方向的左侧设有司机操纵台、JZ-7型空气制动机的自动制动阀(简称自阀)和单独制动阀(简称单阀),右侧设有副司机座席及工具箱;司机室后壁中部安装有手制动装置手柄，上部设有行李架。在Ⅱ端司机室后壁手制动装置上方设有圆形玻璃窗，供观察冷却风扇工作状态用。在司机室操纵台上还设有保证行车安全的信号显示装置、列车运行监控记录装置、无线调度电话等。

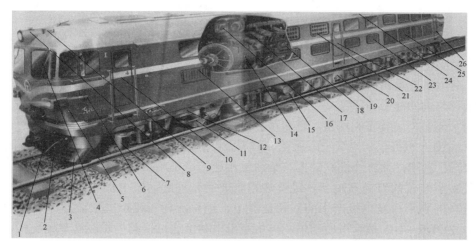

1—车钩；2—制动软管；3—排障器；4—刮雨器；5—标志灯；6—型号灯；7—砂箱；8—头灯；9—风喇叭；10—Ⅰ端司机室门；11—牵引杆；12—转向架；13—电气室百叶窗；14—牵引发电机；15—总风缸；16—中冷器；17—增压器；18—柴油机；19—燃油箱；20—蓄电池箱；21—柴油机进风口；22—动力室门；23—动力室百叶窗；24—动力室通风排风口；25—冷却室百叶窗；26—Ⅱ端司机室门。

图 1-5　东风$_{4B}$型内燃机车外观

电气室内设有电气控制柜、主硅整流柜、励磁整流柜和电阻制动柜等电气设备，由起动变速箱驱动的起动发电机、励磁机、测速发电机、前转向架牵引电动机通风机等辅助设备布置在电气室后部地板上。励磁整流柜、电阻制动控制箱和直流变换器以及空气制动系统的分配阀、中继阀和空气制动与电子制动联锁的电磁阀等均设在电气室后隔墙上。

动力室主要安装柴油发电机组及为它工作服务的空气滤清器、燃油滤清器、燃油输送泵、起动机油泵、膨胀水箱、预热锅炉等。车体侧面还装有两台通风机将车内热风排出车外。

冷却室内装有散热器组、冷却风扇、静液压马达等。散热器组下部安装有静液压变速箱、后转向架牵引电动机通风机、机油滤清器、机油热交换器、空气压缩机组等。冷却室左右两侧侧壁均设有八个通风百叶窗口。

机车走行部为两台可以互换的三轴转向架，机车整个上部结构通过 8 个弹性摩擦旁承坐落在两个转向架上。每个转向架与车体间由一组低位牵引杆机构相连，以传递牵引力和制动力。转向架轴箱采用弹性拉杆定位，轴箱内装有滚动轴承。弹簧悬挂装置分为一系悬挂和二系悬挂两部分。一系悬挂采用独立悬挂形式，包括轴箱与构架之间的轴箱圆弹簧，用于衰减吸收来自轨道高频振动的橡胶垫，以及在 1、3、4、6 轴装有并列的液压减振器；二系悬挂为转向架构架与车体之间的旁承橡胶堆。转向架与车体间还设有弹性侧挡装置，使转向架进出曲线时能够相对于车体进行回转运动。每个车轴上均悬挂一个牵引电动机，为减少轴重转移，牵引电动机顺置排列。每个动轮均设有一个闸缸和单侧单闸瓦，并带有闸瓦间隙自动调节器。东风$_{4B}$型内燃机车转向架如图 1-6 所示。

图 1-6　东风4B型内燃机车转向架

机车两端装有车钩缓冲装置，用于机车和车辆的自动连接和分解，同时传递机车牵引力和承受来自车辆的冲击力。

车架下部中央吊装着燃油箱，燃油箱两侧每侧有 6 个蓄电池箱，前后端装有总风缸。

东风4B型内燃机车采用交—直流电传动装置。TQFR-300 型同步牵引发电机（通称主发电机）的转子轴端，通过弹性联轴器与柴油机相连。电机座端与柴油机联接箱连接。它通过带有橡胶减震装置的万向联轴节，经变速箱增速后带动起动发电机和感应子助磁机以及测速发电机。同步牵引发电机产生的三相交流电，经整流柜三相桥式全波整流后，输送给 6 台并联的 ZQDR-410 型牵引电动机。再由牵引电动机通过传动齿轮驱动车轮旋转，从而使机车运行。

2）东风4B型内燃机车的结构参数（见表 1-7）

表 1-7　东风4B型内燃机车的结构参数

| 参数名 | 参数值 |
| --- | --- |
| 轨距/mm | 1 435 |
| 车轮滚动圆直径/mm | 1 050 |
| 柴油机标称功率/kW | 1 985 |
| 柴油机标定功率/kW | 2 647 |
| 柴油机装车功率/kW | 2 427 |
| 轴列式 | $C_0$—$C_0$ |
| 轴重/t | 23 |
| 整备质量/t | $138^{+2\%}_{-2\%}$ |
| 通过最小曲线半径/m | 145 |
| 最高客运速度/（km/h） | 120 |
| 最高货运速度/（km/h） | 100 |
| 燃油储备量/L | 9 000 |
| 机油储备量/kg | 1 200 |
| 冷却水储备量/kg | 1 200 |
| 车钩中心线距轨面高度/mm | 880±10 |

**2. 东风$_{7C}$型内燃机车认知**

1）东风$_{7C}$型内燃机车总体布置

东风$_{7C}$型内燃机车采用三相交—直流电力传动。

东风$_{7C}$型内燃机车外观如图 1-7 所示。东风$_{7C}$型内燃机车总体布置如图 1-8 所示。

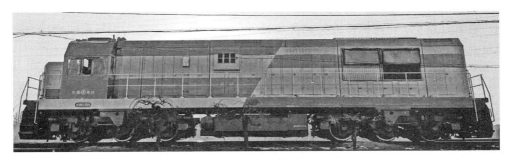

图 1-7 东风$_{7C}$型内燃机车外观

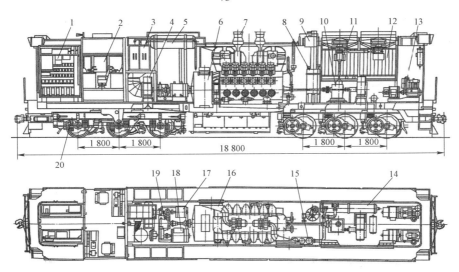

1—电气室；2—司机室；3—整流柜；4—牵引电动机通风机；5—总风缸；6—柴油机-发电机组；7—消声器；8—预热
锅炉；9—膨胀水箱；10—辅助齿轮箱；11—液力耦合器；12—冷却装置；13—空气压缩机；14—机油热交换器；
15—机油滤清器；16—空气滤清器；17—励磁机；18—起动发电机；19—起动变速箱；20—转向架。
图 1-8 东风$_{7C}$型内燃机车总体布置（装用 12V240ZJ6 型柴油机）

东风$_{7C}$型内燃机车采用车架承载、罩式车体、外走廊结构。在机车两侧的中部及两端设
有车梯，四周走台设有扶手杆，在机车两端装有牵引装置。车架下方两转向架之间，吊装燃
油箱和蓄电池箱，蓄电池箱位于燃油箱两侧，两者焊成一个整体。

机车上部依次为电气室、司机室、动力室、冷却室及辅助室五个部分，辅助室端为 I 端，
电气室端为 II 端。

电气室装有高、低压电气柜。高压电气柜内布置有主电路的控制电器，如换向开关、主
接触器、磁场削弱接触器和电阻、主电路的过流继电器和接地继电器、用于电子恒功率调节
器和空转保护的霍尔元件等。低压电气柜内布置有各种低压电器，如电子恒功率调节器、无

级调速驱动器、电压调整器、时间继电器、各种用途的电磁接触器和中间继电器，以及各种开关保险、电阻等。

司机室内有两个构造相同的操纵台（即主、副操纵台）。靠动力室一侧为主操纵台，另一侧为副操纵台。操纵台上安装有司机控制器、空气制动装置的自阀和单阀，以及各种操纵按钮、仪表和信号显示装置。司机室内还装有手制动手柄、紧急放风阀、暖风机、侧壁暖气、电风扇、空调以及正、副司机座椅等装置与设备。司机室地板下面为电气走线盒、均衡风缸、控制风缸及风、水管路等。

动力室在机车中部，由动力室隔墙分成柴油机间和电机间，电机间位于司机室一侧，柴油机间位于冷却室一侧。电机间装有整流柜（包括励磁整流柜）、起动变速箱、起动发电机、励磁机、Ⅱ端牵引电动机通风机、两个总风缸和阀类组装。柴油机间除装有柴油机–发电机组外，还有机油滤清器、辅助机油泵、燃油输送泵、燃油预热器、燃油粗滤器、预热锅炉、膨胀水箱及各系统的管路。柴油机进气空气滤清器安装在动力室的左右两侧。

冷却室内设有散热器组和两个冷却风扇及驱动冷却风扇的耦合器。冷却室下的车架面上，安装辅助齿轮箱、机油热交换器和Ⅰ端牵引电动机通风机。辅助室内装有两台空气压缩机。

机车走行部为两台三轴转向架，轴列式为 $C_0$—$C_0$ 式，滚动轴承轴箱采用弹性拉杆定位，一系悬挂为轴箱圆弹簧并带有液压减振器，二系悬挂为橡胶堆，采用无心盘、无导框的四杆机构牵引装置。每台转向架装有三台牵引电动机，牵引电动机采用滑动抱轴承式半悬挂方式。基础制动方式为单侧铸铁闸瓦制动、手制动、停车制动。

车底两台转向架之间设有燃油箱和蓄电池箱。

2）东风 $_{7C}$ 型内燃机车的结构参数（见表 1–8）

表 1–8　东风 $_{7C}$ 型内燃机车的结构参数

| 参数名 | 参数值 |
| --- | --- |
| 机车最高速度/（km/h） | 100 |
| 机车持续速度/（km/h） | 12.6 |
| 起动牵引力/kN | 428 |
| 持续牵引力/kN | 308 |
| 机车标称功率/kW | 1 180（东风 $_{7C1}$ 及东风 $_{7C2}$ 为 1 500） |
| 柴油机最大运用功率/kW | 1 470（东风 $_{7C1}$ 及东风 $_{7C2}$ 为 1 840） |
| 燃油箱容量/L | 5 400 |
| 机油装量/kg | 750 |
| 冷却水装载量/kg | 1 100 |
| 砂装载量/kg | 600 |
| 轴重/t | 22.5（东风 $_{7C1}$ 及东风 $_{7C2}$ 为 23） |
| 计算整备质量/t | 135（东风 $_{7C1}$ 及东风 $_{7C2}$ 为 138） |
| 通过最小曲线半径/m | 100 |
| 车轮滚动圆直径/mm | 1 050 |
| 制动方式 | 踏面制动 |
| 轨距/mm | 1 435 |

## 活动 1.3.2　内燃交流机车总体认知

🔥 **【活动要点】**：① $HX_N5$ 型内燃机车转向架一系悬挂的组成。

　　　　　　　　 ② $HX_N5$ 型内燃机车转向架二系悬挂的组成。

**1. $HX_N5$ 型内燃机车总体布置**

　　$HX_N5$ 型内燃机车是大功率交—直—交电传动内燃机车，由额定功率为 4 660 kW（海拔

2 500 m、环境温度 23 ℃）的
GEVO16 型柴油机、交流电传
动和控制系统、车体、转向架、
机油润滑系统、冷却系统、燃
油系统、空气滤清系统、设备
通风系统、CCBⅡ型空气制动
系统等组成。$HX_N5$ 型内燃机
车外观如图 1–9 所示。
$HX_N5$ 型内燃机车总体布置如
图 1–10 所示。

图 1–9　$HX_N5$ 型内燃机车外观

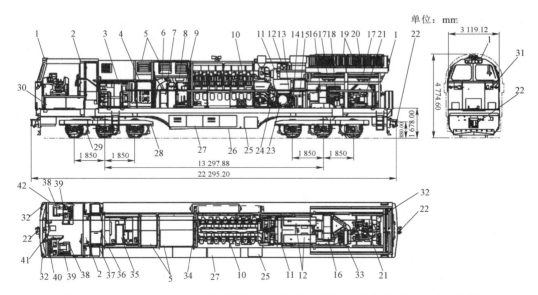

1—头灯；2—控制设备柜；3—牵引逆变器；4—功率装置柜；5—电阻制动装置；6—主发通风道；7—辅助发电机；8—CTS 起机
转换开关；9—主发电机；10—柴油机；11—空滤器；12—冷却水箱；13—低压燃油泵；14—起动机油泵；15—机油热交换器；
16—牵引电动机通风机；17—冷却风扇；18—电机道风滤清器；19—散热器百叶窗；20—散热器；21—空气压缩机；22—车钩；
23—机油滤清器；24—燃油滤清器；25—污油箱；26—燃油箱；27—蓄电池箱；28—转向架；29—牵引电动机；30—空调；
31—标志灯；32—砂箱；33—排尘风机；34—总风缸；35—逆变/主发通风机；36—卫生间；37—行车安全设备柜；
38—座椅；39—取暖气；40—操纵台；41—冰箱；42—制动柜。

图 1–10　$HX_N5$ 型内燃机车总体布置

机车为外走廊底架承载式结构。机车分上下两部分，上部为车体及安装在其上的设备，下部两端为转向架，中部设有承载式燃油箱。车体上面部分为相对独立的 4 个工作间：司机室、辅助/逆变室、动力室和冷却室；其中动力室分为两间，即发电机间和柴油机间，如图 1-11 所示。

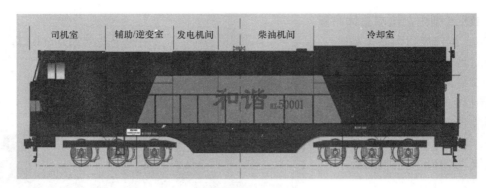

图 1-11　HX$_N$5 型内燃机车工作间（室）示意图

车体左右两侧在辅助/逆变室中间部位和冷却室后端部位均设有供司乘人员上下的扶梯；司机室后端墙左右两侧设有通往机车外部的门。

司机室内部前、后装有主、副两个操纵台，以便司机选择任意一个方向操纵机车。司机室内还设有司机控制台、微机显示屏、电台等操纵设备，以及冰箱、微波炉、饮水机、厕所等司机生活设施；司机室地板下设有外接电源变压器、空气制动机和空调装置。

辅助/逆变室内部以车顶底板为界分隔为上下两部分。上部前端为辅助通风机、主发电机通风机的进风区间，其车顶两侧设有 V 形滤网和离心式空气滤清器，后端为单支电阻制动装置工作区间，内部安装有一组电阻制动装置。下部为安装有多个辅助、牵引和变流器控制设备的电气柜。电气柜内在中间用隔板隔为前后两室，前室为高压电气柜（牵引变流器），左侧为 CA5 控制区，右侧为 CA3 控制区；后室为低压电气柜（功率装置柜），左侧为 CA4 控制区，右侧为 CA2 控制区。

动力室内部用隔墙分成柴油机间和发电机间。动力室与司机室相邻部分为发电机间，与冷却室相邻部分为柴油机间。发电机间分为上下两部分，上部为机车双支电阻制动装置工作区间，两侧都装有制动电阻的进风和排风百叶窗，内部安装有两组电阻制动装置；下部安装有主发电机和辅助发电机（串联），以及用于起动柴油机的 CTS 起机转换开关。柴油机间内部安装有 GEVO 16 型柴油机。柴油机输出端左侧设有盘车机构的接口。柴油机排气烟囱（消音器）安装于柴油机自由端增压器出口，与后顶盖相关联。柴油机间中部顶盖外端安装有风喇叭。

冷却室分为前后两部分。前半部分上方装有冷却水箱、空滤器，下方为集成的柴油机支持系统，包括机油滤清器、机油热交换器、燃油加热器、燃油滤清器、起动机油泵和低压燃油泵；后半部分上面为冷却系统冷却装置封闭作业区，冷却装置上方设有由压缩空气驱动的散热器百叶窗，百叶窗下方为散热器，散热器下部装有冷却风扇，并设有牵引电动机通风机和两台螺杆式空气压缩机，其左右两侧安装有供散热器进风的 V 形滤网。冷却室后墙上装有 CA9 控制箱,左右两侧还装有供后转向架用砂的砂箱。

机车走行部为两台完全相同的三轴转向架,转向架采用钢板焊接构架和无摇枕结构,轮对轴箱采用导框方式定位,车轮为整体式碾钢车轮,如图 1−12 所示。一系悬挂为轴箱两侧的螺旋弹簧,配垂向油压减振器;二系悬挂为构架和车体之间的三点式橡胶钢板复合旁承,配横向油压减振器、抗蛇行减振器。牵引力和制动力通过中心牵引销传递。牵引电动机采用滚动轴承抱轴半悬挂安装方式,采用单侧斜齿轮传动方式驱动轮轴,牵引齿轮传动比为85:16。基础制动装置采用踏面制动单元装置,带有闸瓦间隙调整器,停放制动装置为弹簧式制动装置。

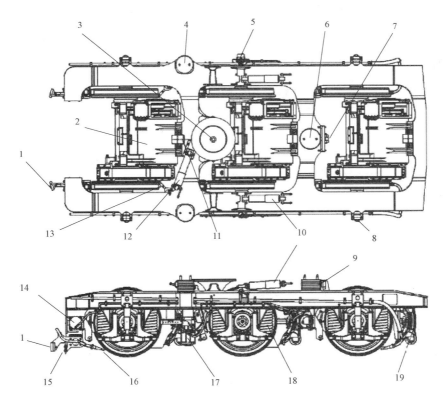

1—排障器;2—牵引电动机;3—中心销;4—承载垫;5—速度传感器;6—承载垫;7—转向架吊钩;8—垂向减振器;
9—承载垫;10—抗蛇行减振器;11—牵引电动机吊杆;12—横向减振器;13—轮缘润滑装置;14—单元制动器;
15—轨面清扫器;16—撒砂喷嘴;17—单元制动器;18—轴箱弹簧;19—牵引电动机吊杆。

图 1−12　$HX_N5$ 型内燃机车转向架

车架前后端装有车钩缓冲器,车钩左右两侧有列车管、空气重联管及重联电缆等。车架中部为承载式燃油箱,燃油箱右侧设有两个总风缸,机车总风缸总容量为940～1 000 L,每个风缸均装有排水阀,排水阀有加热和消声装置。两总风缸间装有高压安全阀。总风缸前端依次设有空气干燥器、辅助用风精滤器,后端设有制动用风精滤器。燃油箱左侧设有蓄电池箱。在司机室下部车架前端左右两侧各设有一个蓄电池充电插座。在车架中部设有燃油切断系统及燃油切断阀。$HX_N5$ 型内燃机车总风缸如图 1−13 所示。

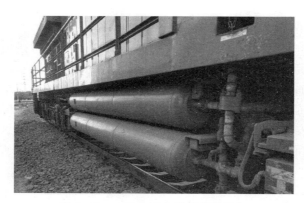

图 1-13　$HX_N5$ 型内燃机车总风缸

## 2. $HX_N5$ 型内燃机车参数（见表 1-9）

表 1-9　$HX_N5$ 型内燃机车参数

| 参数名 | 参数值 |
|---|---|
| 传动方式 | 交—直—交电传动 |
| 操纵方式 | 单司机操纵 |
| 轨距/mm | 1 435 |
| 轴列式 | $C_0—C_0$ |
| 机车整备质量/t | $150^{+3\%}_{-3\%}$ |
| 轴重（标称）/t | $25^{+3\%}_{-3\%}$ |
| 轮径/mm | 1 050 |
| 额定功率/kW | 4 400 |
| 轮周功率/kW | 4 003 |
| 最小通过曲线半径/mm | 145 |
| 车钩中心距/mm | 22 295 |
| 燃油箱容量/L | 9 000 |
| 砂装载量/L | 500 |
| 水装载量/L | 1 100 |
| 机油装载量/L | 1 300 |

## 【考核评价】

### 1. 自我评价

① 自我考核：东风$_{7C}$型、东风$_{4B}$型和 $HX_N5$ 型内燃机车的总体概况、设备布置情况描述。

② 自我评价（见表 1-10）。

表 1-10 自我评价（每项满分为 10 分）

| 序号 | 评价内容 | 得分 | 亮点 |
|------|----------|------|------|
| 1 | 课前知识查阅、调研完成情况 | | |
| 2 | 课前、课中与人协作沟通表现 | | |
| 3 | 东风$_{7C}$型、东风$_{4B}$型和 HX$_N$5 型内燃机车总体概况、设备布置掌握情况 | | |
| 4 | 课前、课中学习态度表现 | | |

**2. 小组评价（见表 1-11）**

表 1-11 小组评价（每项满分为 10 分）

| 序号 | 评价内容 | 得分 | 亮点 |
|------|----------|------|------|
| 1 | 课中学习态度表现 | | |
| 2 | 课前、课中与人协作沟通表现 | | |
| 3 | 东风$_{7C}$型、东风$_{4B}$型和 HX$_N$5 型内燃机车总体概况、设备布置掌握情况 | | |

**3. 教师评价（见表 1-12）**

表 1-12 教师评价（每项满分为 10 分）

| 序号 | 评价内容 | 得分 | 亮点 |
|------|----------|------|------|
| 1 | 课前知识查阅、调研完成情况 | | |
| 2 | 课中参与及协作情况 | | |
| 3 | 掌握东风$_{7C}$型、东风$_{4B}$型和 HX$_N$5 型内燃机车总体概况、设备布置情况的效果 | | |

【教师建议】

在掌握东风$_{7C}$型、东风$_{4B}$型和 HX$_N$5 型内燃机车总体概况、设备布置情况的基础上，进一步探究其他机型的结构概况。

# 任务 1.4 内燃机车柴油机认知

【任务描述】

为了引导学生掌握东风$_{4B}$型和 HX$_N$5 型内燃机车柴油机的结构及技术参数，可将学生分成若干小组，以小组为单位，对照东风$_{4B}$型和 HX$_N$5 型内燃机车柴油机的各个部分进行观察了解，结合小组讨论，进一步认知东风$_{4B}$型和 HX$_N$5 型内燃机车柴油机。

【学习目标】

| 知识目标 | 掌握东风$_{4B}$型和$HX_N5$型内燃机车柴油机的结构及技术参数 |
|---|---|
| 能力目标 | 能正确理解东风$_{4B}$型和$HX_N5$型内燃机车柴油机的主要组成部分和各部分的功能 |
| 素质目标 | 养成细致、认真的工作作风；养成独立分析问题的良好习惯；能够比较自如地与他人沟通、协作完成工作 |

## 活动 1.4.1  东风$_{4B}$型内燃机车柴油机认知

【活动要点】：① 东风$_{4B}$型内燃机车柴油机主要技术参数。
② 东风$_{4B}$型内燃机车柴油机的结构。
③ 柴油机的安全保护装置有哪些？各起什么作用？

### 1. 柴油机主要技术参数

柴油机的主要技术参数如表 1–13 所示。

表 1–13  柴油机的主要技术参数

| 参数名 | 参数值 |
|---|---|
| 型号 | 16V240ZJB |
| 循环特性 | 四冲程 |
| 气缸数 | 16 |
| 气缸直径/mm | 240 |
| 气缸排列 | V 形 50° |
| 增压方式 | 两个 45GP802–1A 型废气涡轮增压器，两个水冷式空气冷却器，定压增压 |
| 喷射方式 | 直接喷射，开式燃烧室 |
| 柴油机标定功率/kW | 2 650 |
| 最大运用功率/kW | 2 427 |
| 柴油机标定转速/（r/min） | 1 000 |
| 柴油机最低空载稳定转速/（r/min） | 430 |
| 最低发火转速（柴油机冷却水在+5 ℃时）/（r/min） | 80～120 |
| 超速停车转速（极限转速）/（r/min） | 1 120～1 150 |
| 燃油箱容积/L | 9 000 |
| 机油储备量/kg | 1 200 |
| 冷却水装载量/kg | 1 200 |
| 燃油消耗率/[g/（kW·h）] | ≤217（标定功率和标定转速时） |
| 机油消耗率/[g/（kW·h）] | 3.5 |
| 起动方式 | 电机起动 |

**2. 柴油机气缸缸号的排列顺序**

曲轴与负载相连接的一端为输出端（后端），与输出端相对应的另一端为自由端（前端）。面对柴油机输出端朝自由端看，左手的一侧为左侧，右手的一侧为右侧。

气缸的排列顺序：面对柴油机输出端朝自由端看，以右排气缸靠自由端的第一个气缸为第 1 缸，由自由端向输出端方向依次为第 1、2、3、4、5、6、7、8 缸，左排气缸靠自由端的第一个气缸为第 9 缸，由自由端向输出端方向依次为第 9、10、11、12、13、14、15、16 缸，如图 1–11 所示。

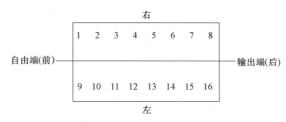

图 1–14　柴油机气缸的编号方式

**3. 柴油机工作特点**

柴油机是一种以柴油为燃料的动力机械，其工作特点为：空气在气缸内被压缩成高温、高压气体，使喷入气缸的燃油自燃，燃烧后气体膨胀，推动活塞做功。

**4. 柴油机的工作过程**

柴油机工作时是循环往复运动的。一个工作循环包括进气、压缩、燃烧膨胀及排气四个过程，这些过程相互衔接，前后交错。

活塞往复运动需要四个冲程才能完成一个工作循环的柴油机，称为四冲程柴油机。

1）进气过程

从进气门开启到进气门关闭这一过程称为进气过程。这一过程中，由曲轴带动活塞由上止点附近向下止点运动，新鲜空气充入气缸，为了提高充入气缸的空气量，进气门应早开、晚关。

2）压缩过程

从进气门关闭到活塞运行至上止点，这一过程为压缩过程。该过程中，进、排气门都处于关闭状态，活塞由曲轴带动不断上行，气体的压力和温度不断升高，在压缩终了前，燃油开始喷入气缸。

3）燃烧膨胀过程

从压缩上止点到排气门打开这一过程为燃烧膨胀过程。该过程中，喷入气缸中的燃油在高温、高压气体的作用下燃烧膨胀，推动活塞下行，连杆带动曲轴做功，把燃油燃烧产生的热能转换成机械能。

4）排气过程

从排气门开启到排气门关闭，这一过程称为排气过程。为了尽可能多地排出废气，排气门应早开、晚关。

**5. 柴油机的组成及各部分的主要功用**

16V240ZJB 型柴油机示意图如图 1-15 所示，该型柴油机主要由以下 9 部分组成。

图 1-15　16V240ZJB 型柴油机示意图

① 固定件。固定件是柴油机的工作基础，主要由机体、主轴承、油底壳、气缸、气缸盖、连接箱、泵支承箱、弹性支承、曲轴防爆安全装置等组成。所有的零部件都安装在机体上，承受气缸燃气压力及运动机件的惯性力。

② 运动件。运动件是柴油机做功的主要部件，主要由活塞组、连杆组、曲轴组、减振器、弹性联轴节等组成。燃料燃烧时释放出的热能通过运动件转变为机械能，并对外输出。

③ 配气机构。配气机构是柴油机换气过程的控制机构，主要由气门机构、气门驱动机构两部分组成。气门机构由气门、气门座、气门导管、气门弹簧、气门锁夹、气门锁夹套等组成。气门驱动机构由齿轮传动装置、凸轮轴、气门挺柱（推杆）、气门推杆（顶杆）、气门摇臂、气门横臂、横臂导杆等组成。配气机构的主要作用是根据柴油机气缸的发火顺序，准确地开启和关闭进、排气门。

④ 进排气系统。进排气系统的作用是保证向柴油机输送清洁的、具有一定压力的新鲜空气，并将燃烧做功后的废气导入大气。该系统由两台空气滤清器、两台涡轮增压器、两台空气中间冷却器、进气稳压箱、进气支管、排气支管、排气总管等组成。

⑤ 燃油系统。燃油系统的作用是保证定时、定质、定量地向气缸内供给燃料。该系统由燃油输送装置、燃油喷射装置、安全监测装置三部分组成。燃油输送装置由燃油箱、燃油泵、燃油粗滤器、燃油精滤器、燃油预热器、管路、阀门等组成。燃油喷射装置由供油凸轮、推杆、喷油泵、高压油管、喷油器、污油管、污油箱等组成。安全监测装置由安全阀、限压阀、仪表等组成。

⑥ 调控系统。调控系统的作用是根据司机的操纵和柴油机外负荷的变化，自动调节喷油泵的供油量，使柴油机维持恒定的转速工作，同时还控制柴油机过载、飞车等意外事故的发生。该系统由控制装置、调控传动装置、超速停车保护装置、联合调节器四大部分组成。

⑦ 机油系统。机油系统的作用是将滤清后的润滑油，以一定的压力、流量送到柴油机的各摩擦件间，进行润滑、清洗和冷却。该系统由机油泵、机油滤清器、机油热交换器、阀门、管路、监测仪表、安全装置等组成。

⑧ 冷却水系统。冷却水系统的作用是对受高温燃气作用的气缸、气缸盖等部件及润滑

油进行冷却，以保证柴油机在最佳的温度条件下进行工作。该系统由冷却水泵、散热器组、冷却风扇、膨胀水箱、阀门、仪表、管路等组成。

⑨ 预热系统。预热系统的作用是当机车在外界温度低或长时间停留需保温或冷态起动柴油机时，保证柴油机具有一定的油水温度。

**6. 柴油机的安全保护装置及作用**

柴油机的安全保护装置的作用是保障柴油机正常工作，当柴油机工作条件恶化时能起到保护柴油机的作用。柴油机设有以下几种安全保护装置：

① 水温保护环节。当柴油机水温高于 88 ℃时，由水温继电器 WJ 及中间继电器 2ZJ 控制，使柴油机卸负荷。

② 柴油机润滑保护环节。当柴油机机油压力低于 180 kPa 时，油压继电器 3YJ、4YJ 断开，柴油机在司机控制器 9 位以上卸载，只允许柴油机在司机控制器 9 位以下低负荷运行。当机油压力低于 80 kPa 时，油压继电器 1YJ、2YJ 断开，电磁联锁 DLS 失电，柴油机自动停机。

③ 曲轴箱防爆保护环节。防爆工作由差示压力计 CS 及继电器 4ZJ 控制，其工作原理如下：柴油机正常工作时，曲轴箱内压力为 0～588 Pa，由于某些原因造成柴油机故障，使曲轴箱产生较大的压力时，差示压力计动作，通过继电器 4ZJ 断开电磁联锁 DLS 及燃油泵 RBD 电机的电路，使柴油机停机。

④ 柴油机超速保护环节。柴油机正常工作时，不得高于额定转速，如转速超过额定转速 10%～15%（转速高于 1 210 r/min 时），柴油机的极限调速器动作，强迫供油齿条回零，使柴油机停机。

此外，曲轴箱盖上的防爆阀、盘车机构的机械联锁 ZLS 及紧急停车按钮等都是柴油机的安全保护装置。

## 活动 1.4.2　HX$_N$5 型内燃机车柴油机认知

🔥【**活动要点**】：① HX$_N$5 型内燃机车柴油机技术参数。
② HX$_N$5 型内燃机车柴油机的结构。

**1. 认识 GEVO16 型柴油机**

HX$_N$5 型内燃机车柴油机的型号是 GEVO16，GEVO16 型柴油机是 GEVO 柴油机的系列产品之一，GEVO 中的 G 代表 GE 公司，EVO 代表 Evolution 系列机车。GEVO16 型柴油机沿用了 GEVO12 型柴油机的电喷系统，兼顾性能和排放优势，还具备可靠性和耐久性，具有该系列柴油机的共有优势，其额定功率 4 660 kW，满足了中国铁路运输对机车柴油机装车的功率要求。

1）柴油机定向

自由端（前端）：自由端是装有增压器的一端，在机车上靠近散热器室。

输出端（后端）：输出端是柴油机安装交流发电机的一端，在机车上靠近司机室。

2）柴油机左侧/右侧

面向输出端朝自由端看，左手侧为左侧，右手侧为右侧。

3）曲轴旋转方向

从自由端看，曲轴按顺时针方向旋转；从输出端看，曲轴按逆时针方向旋转。

4）气缸的编号

气缸的编号从柴油机的自由端向输出端递增，并按照柴油机的左、右侧命名，如图1-16所示。

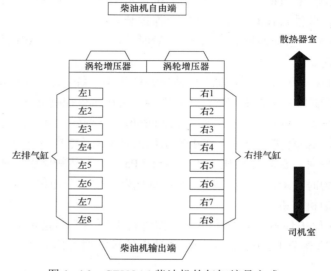

图1-16　GEVO16柴油机的气缸编号方式

## 2. GEVO16型柴油机总体布置

GEVO16型柴油机的外观图及横剖面图如图1-17、图1-18所示。

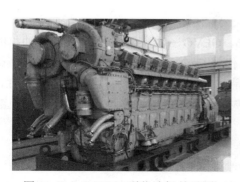

图1-17　GEVO16型柴油机外观图

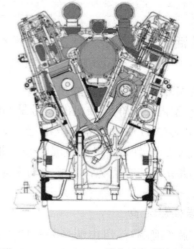

图1-18　GEVO16型柴油机横剖面图

柴油机的16个气缸分成左、右两列，两列气缸呈V形45°夹角。

柴油机自由端，前端盖组件（IFE）紧固于机体前端面。在前端盖组件的上面，安装左、右两台涡轮增压器。在增压器下面的前端盖组件内腔，各安装一个抽屉式的中冷器。在自由端的前端罩盖上，左侧安装有一台水泵，右侧安装有一台润滑油泵，左下方设有加油口和油尺。

由气缸盖、气缸套和加强套组成的气缸组件安装在机体 16 个气缸孔上，排成左、右两列，从而组成柴油机上部的 V 形结构，两列气缸呈 V 形 45° 夹角。气缸组件的顶部是气缸罩盖，松开气缸罩盖的压紧螺栓，拆下气缸罩盖可看到摇臂和气门组件，可用摇臂上的调节螺钉来调整气门冷态间隙。

曲轴置于机体的主轴承上。两根凸轮轴分别置于机体左、右两侧的凸轮轴轴承上。在柴油机 V 形夹角的左、右两边外侧的电喷泵上，安装有燃油进油总管和燃油回油总管，如图 1–19 所示。

图 1–19　电喷泵及燃油进油总管和燃油回油总管的安装位置

在机体 V 形夹角内的下部铸有冷却水腔。在其上面安装有进气和出水管组件，组件的下部为进气总管，组件的上部为出水总管。经过中冷器冷却的空气，经由中冷器的前端集成箱体内腔进入进气总管，再送入各气缸。出水总管与各缸盖的出水管和增压器出水管的过渡管连接，将柴油机中产生的高温水送入机车的散热器进水管路。在进气和出水管组件上方的左、右两侧，布置有两根排气总管，左、右两侧各气缸的排气经各支管接入该侧的排气总管，再由过渡管与增压器的涡轮进气口连接，将高温的燃烧废气送入增压器，供涡轮做功。

在柴油机机体后端左侧的凸块上，安装有两个曲轴转速传感器。在压装于曲轴后端的法兰盘上，安装了一个 89 齿（另加一个缺口齿）的齿圈。曲轴转速传感器通过检测齿圈上的齿来确定曲轴在旋转过程中的位置，并将此信息提供给柴油机的电子燃油控制系统，确定供油时刻。

机体输出端的右侧，可以安装柴油机的盘车机构。油底壳装在机体的底面。柴油机上安装有电子燃油控制系统的各种传感器，它们向计算机提供多种信息，计算机依此向电磁阀发出信号，操纵电磁阀的动作，从而控制柴油机的功率和转速，并实现各种保护功能。

柴油机的四个支承，分别装于机体靠自由端底部的两侧和主发电机底部的两侧。吊运柴油机时，先将起重吊钩拧入柴油机两侧的柴油机支承螺孔，与安装于机体输出端顶面的起重吊钩一起与柴油机吊具连接，之后便可起吊柴油机。

### 3. GEVO16 型柴油机的主要技术参数

GEVO16 型柴油机的主要技术参数如表 1–14 所示。

**表 1–14　GEVO16 型柴油机的主要技术参数**

| 参数名 | 参数值 |
|---|---|
| 型号 | GEVO15 |
| 型式 | 四冲程、直接喷射燃烧室、废气涡轮增压、增压空气中间冷却 |
| 缸径与冲程/mm | $\phi$250，320 |
| 缸数及排列 | 16 缸，V 形，夹角 45° |
| 气缸总排量/L | 251.3 |
| 几何压缩比 | 16.8:1 |
| 曲轴转向 | 面向输出端逆时针 |
| 柴油机标定最高转速/（r/min） | 1 050 |
| 最低空转转速/（r/min） | 330 |
| 标准空转转速/（r/min） | 440 |
| 额定功率/kW | 4 660 |
| 燃油消耗率/［g/（kW·h）］ | $214^{+3\%}_{-3\%}$（排放优先模式） |
| | $200^{+3\%}_{-3\%}$（油耗优先模式） |
| 柴油机外形尺寸［（长/mm）×（宽/mm）×（高/mm）］ | 5 105×1 771×2 603 |
| 柴油机质量/kg | 24 857 |

## 【考核评价】

### 1. 自我评价

① 自我考核：东风$_{4B}$ 型和 $HX_N5$ 型内燃机车柴油机的技术参数和结构描述。

② 自我评价（见表 1–15）。

**表 1–15　自我评价（每项满分为 10 分）**

| 序号 | 评价内容 | 得分 | 亮点 |
|---|---|---|---|
| 1 | 课前知识查阅、调研完成情况 | | |
| 2 | 课前、课中与人协作沟通表现 | | |
| 3 | 东风$_{4B}$ 型和 $HX_N5$ 型内燃机车柴油机的技术参数和结构掌握情况 | | |
| 4 | 课前、课中学习态度表现 | | |

**2. 小组评价（见表 1–16）**

表 1–16　小组评价（每项满分为 10 分）

| 序号 | 评价内容 | 得分 | 亮点 |
|---|---|---|---|
| 1 | 课中学习态度表现 | | |
| 2 | 课前、课中与人协作沟通表现 | | |
| 3 | 东风$_{4B}$型和 $HX_N5$ 型内燃机车柴油机的技术参数和结构掌握情况 | | |

**3. 教师评价（见表 1–17）**

表 1–17　教师评价（每项满分为 10 分）

| 序号 | 评价内容 | 得分 | 亮点 |
|---|---|---|---|
| 1 | 课前知识查阅、调研完成情况 | | |
| 2 | 课中参与及协作情况 | | |
| 3 | 掌握东风$_{4B}$型和 $HX_N5$ 型内燃机车柴油机技术参数和结构的效果 | | |

【教师建议】

在掌握东风$_{4B}$型和 $HX_N5$ 型内燃机车柴油机的技术参数和结构的基础上，进一步探究其他机型柴油机参数及结构。

# 任务 1.5　内燃机车电传动系统认知

【任务描述】

为了引导学生掌握内燃机车电传动系统的组成和功率传递过程，可将学生分成若干小组，以小组为单位，对照内燃机车电传动系统的各个部分进行观察了解，结合小组讨论，进一步认知内燃机车电传动系统的组成和功率传递过程。

【学习目标】

| 知识目标 | 掌握内燃直流机车电传动系统和内燃交流机车电传动系统的组成及功率传递过程 |
|---|---|
| 能力目标 | 理解内燃机车电传动系统的工作原理 |
| 素质目标 | 养成细致、认真的工作作风；养成独立分析问题的良好习惯；能够比较自如地与他人沟通、协作完成工作 |

## 活动 1.5.1　直流电传动系统认知

🔥【活动要点】：① 电传动系统的功能。
② 交—直流电传动系统的工作原理。

**1. 电传动系统的功能**

内燃机车的原动机一般都是柴油机。在柴油机曲轴和机车动轮（轮对）之间，需要一套速比可变、满足机车牵引特性要求的中间环节，这一中间环节称为传动装置。如果传动装置由一套电气设备组成，则称其为电传动系统。电传动系统的主要功能如下。

1）牵引

直流电传动系统将机车柴油机曲轴输出的机械能传递给轮对，驱动机车运行，并使机车具有理想的牵引特性。要求机车牵引力和运行速度都有一个比较宽广的变化范围，并且在较大的机车速度范围内，柴油机都始终在额定工况下运行，即柴油机的功率能够得到充分发挥和利用。此外，机车应具有足够高的牵引力。

2）制动

直流电传动系统利用直流电机的可逆原理，在电阻制动工况时，将直流牵引电动机改为直流发电机，通过轮对将列车的动能转变为电能，消耗在制动电阻上，再以热能的形式逸散到大气中。在这个过程中，牵引电动机轴上所产生的反力矩作用于机车动轮上而产生制动力。这种制动作用称为电阻制动。传动装置应保证机车电阻制动性能的要求。

**2. 交—直流电传动系统的工作原理**

柴油机工作时产生的动力由曲轴输出，通过弹性联轴器与同步牵引发电机相连。同步牵引发电机产生的三相交流电，经主整流装置整流后，向六台并联的直流牵引电动机 1D～6D 供电，并通过传动齿轮驱动车轮转动。

同步牵引发电机的励磁，是励磁机（L）产生的三相交流电经励磁整流柜（2ZL）整流后，向同步牵引发电机的励磁绕组供电而实现的。励磁机（L）的励磁电流是直流测速发电机（CF）提供的。交—直流电传动系统工作原理如图 1-20 所示。

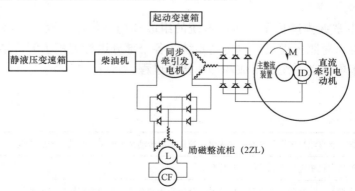

图 1-20　交—直流电传动系统工作原理

**3. 对电传动系统的基本要求**

① 当机车运行在满功率工况时，应该使机车在尽可能大的速度范围内保持柴油机额定

功率不变，以充分利用柴油机的功率；当机车仅需部分功率运行时，应使柴油机按其经济特性恒功率运行。

② 保证柴油机在无负载情况下起动。

③ 机车起动时，应保持有足够大的牵引力，使机车起动加速快，且保证机车起动过程平稳、无冲击。

④ 可方便地进行机车运行方向和工况的转换。

⑤ 具有较高的效率。

⑥ 必须工作可靠，重量轻，体积小，维修方便。

## 活动 1.5.2　交流电传动系统认知

◆【活动要点】：① 交流电传动系统的组成。

② 内燃交流机车的功率传递过程。

**1. 交流电传动系统的工作原理及组成**

1）交流电传动系统的组成

$HX_N5$ 型内燃机车的电传动系统是交流电传动系统，该系统主要由以下几部分组成：牵引发电机、整流及逆变装置、牵引电动机、蓄电池等，如图 1-21 所示。

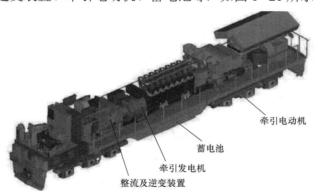

图 1-21　$HX_N5$ 型内燃机车电传动系统的组成

2）交流电传动系统的工作原理

$HX_N5$ 型内燃机车由柴油机来产生机械能，利用牵引发电机将机械能转换成交流电能。

在机车牵引时，柴油机直接驱动牵引发电机发出三相交流电供给主变流器，经由一个整流装置转换成中间直流环节，然后经由六台独立的牵引逆变器，将直流电转换成频率、电压可调节的三相交流电，分别向两台转向架上的六台三相异步牵引电动机独立轴控供电，通过传动齿轮驱动车轮。

当机车在电阻制动时，轮轴制动能量通过牵引电动机转换为电能并损耗在制动电阻上。

**2. 交流牵引系统的特点**

① 交流牵引电动机通过牵引逆变器与牵引发电机连接。

② 牵引电动机设计简单可靠，转速高，功率大。

③ 控制复杂——通过调节牵引逆变器的输出电压和频率来调节功率。

④ 回路电感低，使车轮空转响应快。

⑤ 由于牵引电动机所需电流低，使牵引系统效率高，即使在低速时也是如此。

**3. 内燃交流机车的功率传递**

内燃机车的功率传递路线为：柴油机—辅助发电机—主发电机（牵引发电机）—整流器—变流器—电缆—牵引电动机—牵引传动齿轮—机车轮对动轴。此外，还要克服运行时机车本身阻力所消耗的功率。

【考核评价】

**1. 自我评价**

① 自我考核：内燃直流机车电传动系统和内燃交流机车电传动系统的组成及功率传递过程描述。

② 自我评价（见表 1-18）。

表 1-18　自我评价（每项满分为 10 分）

| 序号 | 评价内容 | 得分 | 亮点 |
|------|---------|------|------|
| 1 | 课前知识查阅、调研完成情况 | | |
| 2 | 课前、课中与人协作沟通表现 | | |
| 3 | 内燃直流机车电传动系统和内燃交流机车电传动系统的组成及功率传递过程掌握情况 | | |
| 4 | 课前、课中学习态度表现 | | |

**2. 小组评价（见表 1-19）**

表 1-19　小组评价（每项满分为 10 分）

| 序号 | 评价内容 | 得分 | 亮点 |
|------|---------|------|------|
| 1 | 课中学习态度表现 | | |
| 2 | 课前、课中与人协作沟通表现 | | |
| 3 | 内燃直流机车电传动系统和内燃交流机车电传动系统的组成及功率传递过程掌握情况 | | |

**3. 教师评价（见表 1-20）**

表 1-20　教师评价（每项满分为 10 分）

| 序号 | 评价内容 | 得分 | 亮点 |
|------|---------|------|------|
| 1 | 课前知识查阅、调研完成情况 | | |
| 2 | 课中参与及协作情况 | | |
| 3 | 掌握内燃直流机车电传动系统和内燃交流机车电传动系统的组成及功率传递过程的效果 | | |

【教师建议】

在掌握内燃直流机车电传动系统和内燃交流机车电传动系统的组成及功率传递过程的基础上，进一步探究其他机车上电传动系统的结构和功率传递过程。

# 任务 1.6　内燃机车制动系统认知

【任务描述】

为了引导学生掌握内燃机车制动系统的结构及作用，可将学生分成若干小组，以小组为单位，对照 JZ-7 型制动机和 CCBⅡ型制动机各个部分进行观察了解，结合小组讨论，进一步加深认知。

【学习目标】

| 知识目标 | 掌握内燃机车制动系统的结构及功能 |
| --- | --- |
| 能力目标 | 能正确理解内燃机车制动系统的组成和功能 |
| 素质目标 | 养成细致、认真的工作作风；养成独立分析问题的良好习惯；能够比较自如地与他人沟通、协作完成工作 |

## 活动 1.6.1　直流传动内燃机车制动系统认知

🔹【活动要点】：JZ-7 型制动机的组成和功能。

**1. JZ-7 型制动机的组成**

直流传动内燃机车制动系统采用的是 JZ-7 型制动机，其组成如图 1-22 所示。

JZ-7 型制动机主要部件的作用如下：

① 空气压缩机和总风缸：用以产生并储存压力空气。

② 自动制动阀：用以操纵全列车的制动、保压和缓解。

③ 中继阀：依据均衡风缸的压力变化，自动控制列车管的充气或排气，从而控制列车制动、保压和缓解。

④ 机车分配阀：根据列车管压力变化，自动控制作用风缸的充排气，从而使作用阀产生动作。

⑤ 作用阀：根据作用风缸压力变化或单独制动阀的操纵，控制机车制动缸的充排气，从而使机车制动、保压或缓解。

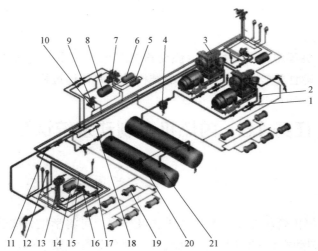

1—止回阀；2—高压保安阀；3—空气压缩机–电动机组；4—油水分离器；5—紧急作用风缸；6—降压风缸；7—机车
分配阀；8—工作风缸；9—作用阀；10—变向阀；11—滤尘器；12—YC–100S 双针压力表；13—JZ–7 制动阀（包括
自动制动阀、单独制动阀）；14—均衡–过充风缸；15—远心集尘器；16—中继阀；17—紧急制动阀；
18—机车无动力装置；19—机车制动缸；20—704 型调压器；21—总风缸。

图 1–22　JZ–7 型制动机的组成

⑥ 单独制动阀：用以单独操纵机车的制动、保压和缓解。

**2. JZ–7 型制动机的主要特点**

① 能客、货机车兼用。客车位和货车位的差别在于客车位能阶段缓解，货车位无阶段缓解功能，货车位只能施行一次缓解。因此，客、货位的转换是根据被牵引的车辆制动机是否具有阶段缓解功能来确定的，进行功能转换时，只要扳一下客货车转换阀的按钮就能达到要求。

② 能自动保压。将自动制动阀手柄移至需要的减压量位置上，待列车管减压到与手柄位相对应的压力时，即自动保压。当列车管充至定压后，如果列车管产生泄漏，能对其补充压力空气。

③ 自动制动阀设有过量减压位。该位置比常用制动区有更大的减压量，这就保证了列车在长大下坡道地区当列车管及副风缸充气不足的情况下，仍能有效地进行制动作用。

④ 结构上采用橡胶膜板、柱塞阀、O 形密封圈、止回阀等零部件，不仅可以延长检修期限，而且使制造、运用和维修工作均较方便。

⑤ 采用二、三压力混合机构的分配阀，既有一次缓解功能，又有阶段缓解功能。

⑥ 设有过充位。在长大货物列车上，此位置可以缩短向列车管、副风缸初充气和再充气的时间，且无过量供给之患，由于增大了列车管充气和排气通路的有效面积，故具有充气和排气快的特点。

⑦ 自动制动阀采用凸轮结构，手柄操纵时轻快、方便，不受气温高低的影响。

**3. JZ–7 型制动机各阀的控制关系**

1）自动制动阀操纵

自阀制动阀操纵的控制关系如下：

车辆制动机

↑

自动制动阀→均衡风缸→中继阀→制动主管→机车分配阀→作用阀→机车制动缸

2）单独制动阀操纵

配合自动制动阀单独缓解机车部分制动力的控制关系如下：

单独制动阀→机车分配阀→作用阀→机车制动缸

单独操纵机车制动和缓解的控制关系如下：

单独制动阀→作用阀→机车制动缸

## 活动 1.6.2　交流传动内燃机车制动系统认知（以 HX$_N$5 型机车为例）

🔥【活动要点】：① 风源系统的主要组成部件及通路。

② CCBⅡ型制动机的组成。

**1. 风源系统组成**

HX$_N$5 型内燃机车风源系统由空气压缩机、压力传感器、后冷却装置、总风缸及自动排水阀、J1 安全阀、空气干燥器、单向阀及空气滤清器等组成，如图 1–23 所示。

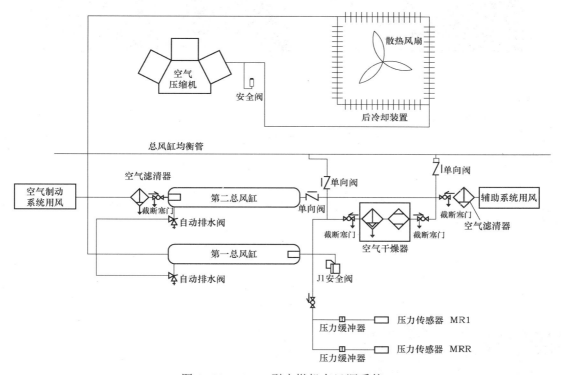

图 1–23　HX$_N$5 型内燃机车风源系统

1）空气压缩机

空气压缩机的作用是把压缩空气提供给第一总风缸。HX$_N$5 型内燃机车装有两台螺杆式空气压缩机，每台空气压缩机由一台交流电动机驱动。

2）后冷却装置

后冷却装置用以冷却空气压缩机产生的压缩空气。

3）总风缸及自动排水阀

总风缸的作用是储存压缩空气。HX$_N$5 型内燃机车共设有两个总风缸，总风缸安装在车底架下部，第一总风缸装在机车的左侧上方，第二总风缸装在第一总风缸下侧，总容量为965.58 L。总风缸外表面上有预先钻好的深度为 1.60 mm 故障警示孔，每个总风缸共有 70 个这样的故障警示孔。总风缸安装时均稍微倾斜，以使水汽集聚在风缸的一端。

每个风缸倾斜向下的一端均安装有一个自动排水阀，用于排出水汽，自动排水阀有加热和消音装置。第一总风缸、第二总风缸、自动排水阀的布置如图 1-24 所示，总风缸故障警示孔如图 1-25 所示。

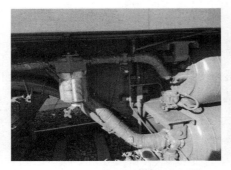 

图 1-24　总风缸及自动排水阀　　　图 1-25　总风缸故障警示孔

4）压力传感器

压力传感器（MR1 和 MRR）测量第一总风缸出口处的压缩空气压力，机车控制系统利用该压力信号来开启或者关闭空气压缩机电动机，同时对空气压缩机的加载或卸载进行控制。

5）J1 安全阀

J1 安全阀安装在第一总风缸和空气干燥器之间的管路上，是防止总风缸压力空气超压的安全装置。当总风缸空气压力超过 1 034 kPa 时，J1 安全阀自动开启，使空气压力降至规定压力以下。

6）空气干燥器

空气干燥器的主要作用是清除压缩空气中的水分，避免机车车辆的后续空气部件及空气管系中发生冻结和锈蚀现象。空气干燥器还带有一个湿度指示器，用以指示空气干燥器的运行状况，蓝色表示空气干燥器正常工作，其他颜色，如淡紫色、白色、黄色或棕色，表示空气干燥器需要进一步检查。空气干燥器如图 1-26 所示。

**2. CCBⅡ型制动机认知**

1）司机室

司机室内安装有智能显示屏、双针压力表、电子制动阀等部件。HX$_N$5 型内燃机车主司机操纵台如图 1-27 所示。

图 1-26　空气干燥器

1—电子制动阀；2—制动显示屏；3—双针压力表。

图 1-27　HX$_N$5 型内燃机车主司机操纵台

副司机操纵台设置有电子制动阀、智能显示屏和紧急制动阀等部件。另外，在司机室左侧墙壁上还设置有停放制动阀。

2）空气设备柜

在司机室地板下方机车右侧的空气设备柜内安装有电空制动控制单元（EPCU）、停放制动减压阀和客车供风减压阀等部件。HX$_N$5 型内燃机车空气设备柜如图 1-28 所示。

1—电空制动控制单元（EPCU）；2—停放制动减压阀；3—客车供风减压阀。

图 1-28　HX$_N$5 型内燃机车空气设备柜

3）电气设备柜

在电气设备柜内安装有集成处理器模块（IPM）、继电器接口模块（RIM）等部件。HX$_N$5 型内燃机车电气设备柜如图 1-29 所示。

1—集成处理器模块（IPM）；2—继电器接口模块（RIM）。

图 1-29　HX$_N$5 型内燃机车电气设备柜

## 【考核评价】

### 1. 自我评价

① 自我考核：JZ-7 型制动机和 CCBⅡ型制动机描述。

② 自我评价（见表1-21）。

表1-21　自我评价（每项满分为10分）

| 序号 | 评价内容 | 得分 | 亮点 |
|---|---|---|---|
| 1 | 课前知识查阅、调研完成情况 | | |
| 2 | 课前、课中与人协作沟通表现 | | |
| 3 | JZ-7 型制动机和 CCBⅡ型制动机掌握情况 | | |
| 4 | 课前、课中学习态度表现 | | |

### 2. 小组评价（见表1-22）

表1-22　小组评价（每项满分为10分）

| 序号 | 评价内容 | 得分 | 亮点 |
|---|---|---|---|
| 1 | 课中学习态度表现 | | |
| 2 | 课前、课中与人协作沟通表现 | | |
| 3 | JZ-7 型制动机和 CCBⅡ型制动机掌握情况 | | |

### 3. 教师评价（见表1-23）

表1-23　教师评价（每项满分为10分）

| 序号 | 评价内容 | 得分 | 亮点 |
|---|---|---|---|
| 1 | 课前知识查阅、调研完成情况 | | |
| 2 | 课中参与及协作情况 | | |
| 3 | 掌握 JZ-7 型制动机和 CCBⅡ型制动机的效果 | | |

## 【教师建议】

在掌握 JZ-7 型制动机和 CCBⅡ型制动机的基础上，进一步探究其他型号内燃机车制动系统的结构特点。

# 项目 2

# 内燃机车乘务员自检自修作业技能训练

## 任务 2.1　直流传动内燃机车乘务员自检自修作业技能训练
（以东风 $_{4B}$ 型、东风 $_{7C}$ 型内燃机车为例）

【任务描述】

　　在实训教学中，需要提供自检自修实训室一间，操纵台若干。为了增强学生对自检自修部件的直观感性认识，可将学生分成若干小组，以小组为单位，结合自检自修部件相关理论知识，正确使用自检自修工具、材料，按照操作程序进行自检自修作业，要求学生掌握各作业环节的工作重点，顺利完成自检自修作业。

【学习目标】

| 知识目标 | 了解东风 $_{4B}$ 型、东风 $_{7C}$ 型内燃机车自检自修部件的相关理论知识 |
| --- | --- |
| 能力目标 | 能正确使用自检自修工具、材料，按操作程序完成自检自修作业 |
| 素质目标 | 养成细致、认真的工作作风；养成独立分析问题的良好习惯；能够比较自如地与他人沟通、协作完成工作 |

　　直流传动内燃机车的典型车型是东风 $_{4B}$、东风 $_{7C}$，东风 $_{4B}$ 型内燃机车与东风 $_{7C}$ 型内燃机车大部分部件是通用的，少部分略有区别。区别一是风扇的驱动方式，东风 $_{4B}$ 型内燃机车是静液压系统驱动，东风 $_{7C}$ 型内燃机车是耦合器驱动，因此东风 $_{7C}$ 型内燃机车自检自修工作增加了清洗耦合器滤清器的工作内容。区别二是起动变速箱驱动的部件，东风 $_{4B}$ 型内燃机车比东风 $_{7C}$ 型内燃机车多了测速发电机，因此东风 $_{4B}$ 型内燃机车自检自修工作增加了更换测速发电机 CF 皮带的工作内容。

## 活动 2.1.1　清洗、更换燃油精滤器

🔥 【活动要点】：① 熟悉燃油精滤器的结构。
　　　　　　　　② 掌握清洗、更换燃油精滤器的操作技能。

**1. 专业知识引导**

1）燃油精滤器结构认知

RJ-30 型燃油精滤器的外观如图 2-1 所示，其结构如图 2-2 所示。

图 2-1　RJ-30 型燃油精滤器

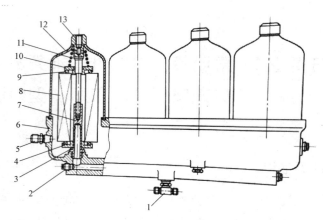

1—出油接头；2—堵；3—橡胶垫；4—下压盖；5—进油管接头；6—滤清器
下体；7—下芯杆；8—微孔滤纸芯；9—橡胶垫；10—上压盖；
11—锥形弹簧；12—滤芯罩；13—上芯杆。

图 2-2　RJ-30 型燃油精滤器的结构（过滤纸式滤芯）

滤网罩上方的最高处设有集中放气的放气管和放气阀，以排除管路中的空气。

2）燃油精滤器的滤清过程

燃油滤清器工作时，从燃油泵来的压力油从燃油滤清器体一端的进油管接头进入滤清器体和各个滤芯罩之间的空腔，然后经过微孔滤纸芯上的丝网、滤纸和内网到滤芯内，并从下芯杆内的油孔进入滤清器体下的出油道，再经过出油接头流到柴油机两侧的供油管，以便将清洁的燃油送到各个喷油泵。

3）更换时机

当燃油精滤器前后压力差过大或燃油精滤器工作 20 000～30 000 km 达到清洗期限时，要及时更换滤芯，对燃油精滤器进行清洗。

**2. 使用工具及材料**

17 mm、22 mm、27 mm 扳手各一把，油盘，毛刷，新滤芯。

**3. 操作步骤**

① 断开燃油泵开关 4K。

② 用 17 mm 扳手松下燃油精滤器体上的放油堵，放油至油盘内。

③ 用 22 mm、27 mm 扳手松下排气管连接螺母，取出旧滤芯，检查芯杆螺纹及垫是否

良好，芯杆排气管孔是否畅通，外罩有无裂纹。

④ 更换新滤芯，检查套及密封垫是否良好。

⑤ 闭合燃油泵开关 4K。泵油后排净空气，检查管路，应无泄漏。

## 活动 2.1.2　清扫差示压力计及补充溶液

🔥【活动要点】：① 差示压力计的结构。

② 差示压力计的工作原理。

③ 差示压力计清扫、检查步骤。

④ 差示压力计更换溶液的时机。

### 1. 专业知识引导

1）差示压力计结构认知

差示压力计挂装在动力间后墙壁上（膨胀水箱的左下方），其结构如图 2-3 所示。

2）稳压箱式差示压力计检测系统

稳压箱式差示压力计检测系统如图 2-4 所示。

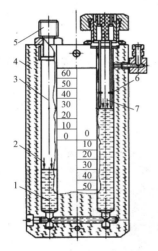

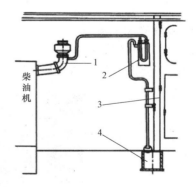

1—导电液；2—曲轴箱内气体压力；3—U 形通道；4—压力计体；　　1—柴油机呼吸管；2—差示压力计 U 形管；3—动力间与
5—管接头；6—导电针；7—大气压力。　　　　　　　　　　　　　　　冷却间的隔墙；4—底架横梁。

图 2-3　差示压力计的结构　　　　　　　　　图 2-4　稳压箱式差示压力计检测系统

3）作用过程

差示压力计监测、显示柴油机曲轴箱压力。当柴油机曲轴箱因某种因素压力升高到一定数值时，差示压力计 CS 动作，接通中间继电器 4ZJ 线圈电路，使中间继电器 4ZJ 得电动作，它的常闭联锁 438、4ZJ、439 断开燃油泵接触器 RBC 线圈和电磁联锁 DLS 线圈电路，同时它的常开联锁 370、4ZJ、347 接通 1XD 灯电路，因此差示压力计是柴油机自动停机的一种安全保护装置。

乘务员每次出乘整备作业时，必须彻底检查该装置，U 形管必须清晰，导电溶液应在刻度标牌"0"刻线上，两触针不得锈蚀，管路的接头螺母不得松缓，以确保差示压力计正常显示，使柴油机安全工作。

4）清扫及补充溶液的时机

差示压力计是柴油机自动停机的一种安全保护装置，运用中应注意检查其工作状态，定期清扫差示压力计、更换溶液。停机时，左、右液面应与"0"刻线平齐，当液面低于"0"刻线时，应及时补充溶液。

**2. 使用工具及材料**

24 mm 开口扳手、螺丝刀、红色食盐溶液、干式毛刷、清扫针。

**3. 操作步骤**

① 用 24 mm 开口扳手松开差示压力计管路的接头螺母。

② 松开触针螺母，取出导线及触针擦净，检查是否锈蚀。

③ 用螺丝刀松开差示压力计体上的螺钉，取下压力表体，将旧溶液倒出，清除水锈。

④ 将差示压力计体装上，把红色食盐溶液注入，液面应在"0"刻线处。

⑤ 将触针擦净组装（触指距"0"刻线 30 mm），然后紧好接头螺母和触针螺母。

---

## 活动 2.1.3  更换闸瓦、调整制动缸活塞行程及闸瓦间隙

◆【活动要点】：① 基础制动装置的组成。
② 更换闸瓦、调整制动缸活塞行程及闸瓦间隙的操作流程。

**1. 专业知识引导**

1）基础制动装置认知

内燃直流机车基础制动装置如图 2−5 所示。

图 2−5  内燃直流机车基础制动装置

2）更换及调整时机

当机车闸瓦磨耗到限或破损时，会直接影响制动效率，降低制动力。当发现闸瓦不良及磨耗到限时，应及时更换，并调整好闸瓦间隙，还要及时检查和调整制动缸活塞行程。

**2. 使用工具及材料**

检查锤，撬棍，300 mm 钢板尺，17 mm、19 mm 扳手，新闸瓦，棉丝。

**3. 操作步骤**

① 更换闸瓦前，缓解机车制动，将更换闸瓦端机车的制动缸塞门关闭后，再将单阀置于制动区，使用另一台机车制动。小闸挂禁动牌，调整完毕后摘除。

② 更换闸瓦时，打开棘轮装置防尘罩检查孔盖，将棘爪与棘齿脱开，顺时针旋转调整手轮，使闸瓦间隙达到最大。

③ 将闸瓦钎子抽出，用小撬棍撬动旧闸瓦，使之从闸瓦托上脱落。

④ 用双手将新闸瓦托牢，从车轮与车架空隙之间通过，放置在闸瓦槽内。

注意：① 更换第二、第五闸瓦时，可将新闸瓦沿轮子踏面上踏面或下踏面送入闸瓦托槽。

② 闸瓦不得反装。

⑤ 穿入闸瓦钎子时，要使闸瓦与闸瓦托密贴，将闸瓦钎子从上到下同时穿入闸瓦托槽和闸瓦背环。确认闸瓦钎子穿入槽内。

⑥ 闸瓦更换后，要进行闸瓦间隙调整。调整闸瓦间隙时，将棘齿复原位，逆时针转动手轮，用钢板尺测量闸瓦与踏面间隙，应在规定范围内。闸瓦与车轮踏面的间隙为 6～8 mm。

⑦ 闸瓦更换后，要进行制动缸活塞行程调整。调整制动缸活塞行程时，应将该台机车制动缸塞门打开，司乘人员共同配合试验，调整闸缸行程，使其符合规定要求。制动缸活塞行程东风$_{4B}$ 为 74～123 mm，东风$_{7C}$ 为 50～90 mm。

⑧ 机车运用中发生闸瓦偏磨时，可先用 19 mm 扳手将调节螺栓、防缓螺母松开，再通过旋转调节螺栓来压缩或放松调整弹簧，使闸瓦上下间隙均匀。调整完毕后，将调节螺栓和防缓螺母相互拧紧。

## 活动 2.1.4　更换不良制动软管

🔥 **【活动要点】**：更换制动软管的操作技能。

**1. 专业知识引导**

1）制动软管的功用及组成

制动软管安装在机车或车辆的两端，平时加挂防尘堵，以防灰尘及杂质进入制动管。机车制动软管的功用是：当本务机车与其重联机车重联或牵引列车时，通过制动软管的连接器可靠地实现软连接，将本务机车的压缩空气输送到被牵引的机车或车辆的制动系统，并能够按照本务机车司机的要求，实现控制全列车制动与缓解的目的。

制动软管是列车空气制动机系统的重要部件之一，主要由软管、连接器、接头三部分组成，用套箍将三部分合为一体。

2）制动软管的安装

① 制动软管安装角度：向线路中心线下斜 45°，连接器接口平面与地面垂直，如图 2-6 所示。

图 2-6　制动软管下斜 45°

② 制动软管不得用紧过扣后再松开的方法调整角度。当需要调整角度时，必须重新安装。

3）更换时机

更换制动软管时，应与有关人员充分联系，需要在机车制动后，拧紧手制动机，打好止轮器，在机车前后端挂禁动牌。

**2. 使用工具及材料**

55 mm 开口扳手、制动软管、生胶带。

**3. 操作步骤**

① 确认折角塞门在关闭状态后，打开防尘堵。

② 用 55 mm 开口扳手松下制动软管，检查折角塞门接口的螺纹是否良好。

③ 装制动软管时，应检查水压试验日期是否过期，检查螺纹是否良好。确认检查项符合要求后在螺纹上缠上生胶带。

④ 安装制动软管后，软管斜度为 45°，接口向内垂直。装好防尘堵，开放折角塞门，试验有无泄漏。

注意：安装制动软管时，不得紧过劲再回扣。

## 活动 2.1.5　拆卸、检查机车车钩、钩舌

◆【活动要点】：① 车钩的三态作用。

　　　　　　　② 车钩的拆装检查步骤及相关要求。

**1. 专业知识引导**

1）机车车钩的功用

机车车钩安装在车底架两端的牵引箱内。其用途是将机车、车辆连挂成列车，并使其保持一定的距离，在列车运行中传递牵引力或制动力。

2）车钩的三态作用

① 车钩的锁闭位。钩锁铁处于钩体内最低位置，挡住钩舌，使其不能转动，如图 2-7

（a）所示。

② 车钩的锁开位。把钩提杆提起，使钩锁铁升起一定高度，不再阻止钩舌的转动，如图2-7（b）所示。

③ 车钩的全开位。钩舌完全伸开，钩锁铁处于钩体内的最高位置，如图2-7（c）所示。

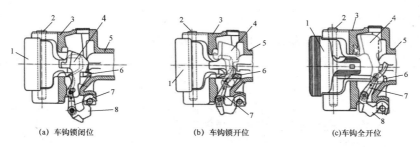

（a）车钩锁闭位　　　　　　（b）车钩锁开位　　　　　　（c）车钩全开位

1—钩舌；2—钩舌销；3—钩头；4—钩锁铁；5—钩尾；6—钩舌推铁；7—下锁销；8—下锁销杆。

图2-7　车钩的三态作用

3）拆装检查时机

① 日常检查和维修。

② 定期检查和维修。

**2. 使用工具及材料**

卡丝钳、手锤、小撬棍、丁字尺、划针、粉笔。

**3. 操作步骤**

① 用小撬棍固定钩舌销下部的开口销后，用手锤将其敲直。

② 将小撬棍尖端穿入开口销内，用手锤将其打出。

③ 提钩提杆，使车钩处于锁开位。

④ 抽出钩舌销并放置在冲击座上。

⑤ 双手取下钩舌并将其放置在平地上。

⑥ 换上备用钩舌。

⑦ 穿入钩舌销，将开口销装入钩舌销孔内，并打开开口销（角度为60°）。

⑧ 检查试验：检查车钩锁开及锁闭状态。闭锁位时开度为110～130 mm，全开位时开度为220～250 mm。用丁字尺测量车钩中心高度，自轨面至车钩中心线高度为815～890 mm。在锁闭位时，用锤尖撬动钩锁的浮起量为5～22 mm，钩舌销销孔径向间隙为1～4 mm。

## 活动 2.1.6　更换熔断器

🔥 **【活动要点】：**更换熔断器的操作步骤。

**1. 专业知识引导**

熔断器又称"保险"，它串联安装在被保护的电路中。当该电路产生过载或短路时熔断器先行熔断，切断电路，起到保护作用。

47

**2. 使用工具及材料**

12 mm 活扳手、螺丝刀、克丝钳、同熔量的熔断片。

**3. 操作步骤**

更换不良熔断器时，应在该电路断电后进行，操作步骤如下：

① 松开熔断器两端压盖，卸下止动圈。

② 用 12 mm 活扳手和螺丝刀将同熔量的熔断片换上。

③ 螺栓与螺母两侧加弹簧垫圈、平垫圈，并加以紧固。

④ 装上止动圈和两端压盖。

⑤ 通电试验。

## 活动 2.1.7　更换机车头灯灯泡及调整焦距

◈ 【活动要点】：① 机车头灯的结构。

　　　　　　　　② 更换机车头灯灯泡的操作步骤。

**1. 专业知识引导**

1）机车头灯的基本结构

① 灯泡：灯泡内有两个电极，阳极（正极）粗短，在下方；阴极（负极）细长，在上方。

② 激发器：用来将 110 V 直流电转变成高频、高压电，使灯泡两极间气体电离，形成弧光放电，点燃灯泡。

③ 反光镜及灯体：反光镜为一抛物面，其焦距为 95 mm；灯体部分主要是安装灯泡支架及可调整灯泡位置的灯架。

④ 手调旋母：用来改变反光镜倾斜角度，起到调整焦距的作用。

2）头灯基本工作原理

闭合头灯开关，按下起动按钮 3QA，经激发器工作产生 40 kV 高频脉冲电压。该电压加到超高压球形汞氙灯泡上，灯泡两极间发射电子，冲击气体电离，产生弧光放电。灯泡点亮后，松开 3QA，起动结束。灯泡在 110 V 电压下，维持正常工作。

3）更换、调整时机

机车头灯对机车乘务员在列车运行中瞭望及保证行车安全起着重要的作用。当头灯灯泡烧损时，应及时更换。当头灯的焦点、焦距不正确时，应及时调整。

**2. 使用工具及材料**

克丝钳、12 mm 活扳手、灯泡。

**3. 操作步骤**

① 开启灯罩，戴上手套（以防灯泡烫手），拧下坏灯泡并妥善地放置在适当位置。

② 准确、迅速地更换上新灯泡。注意灯泡极性，阳极在下，阴极在上，并紧固其接线螺丝。

③ 试验。需要调整头灯焦距时，具体步骤如下：

a）先调头灯灯座的支架，使灯泡处于反光镜的焦点上，使射出的光线集中；

b）再调反光镜的角度，即调整头灯光柱的远近。

④ 关闭灯罩。

## 活动 2.1.8　检查、清扫电机内部

🔥【活动要点】：检查、清扫电机内部的操作要点。

**1. 专业知识引导**

内燃直流机车有 32 台电机，各类电机安装在机车不同的位置。以六台牵引电动机为例，它们安装在机车底部前后转向架上，工作环境恶劣，时常受到雨、雪、风沙的侵袭，因而绝缘能力容易变差。其他电机，如主发电机、空气压缩机电动机、起动发电机、励磁机等电机，日常也会受到灰尘、油垢的侵袭，使其工作条件变差，影响电机可靠工作。因此，定期用干燥的压缩空气吹扫电机，是保证电机可靠运用及保养电机的重要措施。

**2. 使用工具及材料**

风管、活扳手、螺丝刀。

**3. 操作步骤**

① 接好风管，风压不得超过 350 kPa。

② 打开电机检查孔盖，徐徐打开风管塞门，吹扫换向器表面及内部。

③ 接机车制动管风压吹扫电机时，必须将制动管压力调整为 300 kPa。

④ 吹扫干净后，检查电机内部各部件状态是否良好。

⑤ 确认各部良好后，盖好电机检查孔盖。

## 活动 2.1.9　检查蓄电池电解液比重、液面高度及电压

🔥【活动要点】：① 蓄电池在内燃机车上的用途。

　　　　　　　② 蓄电池操作注意事项。

　　　　　　　③ 检查蓄电池电解液比重、液面高度及电压。

**1. 专业知识引导**

1）蓄电池的作用

蓄电池是一种化学电源，它能够储存电能，以便需要时使用。蓄电池在内燃机车上有如下用途：

① 柴油机停机时向照明电路、信号灯电路和电气仪表等供电。

② 柴油机停机进行电气动作试验时向有关电路供电。

③ 柴油机预热时向预热锅炉供电。

④ 柴油机甩车时向起动机油泵和起动发电机及控制电路供电。

⑤ 起动柴油机时向燃油泵电机、起动机油泵电机和起动发电机及控制电路供电。

⑥ 在电压调整器故障、起动发电机励磁失控时，起动发电机将进入固定发电工况，此时，如果起动发电机输出电压低于 96 V，则由蓄电池向有关电路供电。

2）蓄电池的分类

蓄电池分为酸性和碱性两大类。酸性蓄电池的电解液为稀硫酸，极板主要是用铅做的，故又称铅蓄电池；碱性蓄电池的电解液为碱液，极板主要是用镍铁或镍镉做的，故又称镍铁或镍镉电池。酸性蓄电池制造费用低，放电大，适于内燃机车使用。

3）蓄电池安全操作注意事项

① 蓄电池在使用中，日常应经常添加蒸馏水，以使电解液保持规定的液面高度。

② 蓄电池在放电后，应在最短时间内进行充电，以防止极板发生硫化现象。

③ 柴油机起动运转后，应等待蓄电池组充电电流下降到 20～30 A 后，方可停机，以利于其保养。

④ 柴油机连续起动不得超过 3 次；连续起动间隔时间不少于 2 min，以防止蓄电池严重亏电。

**2. 使用工具及材料**

万用表、比重计、蒸馏水、工业凡士林及搪瓷壶，棉丝。

**3. 操作步骤**

① 打开蓄电池箱，检查各单节蓄电池有无漏泄，接线是否良好。

② 消除氧化物，涂上工业凡士林。

③ 用比重计测量各单节蓄电池电解液比重，夏季为 1.24～1.25 g/mL，冬季为 1.26～1.27 g/mL。

④ 用万用表测量各单节蓄电池电压，应在 2 V 以上。

⑤ 用玻璃管测量电解液液面，液面应高出极板 10～15 mm（DG-420 型），不足时补加蒸馏水。添加蒸馏水时，要用专用的绝缘搪瓷壶和漏斗，禁止用金属器皿操作，以免发生危险。加蒸馏水时，要防止外溢，有外溢时须用棉丝擦净，以免造成漏电。

⑥ 用万用表测量蓄电池是否漏电，有漏电的应报修。

⑦ 严禁吸烟，严禁将金属物品放在蓄电池上。

## 活动 2.1.10　更换通风机尼龙绳

🔥 【活动要点】：① 更换静液压变速箱与后通风机之间尼龙绳的操作技能。
　　　　　　　　② 更换起动变速箱与前通风机之间尼龙绳的操作技能。

**1. 专业知识引导**

1）静液压变速箱与后通风机之间的尼龙绳传动轴

静液压变速箱的传动机构及其与后通风机之间的尼龙绳传动轴如图 2-8、图 2-9 所示。

1—传动轴；2—传动柱销联轴节；3—静液压变速箱；4—静液压泵；5—尼龙绳传动轴；6—后通风机。

图 2-8  静液压变速箱的传动机构

2）起动变速箱与前通风机之间的尼龙绳传动轴

起动变速箱与前通风机之间采用尼龙绳作为传动轴，起动变速箱的传动机构如图 2-10 所示。

图 2-9  静液压变速箱与后通风机之间的
尼龙绳传动轴

1—前通风机；2—起动发电机；3—尼龙绳传动轴；
4—弹性柱销联轴节；5—起动变速箱；6—万向轴；
7—励磁机；8—三角皮带；9—测速发电机。

图 2-10  起动变速箱的传动机构

3）更换、调整时机

日常作业检查，一旦发现尼龙绳有断股现象或松弛时，应及时更换新绳或进行调整。

**2. 使用工具及材料**

19 mm、22 mm 扳手各一把，新尼龙绳，克丝钳，新铁丝适量。

**3. 操作步骤**

1）更换静液压变速箱与后通风机之间的尼龙绳

① 柴油机停机，检查尼龙绳备品是否质量良好。

② 卸下后通风机端的弧形铁口上的两个安装螺钉，把弧形铁取下待用。

③ 把尼龙绳穿到静液压变速箱的弧形铁上，使尼龙绳形成四股状态。

④ 把另两端穿在待用的后变速箱弧形铁上，套在后通风机的轴上，重新把两个螺钉上紧。

⑤ 重新把防脱铁丝扎上。

2）更换起动变速箱与前通风机之间的尼龙绳

① 柴油机停机，检查尼龙绳备品是否质量良好。

② 用克丝钳将两边柱销凹槽上的铁丝取下。

③ 取下不良尼龙绳。

④ 将直径 14 mm 的尼龙绳往复缠绕在两个法兰各自六个柱销间，松紧适宜。

⑤ 用克丝钳取适量、适当强度的铁丝，分别落入两个凹槽里，将尼龙绳压紧后，将铁丝拧固。

## 活动 2.1.11　更换测速发电机传动皮带

**【活动要点】**：更换测速发电机传动皮带操作技能。

**1. 专业知识引导**

测速发电机传动皮带断或松弛对机车运用的影响如下：

① 测速发电机传动皮带断，将造成主发电机无电压、电流，应更换新皮带。

② 测速发电机传动皮带松弛，在运用中将导致机车功率不足，应及时调整。

**2. 使用工具及材料**

17 mm、19 mm 开口扳手，备用皮带。

**3. 操作步骤**

① 检查测速发电机皮带是否老化、扭断。

② 检查所要更换的新皮带是否质量良好。

③ 用 17 mm 开口扳手松开调整螺栓，用 19 mm 开口扳手松开测速发电机机座螺栓。

④ 移动测速发电机，更换传动皮带。皮带松紧度要求为：以手握住皮带时，其间距以 30～40 mm 为宜。

⑤ 更换好后，将调整螺栓和机座螺栓紧固好。

## 活动 2.1.12　清洗耦合器滤清器

**【活动要点】**：① 风扇耦合器传动系统的工作过程。

　　　　　　② 清洗耦合器滤清器的操作技能。

**1. 专业知识引导**

1）风扇耦合器控制系统的作用

东风 $_{7C}$ 型内燃机车安装有高、低温两个冷却风扇，每个冷却风扇分别由一套独立的耦合器传动系统驱动。两个系统除了系统内的热动元件控温范围不同外，其他完全相同。高温系统的水温控制在 74～82 ℃，中冷系统的水温控制在 44～55 ℃。

2）风扇耦合器传动系统的工作过程

风扇耦合器主要由泵轮和涡轮组成。耦合器的工作油和润滑油均由装在箱内的齿轮油泵供给。齿轮油泵由水平轴上所装的圆柱直齿轮驱动。当柴油机运转时，柴油机曲轴自由端经万向轴、弹性联轴节带动辅助齿轮箱，通过辅助齿轮箱的垂直轴、垂直万向轴，带动（高温）风扇耦合器齿轮油泵轮轴运转，同时，经一对螺旋锥齿轮、水平轮、水平万向轴，带动（低温）风扇耦合器的水平轴，再经一对螺旋锥齿轮，带动泵轮轴旋转。旋转的泵轮通过工作油带动涡轮旋转，因为冷却风扇和耦合器涡轮连接在一起，所以可带动冷却风扇工作，如图 2-11 所示。

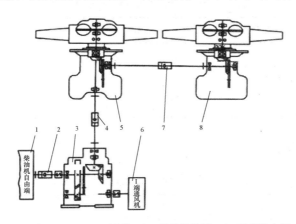

1—柴油机自由端；2、4、7—万向轴；3—辅助齿轮箱；5—风扇耦合器（高温）；

6—Ⅰ端通风机；8—风扇耦合器（低温）。

图 2-11    风扇耦合器传动系统

**2. 使用工具及材料**

干净柴油、棉丝、12 mm 活扳手。

**3. 操作步骤**

① 将油路塞门手柄逆时针转 90°，切断油路。

② 拆下 4 根螺栓，打开底盖。

③ 抽出滤芯，检查有无异物，用干净柴油洗净，用压力空气吹净。

④ 按拆卸的反顺序进行组装。

⑤ 将塞门手柄置于开通位，应无漏泄。

【考核评价】

**1. 自我评价**

① 自我考核：东风 $_{7C}$ 型内燃机车清洗耦合器滤清器描述；东风 $_{4B}$ 型机车更换测速发电机皮带描述；东风 $_{7C}$ 型机车、东风 $_{4B}$ 型机车通用的其他部件的检修过程描述。

② 自我评价（见表 2-1）。

表 2-1    自我评价（每项满分为 10 分）

| 序号 | 评价内容 | 得分 | 亮点 |
|---|---|---|---|
| 1 | 课前知识查阅、调研完成情况 | | |
| 2 | 课前、课中与人协作沟通表现 | | |
| 3 | 直流传动内燃机车自检自修操作技能掌握情况 | | |
| 4 | 课前、课中学习态度表现 | | |

### 2. 小组评价（见表2-2）

表2-2　小组评价（每项满分为10分）

| 序号 | 评价内容 | 得分 | 亮点 |
|---|---|---|---|
| 1 | 课中学习态度表现 | | |
| 2 | 课前、课中与人协作沟通表现 | | |
| 3 | 直流传动内燃机车自检自修操作技能掌握情况 | | |

### 3. 教师评价（见表2-3）

表2-3　教师评价（每项满分为10分）

| 序号 | 评价内容 | 得分 | 亮点 |
|---|---|---|---|
| 1 | 课前知识查阅、调研完成情况 | | |
| 2 | 课中参与及协作情况 | | |
| 3 | 掌握直流传动内燃机车自检自修操作技能的效果 | | |

【教师建议】

在掌握东风$_{4B}$、东风$_{7C}$型内燃机车自检自修部件检修技能的基础上，进一步探究其他机型的自检自修操作要求，为以后从事相关工作打好基础。

# 任务2.2　交流传动内燃机车乘务员自检自修作业技能训练（以HX$_N$5型内燃机车为例）

【任务描述】

在实训教学中，需要提供自检自修实训室一间，操纵台若干。为了增强学生对自检自修部件的直观感性认识，可将学生分成若干小组，以小组为单位，结合自检自修部件相关理论知识，正确使用自检自修工具、材料，按照操作程序进行自检自修作业，要求学生掌握各作业环节的工作重点，顺利完成自检自修作业。

【学习目标】

| 知识目标 | 了解 $HX_N5$ 型内燃机车自检自修部件的相关理论知识 |
|---|---|
| 能力目标 | 能正确使用自检自修工具、材料，按操作程序完成自检自修作业 |
| 素质目标 | 养成细致、认真的工作作风；养成独立分析问题的良好习惯；能够比较自如地与他人沟通、协作完成工作 |

## 活动 2.2.1　更换、清洗机油滤清器

🔥【活动要点】：① 熟悉机油滤清器的结构。

② 掌握更换、清洗机油滤清器的操作要点。

**1. 专业知识引导**

机油滤清器的作用是清除润滑油中的有害杂质，保证柴油机的可靠运行。

机油滤清器壳体内装有 14 个滤清精度为 27～30 μm 的滤清元件。机油滤清器如图 2-12 所示，机油滤清器的安装位置如图 2-13 所示，机油滤清器泄油阀的安装位置如图 2-14 所示。

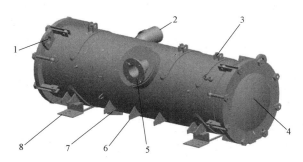

1—吊耳；2—润滑油进口；3—支承座；4—端盖；5—润滑油出口；

6—加强筋；7—放油接头；8—安装座。

图 2-12　机油滤清器

图 2-13　机油滤清器的安装位置

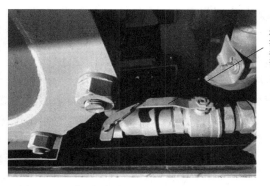

图 2-14　机油滤清器泄油阀的安装位置

机油滤清器主要由端盖、吊耳、润滑油进出口、安装座、滤清元件及相应的管路、接头、紧固件、O形圈等组成。滤清器内部分成两个滤清腔室，每个腔室装有7个滤清精度为27～30 μm的滤清元件。为防止润滑油直接流入滤清元件。在润滑油进口处布置了一个分配槽，将润滑油均匀分配到两个腔室中。每个腔室端部都带有一个外开式带铰链的回转盖，在回转盖内侧设有压板来支撑滤清元件，并在清洁过滤腔室进口处密封管径。回转盖采用O形圈密封，将其置于相应的槽中，当盖装配并用螺栓连接时，法兰完全紧密配合。

**2. 使用工具及材料**

扳手、无纺布、吸油纸。

**3. 操作步骤**

① 柴油机停机，在机油还热的状态下打开滤清器泄油阀，排空机油滤清器。

② 通过车底架下机油排油阀排空机油。

注意：在不排空机油的情况下更换机油滤清器，机油液位应低于机油油尺最低标记，以避免打开机油滤清器门时有机油溅出。

③ 打开机油滤清器体上的丝堵，加速排空机油。

④ 松开机油滤清器盖上的所有螺栓，扳回活节螺栓，小心地打开盖，最后打开底部螺栓。

⑤ 将机油滤清器内的剩油排到油盘里。

⑥ 打开机油滤清器盖，取出用过的滤清元件，共7个，检查金属颗粒，丢弃旧元件。

⑦ 擦干净机油滤清器壳内腔（用干净无纺布），并检查O形圈是否损坏。必要时更换O形圈。

⑧ 更换新的滤清元件。

⑨ 重复步骤④～⑧，对另一侧的7个滤清元件进行更换。

注意：更换滤清元件时，勿撕破或损坏任何元件。

⑨ 关闭机油滤清器盖，采用交叉法拧紧所有的螺栓，直到螺栓力扭矩达到196 N·m。

⑩ 关闭排泄阀，更换排气阀丝堵，起动柴油机并检查盖周围是否有泄漏。

注意：脏机油通过滤清元件进入导管时已经完成过滤，应特别注意保持干净机油侧管路的清洁，不得有任何碎屑或任何阻碍机油流动的物体。任何微小的疏忽都可能导致柴油机损坏。

## 活动 2.2.2　更换、清洗燃油粗滤器的滤清元件

【活动要点】：① 燃油粗滤器的结构。

② 更换燃油粗滤器的滤清元件的操作要点。

**1. 专业知识引导**

1）燃油粗滤器的作用

燃油粗滤器的作用是除掉燃油中的杂质，为燃油泵电机组提供清洁的燃油，从而达到保护燃油泵的目的。为便于维保，燃油粗滤器采用免拆洗滤芯。滤清器体为铝质，滤芯采用钢丝网。

2）燃油粗滤器的结构

燃油粗滤器的结构如图 2-15 所示，燃油粗滤器上体如图 2-16 所示，燃油粗滤器滤芯如图 2-17 所示。

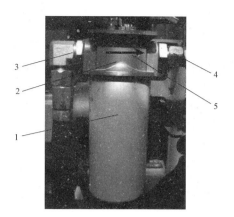

1—燃油粗滤器体；2—燃油粗滤器端盖；3—燃油粗滤器进口接头；4—燃油粗滤器出口接头；5—燃油流向。

图 2-15　燃油粗滤器的结构

图 2-16　燃油粗滤器上体

图 2-17　燃油粗滤器滤芯

**2. 使用工具及材料**

手电、皮带扳手。

**3. 操作步骤**

① 关闭柴油机并打开位于门后柴油机控制面板下的蓄电池开关及柴油机控制面板上的燃油泵断路器。

② 打开燃油粗滤器排放阀和燃油粗滤器通风阀，从燃油粗滤器内排出燃油。

③ 用皮带扳手打开燃油粗滤器壳体，拆下粗滤器。

④ 用清洁的燃油清洗粗滤器壳体。

⑤ 安装新粗滤器时，将上合口包装塑料膜撕开，安装于粗滤器壳体上，用皮带扳手紧固，使上胶垫与壳体密封良好。

⑥ 安装后撕掉粗滤器的包装塑料膜，保证元件的清洁度。

⑦ 起机试验，燃油粗滤器不得漏泄。起机试验时柴油机转速为 335 r/min，燃油供油压力为 600～640 kPa。

## 活动 2.2.3　更换、清洗燃油滤清器的滤清元件

🔥【活动要点】：① 燃油滤清器的结构。

② 更换、清洗燃油滤清器滤清元件的操作要点。

**1. 专业知识引导**

1）燃油滤清器的作用

燃油滤清器的作用是除掉燃油中粒径大于 5 μm 的杂质。每台机车有两只燃油滤清器，每只燃油滤清器内部装有 3 只滤芯，滤芯被中间隔板分成两层，外层的滤清精度为 10～12 μm，内层的滤清精度为 5～7 μm。燃油滤清器在上盖附近设置有排气阀，设置此阀的目的是当燃油滤清器排油时，允许空气进入燃油滤清器筒内。

燃油滤清器的滤芯更换周期一般为 90 d。

2）燃油滤清器的结构

燃油滤清器的安装位置、管路连接、下方的回油阀、结构及其滤芯如图 2-18～图 2-22 所示。

图 2-18 燃油滤清器的安装位置

1—进油管；2—出油管；3—放油管。

图 2-19 燃油滤清器的管路连接

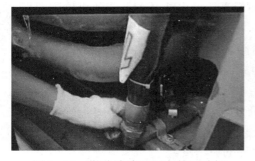

图 2-20 燃油滤清器下方的回油阀

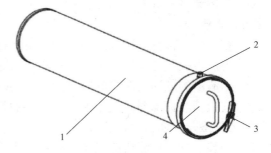

1—燃油滤清器体；2—放气接头；3—卡箍；4—端盖。

图 2-21 燃油滤清器的结构

**2. 使用工具及材料**

手电、抹布、海绵、专用纸、接油盘，以及放置油及旧滤芯的小车。

**3. 操作步骤**

① 关闭柴油机并打开位于门后柴油机控制面板下的蓄电池开关及柴油机控制面板上的燃油泵断路器。

图 2-22　燃油滤清器的滤芯

② 打开燃油滤清器下方的回油阀和上方的放气阀，从燃油滤清器内排出燃油。

③ 卸下固定燃油滤清器端盖的卡箍。

④ 打开燃油滤清器端盖。

⑤ 卸下旧的滤芯。

⑥ 使用干净的抹布清洁燃油滤清器罐。使用干净的燃油冲洗燃油滤清器罐。

⑦ 安装新的滤芯。

⑧ 将新的燃油滤清器部件的 O 形垫圈上涂抹少量干净的润滑油，以防止组装过程中损坏 O 形垫圈。将新的 O 形垫圈安装到燃油滤清器端盖。

⑨ 关闭燃油滤清器端盖，安装卡箍，并相应地调整它们，确保安装牢固，关闭放气阀。

⑩ 起动电子燃油泵，并检查是否有燃油泄漏。打开通风阀，将空气排出后关闭通风阀。

## 活动 2.2.4　更换、清扫惯性滤清器

🔥【活动要点】：① 惯性滤清器工作原理。
　　　　　　　　② 更换、清扫惯性滤清器操作要点。

**1. 专业知识引导**

惯性滤清器如图 2-23 所示，其工作原理如图 2-24 所示。气流经过 10 个惯性滤清器，每一个滤清器的旋风筒中包含 54 个独立的旋流管，这些旋流管都有螺旋叶片，当空气流经旋流管时，它能使空气产生旋流，旋流作用迫使较重的尘粒处于气流的外侧。污物在管子的出口处被分离出来，排放到脏空气风道中。

图 2-23　惯性滤清器

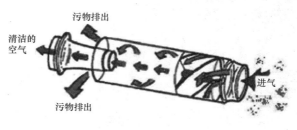

图 2-24　惯性滤清器工作原理

排污管上连接着排污通风机，以提供必要的抽吸力，帮助旋风筒产生旋风作用。排污通风机将脏空气送入散热器室。气流中间部分的清洁空气流向袋式空滤器。排污管的位置如图2-25所示。

图2-25　排污管的位置

**2. 使用工具及材料**

含碱水溶液、清扫灰尘毛刷。

**3. 操作步骤**

① 将柴油机停机。

② 检查惯性滤清器，不允许有裂损。

③ 更换不良部件。

④ 洗涮旋风筒：用含碱水溶液煮洗5 h，煮洗温度为70～80 ℃，清洁标准为：没有可视灰尘、污垢及手感异物。

⑤ 清扫滤清器体内腔道及排污风道，要求没有可视灰尘、污垢及手感异物。

## 活动2.2.5　更换袋式空气滤清器

🔥 【活动要点】：① 袋式空气滤清器的结构。

② 更换袋式空气滤清器操作要点。

图2-26　袋式空气滤清器

**1. 专业知识引导**

柴油机的袋式空气滤清器的作用是清除来自惯性滤清器的清洁空气中的细小颗粒（粒径>3 μm）。袋式空气滤清器中共有6个滤清元件，滤清元件由连续的细玻璃纤维介质构成，纤维上涂有胶体油，工作中用以粘附脏物。袋式空气滤清器安装在燃烧空气室内的柴油机空气滤清器室内，通过机车两侧的门可以接近这些滤清器。袋式空气滤清器如图2-26所示。

**2. 使用工具及材料**

吸尘设备或清扫灰尘毛刷、手电。

**3. 操作步骤**

① 将柴油机停机。

② 从燃烧空气室 A 侧打开柴油机空气滤清器室的门。

③ 拆除从这一侧能够接近的杆式夹紧装置和篮式框架。

④ 拆卸旧的滤清器，除去内部灰尘及杂物，更换新的袋式空气滤清器。

⑤ 安装篮式框架。

⑥ 从燃烧空气室 B 侧打开柴油机空气滤清器室的门。

⑦ 拆除从这一侧可接近的篮式框架，用新的袋式空气滤清器更换旧的袋式空气滤清器，安装篮式框架。

⑧ 关闭并紧固柴油机空气滤清器室的门。

⑨ 在机车的 A 侧，安装杆式夹紧装置，紧固袋式空气滤清器。

⑩ 关闭并紧固柴油机空气滤清器室的门。

## 活动 2.2.6　更换不良闸瓦并调整闸瓦间隙

◉ **【活动要点】**：① 转向架塞门的位置。

② 更换不良闸瓦并调整闸瓦间隙操作要点。

**1. 专业知识引导**

应定期检查所有闸瓦的磨耗，如果任意一处闸瓦厚度（包括背板）已磨到少于 13 mm，应按规定更换闸瓦并调整制动器螺杆行程。

**2. 使用工具及材料**

17 号开口扳手、手锤、钳子、小撬棍、禁动牌。

**3. 操作步骤**

① 关闭需要更换闸瓦的转向架的塞门。转向架塞门所处位置如图 2-27 所示。注意，图中只显示出位置，并不代表开关状态。

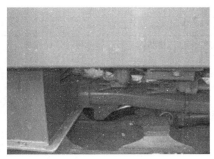

图 2-27　转向架塞门所处位置

② 更换带有停放制动装置的单元制动器（如图 2-28 所示）的闸瓦时，应先拽拉手动缓解拉杆，然后才可进行更换闸瓦作业。

③ 使用 17 号开口扳手将闸瓦与机车动轮踏面间隙调整至最大，如图 2-29 所示。

图2-28　带有停放制动装置的单元制动器

图2-29　用17号开口扳手调整闸瓦与机车动轮踏面间隙

④ 利用钳子取下闸瓦钎下固定环，使用手锤及小撬棍配合取下旧闸瓦。如图2-30所示。

⑤ 装上新闸瓦、闸瓦钎及固定环，要求闸瓦厚度不小于15 mm，闸瓦无偏磨。

⑥ 扳手及小撬棍配合调整闸瓦与车轮踏面间隙，间隙应为6～9 mm。安装闸瓦钎。

⑦ 更换闸瓦后，恢复转向架塞门。

⑧ 使用制动机进行试验，使闸瓦制动、缓解3～5次，确认闸瓦间隙符合要求。

图2-30　取下旧闸瓦

【考核评价】

### 1. 自我评价

① 自我考核：$HX_N5$型内燃机车自检自修部件功能及自检自修作业描述。

② 自我评价（见表2-4）。

表2-4　自我评价（每项满分为10分）

| 序号 | 评价内容 | 得分 | 亮点 |
| --- | --- | --- | --- |
| 1 | 课前知识查阅、调研完成情况 | | |
| 2 | 课前、课中与人协作沟通表现 | | |
| 3 | $HX_N5$型内燃机车自检自修部件检修操作掌握程度 | | |
| 4 | 课前、课中学习态度表现 | | |

### 2. 小组评价（见表2-5）

表2-5　小组评价（每项满分为10分）

| 序号 | 评价内容 | 得分 | 亮点 |
| --- | --- | --- | --- |
| 1 | 课中学习态度表现 | | |
| 2 | 课前、课中与人协作沟通表现 | | |
| 3 | $HX_N5$型内燃机车自检自修部件检修操作掌握程度 | | |

### 3. 教师评价（见表 2-6）

表 2-6　教师评价（每项满分为 10 分）

| 序号 | 评价内容 | 得分 | 亮点 |
|---|---|---|---|
| 1 | 课前知识查阅、调研完成情况 | | |
| 2 | 课中参与及协作情况 | | |
| 3 | 掌握 $HX_N5$ 型内燃机车自检自修部件检修操作的效果 | | |

【教师建议】

　　在掌握 $HX_N5$ 型内燃机车自检自修部件检修操作的基础上，进一步探究其他机型的自检自修作业要点，为今后从事相关工作打好基础。

# 项目 3

# 内燃机车全面检查作业技能训练

## 任务 3.1　内燃机车检查的基本方法认知

【任务描述】

　　在实训教学中，需要提供一台内燃机车。为了增强学生对内燃机车的直观感性认识，可将学生分成若干小组，以小组为单位，对照实物学习内燃机车各部件的检查方法、需要使用的工具，并展开针对性的讨论。

【学习目标】

| 知识目标 | 了解机车检查基本要求，掌握各种机车检查方法 |
| --- | --- |
| 能力目标 | 掌握机车检查的基本要领，能够对机车部件检查方法进行预判，使用正确的方法进行检查 |
| 素质目标 | 养成细致、认真的工作作风；养成独立分析问题的良好习惯；能够比较自如地与他人沟通、协作完成工作 |

### 活动 3.1.1　学习机车检查要求

◆【活动要点】：7 项基本要求。

　　① 机车检查前必须遵守"先联系、后检查"的原则，并采取防溜措施，将两端司机室的隔离开关均置于隔离位或断开发动机控制断路器，按下紧急断燃油按钮并锁闭，并在操纵手柄、开关等处挂好禁动标志，做好安全防护工作。

　　② 检查带有压力的部件、细小管接头螺母及 14 mm 以下的螺栓、螺钉、摩擦工作面和光洁度较高的部件时，禁止用检点锤敲击。

　　③ 检查带电及转动部件时，只可目视，禁止手触，以防触电和碰伤。

　　④ 禁止反方向敲击螺栓、螺母或击打螺栓、螺母的棱角。

　　⑤ 防止异物落入电机、电器、风机、泵等装置内机械动力间禁止烟火。

　　⑥ 机车应停放在有地沟的平直线路上。

⑦ 对特殊情况和特殊地区，对机车应做特殊检查，如寒冷地区应进行防寒检查。

## 活动 3.1.2  机车检查方法认知

💧【活动要点】：① 锤检法有几种？并一一说明。

② 手检法有几种？并一一说明。

③ 测量法有几种？并一一说明。

机车乘务员应熟悉车型结构、部件的名称及安装位置，掌握该车型的运用特点以及容易出现故障的部件和关键部位，充分利用检查时间。检查机车时要求做到：姿式正确、步伐不乱，循序检查、由上至下、由里到外、从左到右，锤分轻重、敲击触撬，拍拉拧摇、手摸鼻嗅、耳听目视，测试量塞、运用自如。

**1. 锤检法**

1）锤击

锤击是靠检查锤敲击零部件时发出的音响及手握锤柄的振动感觉，来判断螺栓的紧固程度或部件是否发生断裂。锤击适用于检查 14 mm 以上的紧固螺栓、弹簧装置以及适宜用锤击判别的容易发生断裂的部件。

使用锤击检查时，应根据螺栓的大小及部件的状态和位置，用力适当，掌握好"轻重缓急"，不可用力过大，以免损伤部件；不准锤击带有压力的管接头，不准锤击摩擦工作面和表面粗糙度要求较高的部件；14 mm 及以下螺栓、螺钉禁止锤击。

2）锤触

对一些较细的管路或卡子，以及不宜锤击的螺钉和脆弱部件，可用检查锤轻轻触动，检查其是否漏泄或松动。

3）锤撬

以锤柄或锤尖撬动机件，用以检查连杆瓦的横向间隙、齿轮的轴箱径向间隙、钩锁间隙及牵引杆、大销子的活动量等。

**2. 手检法**

1）手动检查

对锤击容易损坏的部件应手动检查，如较细的螺钉、管接头等，可用手拧的方法检查其松紧；对电器元件的安装和接线以及绝缘板上的螺钉（螺栓）等，用手扳动，检查是否牢固；各传动轴、花键轴、齿轮等，应用手晃动，检查横动量及啮合间隙；对各排水阀及其他手柄、手轮、开关等，更应用手扳动检查，切勿锤击，以防损坏。

2）手触检查

手触检查法适用于检查容易发热的各轴箱、轴承等部件。用手背触及发热处所，测试温度。手触检查法应在停车或停止柴油机运转后马上进行。

**3. 目视法**

目视法主要用于检查：各种仪表、显示屏显示是否正确；各种部件有无裂纹、变形、漏泄、脱落；各电机、电器接线是否松动，有无烧损；各摩擦部分的油润状态等。

**4. 耳听法**

可凭听觉发现机车某些不正常的情况，同时可借助棒或螺丝刀倾听柴油机缸套等机件的音响是否正常。

**5. 鼻嗅法**

当摩擦件发热严重，橡胶部件、电器线圈、电机绕组及导线过热或烧损时，可凭鼻嗅其异味来判断故障处所。

**6. 测量法**

1）万用表、试灯检查法

适用于电气部件故障的检查。

2）塞尺检查法

柴油机各瓦等部位，用塞尺检查间隙。

## 【考核评价】

**1. 自我评价**

① 自我考核：机车检查方法及要求的描述。

② 自我评价（见表 3-1）。

表 3-1　自我评价（每项满分为 10 分）

| 序号 | 评价内容 | 得分 | 亮点 |
|---|---|---|---|
| 1 | 课前知识查阅、调研完成情况 | | |
| 2 | 课前、课中与人协作沟通表现 | | |
| 3 | 机车检查的方法及要求掌握情况 | | |
| 4 | 课前、课中学习态度表现 | | |

**2. 小组评价（见表 3-2）**

表 3-2　小组评价（每项满分为 10 分）

| 序号 | 评价内容 | 得分 | 亮点 |
|---|---|---|---|
| 1 | 课中学习态度表现 | | |
| 2 | 课前、课中与人协作沟通表现 | | |
| 3 | 机车检查的方法及要求掌握情况 | | |

**3. 教师评价（见表 3-3）**

表 3-3　教师评价（每项满分为 10 分）

| 序号 | 评价内容 | 得分 | 亮点 |
|---|---|---|---|
| 1 | 课前知识查阅、调研完成情况 | | |
| 2 | 课中参与及协作情况 | | |
| 3 | 掌握机车检查方法及要求的效果 | | |

【教师建议】

在掌握内燃机车检查方法及要求的基础上，进一步探究其他机型的检查方法及要求，为今后从事相关工作打好基础。

# 任务 3.2　机车检查规范认知与训练

【任务描述】

在实训教学中，需要提供一台内燃机车。为了增强学生对内燃机车的直观感性认识，可将学生分成若干小组，以小组为单位，对照内燃机车各部件学习机车检查前的准备工作、机车检查顺序、机车检查标准、规范检查动作，并展开针对性的讨论。

【学习目标】

| 知识目标 | 了解机车检查前的准备工作、机车检查标准，掌握检查动作要领 |
| --- | --- |
| 能力目标 | 能正确使用检查工具，准确呼唤部件名称，熟记机车检查的步伐与动作规范，熟悉检查顺序 |
| 素质目标 | 养成细致、认真的工作作风；养成独立分析问题的良好习惯；能够比较自如地与他人沟通、协作完成工作 |

## 活动 3.2.1　机车检查作业前的准备工作

🔥【活动要点】：乘务员着装、机车检查工具、机车检查前的准备工作。

**1. 乘务员着装**

乘务员应穿戴好工作服、帽、衣、裤、劳保绝缘鞋。

**2. 机车检查工具**

机车检查工具有检查锤、手电筒。

**3. 机车检查前的准备工作**

在进行机车检查前，应做好以下准备工作：

① 机车第一动轮打上止轮器。

② 机车单阀制动。

③ 机车单阀挂上禁动牌。

④ 蓄电池电源断开。

## 活动 3.2.2　机车检查作业技能训练

🔥【活动要点】：① 呼唤的要求。

　　　　　　　② 机车检查动作规范（12 种）。

**1. 呼唤的要求**

① 在检查中，名词术语的呼唤应做到检查哪里呼唤哪里，口齿清晰，声音洪亮，用语准确，故障现象表达正确。

② 部件的呼唤。检查部件时用检查锤或徒手指示某一部件，呼唤"××检查"，然后按一定顺序检查该部件的各个零部件。

③ 检查方法的呼唤。呼唤"××检查"，确定检查方法，呼唤技术要求，确认该部件的技术状态，呼唤故障现象。

**2. 机车检查动作规范**

机车检查的步伐与动作规范，是保证按顺序检查机车、不漏检查处所及检查安全的基础工作。检查机车开始时，每走一步，必检一处，不得空步，只准前进，不得后退。

检查基本动作有 12 项，下面分别介绍：

1）过渡步

过渡步是当一个部位检查完毕后进入下一个部位时的步伐，一般运用在两个检查部位之间，如机车前端外观检查完进入检查车钩项目时、前端检查完转入侧部检查时、进入地沟检查时、地沟检查完上机车时。

2）直立前视

检查处所：机车前后端、两侧墙面。

检查姿势：右脚向右迈开，与肩部平行。

检查动作：目视检查，对检查部位眼见、锤指点（或锤敲）、口呼唤。

检查方法：检查机车外观，由上至下、由左至右。

3）站立检查

检查处所：车钩、风管、蓄电池、底部牵引电动机。

检查姿势：右脚向后迈半步或左脚向前迈一步。

检查动作：目视检查，对检查部位眼见、锤指点（或锤敲）、口呼唤。

检查方法：检查机车外观，由上至下，左至右。

4）蹲步右侧身

检查处所：机车走行部、内燃冷却间。

检查姿势：面向机车检查部位，手持检查锤伸到之处，身体与机车相距约 400 mm。右脚向右跨出一步，比双肩略宽，右膝关节弯曲 90°左右。右侧身时，身体重心落右脚，左脚向外伸直。

检查动作：手锤检查部位，锤击轮缘踏面、弹簧、轴箱螺丝，听其声判断是否弛缓、断裂、松动。

检查方法：检查由上至下、由左至右、由里至外。

手锤要求：凡螺丝有防缓装置、防缓标记，手锤只点击，不予敲打。

5）蹲步左侧身

检查处所：机车走行部、内燃冷却间。

检查姿势：面向机车检查，手持检查锤伸到之处，身体与机车相距约 400 mm。左脚向左跨出一步，比双肩略宽，膝关节弯曲 90°左右。左侧身时，身体重心落左脚，右脚向外伸直。

检查动作：手锤检查部位，锤击轮缘踏面、弹簧、轴箱螺丝，听其声判断是否弛缓、断裂、松动。

检查方法：检查由上至下、由左至右、由内至外。

手锤要求：凡螺丝有防缓装置、防缓标记，手锤只点击，不予敲打。

6）蹲步向左或向右探身

检查处所：机车走行部、内燃冷却间。

检查姿势：蹲步，检查处所看不见时，须向前探身，左脚或右脚向前一步。脚向前时，右手持检查锤，身体重心向右前移，探身观测检查。

检查动作：观察各部有无异状。

检查方法：检查由上至下、由左至右、由内至外。

7）弯腰向左或向右探身

检查处所：机车走行部、内燃冷却间。

检查姿势：机车内侧，检查处所看不见时，须向前探身，左脚或右脚向前一步，弯腰向内检查，身体重心向前。

检查方法：检查由上至下、由左至右、由内至外。

8）向左后转身检查

检查处所：机车走行部、机车机械间走廊、电器间走廊两侧部分。

动作姿势：直立身体，左脚向右迈出一步，同时身体向右转 180°，右脚就地旋转 180° 转身。

作用：更换检查部位。

9）向右后转身检查

检查处所：机车走行部、机车机械间走廊、电气间走廊两侧部分。

动作姿势：直立身体，右脚向左迈出一步，同时身体向左转 180°，左脚就地旋转 180° 转身。

作用：更换检查部位。

10）弯腰屈步前移

检查处所：机车底部。

检查姿势：进入地沟，双腿膝部略屈，弯腰，右手持检查锤，锤头落地前移（落地的目的是控制身体高度，防止碰头）。

11）登梯上下车

上下车前，将检查锤与手电放在车门口，面对车门，双手抓牢手把杆上车或下车。

12）侧步右进

检查处所：机车走行部、机车机械间走廊、电气间走廊。

动作姿势：直立，身体向右转 90°，同时左脚向右迈一步；右脚向右迈一步，同时向左转 90°。

作用：更换检查部位。

## 【考核评价】

### 1. 自我评价

① 自我考核：机车检查呼唤的要求及机车检查动作规范描述。

② 自我评价（见表 3-4）。

表 3-4 自我评价（每项满分为 10 分）

| 序号 | 评价内容 | 得分 | 亮点 |
|---|---|---|---|
| 1 | 课前知识查阅、调研完成情况 | | |
| 2 | 课前、课中与人协作沟通表现 | | |
| 3 | 机车检查准备工作及 12 种机车检查动作规范掌握情况 | | |
| 4 | 课前、课中学习态度表现 | | |

### 2. 小组评价（见表 3-5）

表 3-5 小组评价（每项满分为 10 分）

| 序号 | 评价内容 | 得分 | 亮点 |
|---|---|---|---|
| 1 | 课中学习态度表现 | | |
| 2 | 课前、课中与人协作沟通表现 | | |
| 3 | 机车检查准备工作及 12 种机车检查动作规范掌握情况 | | |

### 3. 教师评价（见表 3-6）

表 3-6 教师评价（每项满分为 10 分）

| 序号 | 评价内容 | 得分 | 亮点 |
|---|---|---|---|
| 1 | 课前知识查阅、调研完成情况 | | |
| 2 | 课中参与及协作情况 | | |
| 3 | 掌握机车检查准备工作及 12 种机车检查动作规范的效果 | | |

## 【教师建议】

在掌握内燃机车检查准备工作及机车检查动作规范的基础上，进一步探究其他机型的检查规范，为今后从事相关工作打好基础。

# 任务 3.3  东风<sub>4B</sub>型内燃机车检查作业技能训练

**【任务描述】**

在实训教学中，需要提供一台东风<sub>4B</sub>型内燃机车。为了增强学生对内燃机车的直观感性认识，可将学生分成若干小组，以小组为单位，对照实物学习东风<sub>4B</sub>型内燃机车各部件的位置、所要检查的项目及应达到的标准，并展开针对性的讨论。

**【学习目标】**

| 知识目标 | 了解东风<sub>4B</sub>型内燃机车检查作业内容 |
|---|---|
| 能力目标 | 能正确认识东风<sub>4B</sub>型内燃机车检查部件的位置、所要检查的项目，能按检查作业程序进行机车检查 |
| 素质目标 | 养成细致、认真的工作作风；养成独立分析问题的良好习惯；能够比较自如地与他人沟通、协作完成工作 |

## 活动 3.3.1  机车检查基本方法认知

**【活动要点】**：机车全面检查线路。

① 东风<sub>4B</sub>型内燃机车全面检查，以机车后端（Ⅱ室）左侧为起点，按逆时针方向进行。

② 东风<sub>4B</sub>型内燃机车全面检查线路为机车后端部△—右侧走行部—机车前端部—左侧走行部—车底部—左侧电气间—左侧机械间—左侧冷却间—Ⅱ端司机室—右侧冷却间—右侧机械间—右侧电气间—Ⅰ端司机室—电气试验—制动机试验。如图 3-1 所示。

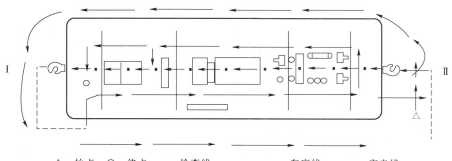

△—始点；○—终点；→—检查线；→·→·→·—车底线；-----空走线

图 3-1  东风<sub>4B</sub>型内燃机车全面检查线路

## 活动 3.3.2　东风 4B 型内燃机车检查作业技能训练

◈【活动要点】：① 检查顺序。
　　　　　　　② 各部位的检查内容及要求。

东风 4B 型内燃机车检查作业程序如表 3-7 所示。

表 3-7　东风 4B 型内燃机车检查作业程序

| 顺序 | 检查部位 | 检查内容及要求 | 检查方法 |
|---|---|---|---|
| 机车后端部 | 1. 左半部 | （1）头灯及标志灯外观完好。<br>（2）排障器无变形，距轨面垂直高度符合规定，为 80～160 mm<br>（3）脚踏板无裂损、变形 | 手检<br>目视 |
| | 2. 车钩 | （1）钩提杆无变形，提钩自动开放，无抗劲，全开位为 220～250 mm。<br>（2）车钩摆动灵活，吊杆及托板状态良好，无裂纹。<br>（3）钩体、钩舌各部无裂纹。<br>（4）钩舌销无折损，开口销完好（开度为 60°），径向间隙为 1～4 mm。<br>（5）钩舌锁闭作用良好，防跳台不小于 90°，闭锁位为 110～130 mm。<br>（6）车钩中心线距轨面垂直高度应为 815～890 mm | 手检<br>测量 |
| | 3. 制动软管 | （1）制动管折角塞门状态良好，各部无漏风。<br>（2）制动管防尘堵及安全链齐全，状态良好。<br>（3）连接器无缺陷，胶圈无老化、丢失，口面与地面垂直。<br>（4）软管无老化龟裂，试验期不超过 3 个月。<br>（5）制动管与机车中心线夹角为 45° | 手检<br>锤检 |
| | 4. 右半部 | （1）标志灯外观完好。<br>（2）排障器无变形，距轨面高度符合规定。<br>（3）脚踏板无裂损、变形 | 目视 |
| 右侧走行部 | 1. 车体侧面 | 车体平整，油漆无脱落。侧门、侧窗、百叶窗关闭严密，手把杆无变形，安装座螺丝无松动 | 目视 |
| | 2. 后排障器内侧 | （1）小排障器支架安装牢固，无开焊；大排障器吊杆焊缝无裂纹。<br>（2）各风管第二截断塞门处于开放状态，位置正确。<br>（3）机车信号接收器安装架无开焊，接线无破损、脱落。<br>（4）均衡风缸安装带无断裂，螺丝无松动；排水阀无松动、漏泄，动作灵活，无堵塞。<br>（5）缓冲梁无裂纹。<br>（6）扫石器安装牢固，螺丝无松动，支架无开焊，胶皮无破损，距轨面 20～30 mm | 锤检<br>目视 |
| | 3. 第六动轮制动装置 | （1）制动杠杆、制动臂、闸瓦托、吊杆各穿销、垫圈、开口销齐全完好。<br>（2）闸瓦间隙调整器手轮、罩盖及防尘套齐全完好，调整作用良好。<br>（3）制动缸安装螺栓齐全、牢固。<br>（4）制动缸前后端盖螺栓齐全、无松动。<br>（5）制动缸风管接口紧固，螺母无松动、无漏风。<br>（6）制动缸活塞杆穿销、垫圈及开口销齐全完好，开口销开度为 60°。<br>（7）制动装置各销与套的径向间隙不大于 2 mm。<br>（8）制动缸活塞行程为 74～123 mm。<br>（9）闸瓦安装正确，无偏磨，无裂纹，各穿销、开口销完好。<br>（10）闸瓦与轮箍踏面缓解间隙为 6～8 mm，闸瓦厚度不少于 20 mm | 锤检<br>目视<br>测量 |
| | 4. 第四撒砂装置 | （1）砂箱外观完好，箱盖锁闭严密。<br>（2）砂箱安装螺栓无松动。<br>（3）存砂量充足（100 kg），砂质纯净、干燥。<br>（4）撒砂器及砂管安装牢固、无堵塞；砂管卡子安装牢固、无松动。<br>（5）撒砂管无变形，管口无偏斜，距轨面高度为 35～60 mm | 目视<br>锤检<br>测量 |

续表

| 顺序 | 检查部位 | 检查内容及要求 | 检查方法 |
|---|---|---|---|
| 右侧走行部 | 5. 第六动轮 | （1）轮辐无裂纹。<br>（2）轮箍厚度不小于 38 mm，踏面擦伤深度不大于 0.7 mm，剥离长度不大于 40 mm，深度不大于 1 mm，垂直磨耗深度不大于 10 mm。<br>（3）轮缘无碾堆，垂直磨耗高度不超过 18 mm，厚度在距顶点 18 mm 处为 22～33 mm | 测量 |
| | 6. 第六轴箱及弹簧 | （1）轴箱上拉杆无断裂，长短心轴、定位螺母、防缓铁丝各部良好。<br>（2）轴箱拉杆芯轴与梯形槽底面间隙为 1～4 mm，两侧接触面不少于总面积的 80%。<br>（3）弹簧安装无偏斜，上下安装座无裂纹，内、中、外三组弹簧无裂损。弹簧胶垫无老化、龟裂。<br>（4）轴箱止挡座无裂纹，止挡与座间隙为 8 mm。<br>（5）轴箱端盖螺栓齐全、紧固，内外油封无漏油。<br>（6）轴箱通气孔无堵塞，运用温度不超过 70 ℃。轴温传感器安装牢固，接线无老化、破损。<br>（7）轴箱下拉杆无断裂，定位螺母齐全良好 | 测量<br>锤检<br>手触 |
| | 7. 第六轴箱油压减振器 | （1）安装座无裂纹。<br>（2）胶垫无老化、龟裂。<br>（3）减振器体无破损、接磨、漏油 | 目视 |
| | 8. 第四旁承 | （1）旁承安装螺母无松动。<br>（2）防尘罩完好，卡子无松缓。<br>（3）放油堵无松动、漏油。 | 锤检 |
| | 9. 牵引杆装置 | （1）牵引拐臂、牵引杆、牵引座各部无裂纹。<br>（2）拐臂销止钉螺栓无松缓，防缓垫无破损。<br>（3）拐臂销及牵引杆销油堵无丢失。<br>（4）牵引销托板螺栓及防缓垫片无松缓、变形。<br>（5）牵引座根部焊缝无裂纹，承吊孔内无异物，标志牌清晰 | 目视<br>锤检 |
| | 10. 车体侧挡 | （1）侧挡座无裂纹，安装螺栓无松动。<br>（2）横动间隙为 ±15 mm | 锤检 |
| | 11. 第五动轮 | 参照第六动轮检查内容及要求。<br>增检：<br>（1）闸瓦间隙、调整器手轮、罩盖及防尘套齐全完整。<br>（2）调整器作用良好。 | 手检 |
| | 12. 第五箱轴及弹簧 | 参照第六轴箱及弹簧检查内容及要求。<br>增检：速度传感器安装牢固，接线无破损、脱落，接线插头无松动 | 手检 |
| | 13. 第五动轮制动装置 | 参照第六动轮制动装置检查内容及要求 | |
| | 14. 第三旁承 | 参照第四旁承检查内容及要求 | |
| | 15. 第四动轮 | 参照第六动轮检查内容及要求。<br>增检：轴温传感器安装牢固，接线无老化、破损 | |
| | 16. 第四轴箱及弹簧 | 参照第六轴箱及弹簧检查内容及要求 | |
| | 17. 第四轴箱油压减振器 | 参照第六轴箱油压减振器检查内容及要求 | |
| | 18. 第四动轮制动装置 | 参照第六动轮制动装置检查内容及要求 | |
| | 19. 第三撒砂装置 | 参照第四撒砂装置检查内容及要求。<br>增检：轴温传感器安装牢固，接线无老化、破损 | |

| 顺序 | 检查部位 | 检查内容及要求 | 检查方法 |
|---|---|---|---|
| | 20. 第二总风缸及附近 | （1）柴油机机油放油管及卡子牢固。<br>（2）放油阀关闭严密，防尘堵及安全链齐全完好。<br>（3）总风缸安装带无裂纹，螺栓无松动，安装带无位移。<br>（4）总风缸排水阀无松漏，排水作用良好。<br>（5）总风缸风管接头无漏风 | 锤检<br>手检<br>耳听 |
| | 21. 蓄电池箱（内部免检） | （1）燃油箱吊装座无开焊，吊杆螺栓无松动。<br>（2）蓄电池箱门锁闭良好，防开插销应插牢，通风孔畅通、无堵塞。<br>（3）打开蓄电池箱，进行内部检查：<br>① 蓄电池箱内部应清洁、干燥，电解液无溢漏。<br>② 各单节跨线板无松动、烧损、氧化。<br>③ 各跨线板连接正确，防护油层均匀完整。<br>④ 各箱连接线无松动、烧损，绝缘套无破损。<br>⑤ 各单节注水口盖及胶垫齐全、紧固，通气孔畅通。<br>⑥ 各单节电解液面高出极板 10～20 mm。<br>⑦ 各单节电压不低于 2 V，电解液比重不低于 1.23 | 锤检<br>手检<br>测量 |
| | 22. 燃油箱 | （1）燃油箱体外观应清洁、完整、无破损。<br>（2）加油口盖严密，安全链完好。<br>（3）前端部无破损、无变形。<br>（4）燃油表清晰、完好、无漏泄，油箱满油。<br>（5）污油箱安装牢固。<br>（6）污油箱排油阀关闭严密，各部无漏油。<br>（7）燃油箱吸油管、回油管及接头无裂漏。<br>（8）中门关闭严密，手把杆无弯曲变形，底座安装螺丝无松动 | 手检<br>锤检<br>目视 |
| 右侧走行部 | 23. 第一总风缸及附近 | 参照第二总风缸及附近检查内容及要求。<br>增检：<br>（1）总风缸塞门在全开位。<br>（2）远心集尘器安装牢固。<br>（3）远心集尘器排水阀无松动、漏泄，排水作用良好 | 锤检<br>手检 |
| | 24. 第三动轮制动装置 | 参照第六动轮制动装置检查内容及要求 | |
| | 25. 第二撒砂装置 | 参照第四撒砂装置检查内容及要求 | |
| | 26. 第三动轮 | 参照第六动轮检查内容及要求。<br>增检：轴温传感器安装牢固，接线无老化、破损 | |
| | 27. 第三动轮轴箱及弹簧 | 参照第六轴箱及弹簧检查内容及要求 | |
| | 28. 第三轴箱油压减振器 | 参照第六轴箱油压减振器检查内容及要求 | |
| | 29. 第二动轮制动装置 | 参照第六动轮制动装置检查内容及要求 | |
| | 30. 第二旁承 | 参照第四旁承检查内容及要求 | |
| | 31. 第二动轮 | 参照第五动轮检查内容及要求 | |
| | 32. 第二轴箱及弹簧 | 参照第六轴箱及弹簧检查内容及要求。<br>增检：轴温传感器安装牢固，接线无老化、破损 | |
| | 33. 牵引杆装置 | 参照本表右侧走行部第 9 项的检查内容及要求 | |
| | 34. 第一旁承 | 参照第四旁承检查内容及要求 | |
| | 35. 第一动轮 | 参照第六动轮检查内容及要求 | |

| 顺序 | 检查部位 | 检查内容及要求 | 检查方法 |
|---|---|---|---|
| 右侧走行部 | 36. 第一轴箱及弹簧 | 参照第六动轮轴箱及弹簧检查内容及要求 | |
| | 37. 第一轴箱油压减振器 | 参照第六轴箱油压减振器检查内容要求 | |
| | 38. 第一动轮制动装置 | 参照第六动轮制动装置检查内容及要求 | |
| | 39. 第一撒砂装置 | 参照撒砂装置检查内容及要求 | |
| | 40. 前排障器内侧 | 参照后排障器内侧检查内容及要求。<br>增检:<br>(1) 走行部行灯接线无松脱、烧损。<br>(2) 总风缸第二塞门开放,位置正确 | 目视 |
| 机车前端部 | 1. 机车前端部 | 参照机车后端部检查内容及要求 | |
| 左侧走行部 | 1. 机车走行部 | 参照右侧走行部的检查内容及要求。<br>增检:<br>(1) 前后转向架制动缸塞门应在全开位。<br>(2) 污油箱安装牢固。<br>(3) 污油箱排油阀关闭严密,各部无漏油。<br>(4) 燃油箱吸油管、回油管及接头无裂漏 | 锤检<br>目视 |
| 车底后半部 | 1. 车钩缓冲装置 | (1) 车钩扁销、止退销螺母无松动,开口销无丢失。<br>(2) 缓冲器从板与从板座应密贴。<br>(3) 从板及钩尾框各部无裂纹。<br>(4) 缓冲器托板螺栓无松动。<br>(5) 车体构架牵引梁无开焊 | 锤检 |
| | 2. 转向架端梁 | (1) 端梁无开焊。<br>(2) 撒砂管胶管卡子无松脱。<br>(3) 手制动装置完好 | 目视<br>锤检 |
| | 3. 第六轮对及附近 | (1) 轮辐无裂纹。<br>(2) 车轮踏面无擦伤、无剥离。<br>(3) 闸瓦吊杆各销及开口销完好。<br>(4) 吊杆、横拉杆螺母无松动,开口销无丢失。<br>(5) 横拉杆无断裂、弯曲、变形。<br>(6) 牵引电动机大线无松脱、烧损,夹板无松动、无丢失。<br>(7) 牵引电动机上盖严密,通风罩及卡子完好 | 锤检<br>目视 |
| | 4. 第六抱轴 | (1) 抱轴轴承螺丝无松动。<br>(2) 抱轴加油堵无松动、无丢失。<br>(3) 牵引电动机前架悬装置无裂纹,螺丝紧固,防缓良好。 | 锤检<br>手检<br>目视 |
| | | (4) 轴承温度 70 ℃ | 手触 |
| | 5. 第六齿轮箱 | (1) 齿轮箱安装牢固,箱体无漏漏。<br>(2) 齿轮箱合口螺栓无松动、无漏泄,油封无甩油。<br>(3) 放油堵无松漏,通气孔无堵塞。<br>(4) 加油口盖完好严密,无松动,无丢失 | 锤检<br>手检 |
| | 6. 第六牵引电动机外部 | (1) 电机外观无异状,电机盖完好严密。<br>(2) 电机轴承、加油管及油堵无丢失,通气网完好,通气孔无堵塞。<br>(3) 轴承无过热变色 | 目视<br>手检 |
| | 7. 第六牵引电动机悬挂装置 | (1) 悬挂吊杆无倾斜、裂纹。<br>(2) 螺栓无松动,开口销完好。<br>(3) 吊杆芯轴与座两侧应密贴,芯轴螺母无松动,防缓铁丝无破损,安全托铁与座无松动、裂纹。<br>(4) 减振胶垫无老化、龟裂 | 锤检<br>目视 |

| 顺序 | 检查部位 | 检查内容及要求 | 检查方法 |
|---|---|---|---|
| 车底后半部 | 8. 第六牵引电动机内部（打开第二牵引电动机检查之前应呼唤确认） | （1）电机盖锁闭良好。<br>（2）电机内部无异物，轴承、油封无漏油。<br>（3）换向器表面无拉伤、灼痕。<br>（4）换向器云母槽深度不小于 0.5 mm。<br>（5）刷架螺栓无松动，防缓标记无位移。<br>（6）弹簧及压指无裂损，压指应在工作位。<br>（7）电刷无卡滞、无破损，长度不少于原形尺寸的 1/2。与换向器接触面不少于其表面积的 75%。<br>（8）刷辫无破损、无松动。<br>（9）接线端子无松动，瓷瓶无裂损。<br>（10）通风网无堵塞、破损。<br>（11）换向极扁线无烧损。<br>（12）电枢绕组、主磁极、换向极线圈无烧损 | 手检<br>目视 |
| | 9. 第五轮对及附近 | 参照第六轮对附近检查内容及要求 | |
| | 10. 第五抱轴 | 参照第六抱轴检查内容及要求 | |
| | 11. 第五齿轮箱 | 参照第六齿轮箱检查内容及要求 | |
| | 12. 第五牵引电动机外部 | 参照第六牵引电动机外部检查内容及要求 | |
| | 13. 第五牵引电动机悬挂装置 | 参照第六牵引电动机悬挂装置检查内容及要求 | |
| | 14. 第五牵引电动机内部 | 参照第六牵引电动机内部检查内容及要求 | |
| | 15. 第四轮对及附近 | 参照第六轮对及附近检查内容及要求 | |
| | 16. 第四抱轴 | 参照第六抱轴检查内容及要求 | |
| | 17. 第四齿轮箱 | 参照第六齿轮箱检查内容及要求 | |
| | 18. 第四牵引电动机外部 | 参照第六牵引电动机外部检查内容及要求 | |
| | 19. 第四牵引电动机悬挂装置 | 参照第六牵引电动机悬挂装置检查内容及要求 | |
| | 20. 第四牵引电动机内部 | 参照第六牵引电动机内部检查内容及要求 | |
| | 21. 燃油箱后端 | （1）端梁无开焊。<br>（2）制动缸管接口螺母及卡子无松动。<br>（3）撒砂风管卡子无松动，胶管无破损。<br>（4）污油槽放油管及卡子应牢固。<br>（5）燃油箱外观完整，无破损 | 手检<br>锤检 |
| | 22. 燃油箱底部 | （1）燃油箱外观完整，无破损。<br>（2）燃油箱放油堵无漏油 | 目视 |
| 车底前半部 | 1. 车底前半部 | 参照车底后半部的各部位检查内容及要求 | |

续表

| 顺序 | 检查部位 | 检查内容及要求 | 检查方法 |
|------|---------|--------------|---------|
| 左侧电气间 | 1. 隔门 | 锁闭作用良好，隔音胶条及玻璃压条完好严密 | 目视 |
| | 2. 电阻制动柜 | （1）大线安装牢固，无老化、烧损。<br>（2）护板安装牢固，无变形、变色。<br>（3）防护胶皮安装牢固，无破损。<br>（4）传感器安装牢固，接插件及接线无松脱。<br>（5）接线盒安装牢固，接线无松脱。<br>（6）检查孔盖安装牢固。<br>（7）大线夹板无松脱，无破损。<br>（8）帆布罩无破损，卡子无松脱 | 手检<br>手动<br>锤触 |
| | 3. 电气柜背面 | 各接触器、继电器、电阻的接线无破损、脱落 | |
| | 4. 侧壁百叶窗 | （1）开关灵活，关闭严密，窗叶无丢失。<br>（2）滤尘网完好 | 手检 |
| | 5. 电气柜左侧 | （1）各柜门平整，锁闭良好。<br>（2）各磁削电阻无烧损，各熔断器完好、牢固。<br>（3）蓄电池闸刀无烧损，在断开位。<br>（4）各自动脱扣开关位置正确。<br>（5）各大线支架无松动，线束包扎无破损。<br>（6）各线排接线无松脱、烧损。<br>（7）分流器无烧损 | 锤检 |
| | 6. 三项设备 | （1）机车自动信号、自动停车装置、无线列调电话控制箱安装牢固，各部状态良好，接线无脱落。<br>（2）电源开关在闭合位。<br>（3）大顶螺丝无松动 | 目视 |
| | 7. 起动发电机 | （1）安装螺栓齐全，无松动。<br>（2）接线盒严密，接线无脱落。<br>（3）轴承油堵无丢失，油封无漏油。<br>（4）轴承无过热变色。<br>（5）罩盖严密，锁闭良好。<br>（6）打开罩盖检查内部：<br>① 内部清洁，轴承油封无漏油；<br>② 换向器表面无拉伤、灼痕；<br>③ 刷盒安装牢固；<br>④ 电刷压指弹簧无裂损，压指应在工作位；<br>⑤ 电刷无卡滞、破损，磨耗不超限，与换向器表面接触良好；<br>⑥ 刷辫螺栓无松动，刷辫无破损；<br>⑦ 各绕组无烧损，各接线完好、牢固 | 锤检<br>手触<br>手检 |
| | 8. 空气压缩机压力开关 | （1）安装牢固，无松动；各接线无脱落。<br>（2）压力开关风管塞门在开放位，风管接头无松漏 | 手检 |
| | 9. 前变速箱 | （1）箱体螺栓无松动。<br>（2）传动箱及联轴器各螺栓无松动。<br>（3）变速箱油封无漏油，通气器无堵塞。<br>（4）万向轴各部无裂纹，油堵无丢失。<br>（5）各轴承无过热烧损。<br>（6）油位不少于标准油位的 1/2 | 锤检<br>手触 |
| | 10. 测速发电机 | （1）防护罩牢固。<br>（2）传动皮带无老化、破损，握距为 30～50 mm。<br>（3）接线盒严密，接线无破损、脱落。<br>（4）调整螺栓无松动。<br>（5）轴承无烧损 | 手检<br>锤检 |
| | 11. 侧壁百叶窗 | 参照本表左侧电气间"4. 侧壁百叶窗"检查内容及要求 | |

| 顺序 | 检查部位 | 检查内容及要求 | 检查方法 |
|------|----------|----------------|----------|
| 左侧电气间 | 12. 制动机分配阀 | （1）安装螺栓无松动。<br>（2）各部无漏风，塞门应在开放位 | 锤检 |
| | 13. 电阻制动控制箱 | （1）箱体安装牢固。<br>（2）插头及接线无松脱。<br>（3）各插件板安装牢固。<br>（4）各开关位置正确。<br>（5）电度表盒安装牢固。<br>（6）电度表及信号灯清晰、无破损。<br>（7）接插件及接线无松脱 | |
| | 14. 励磁整流柜 | （1）整流元件良好，接线无松动、烧损。<br>（2）护罩盖完好、牢固。 | 手检 |
| | 15. 梯子及顶盖 | （1）梯子牢固，无断裂。<br>（2）顶盖严密，锁闭良好。<br>（3）警示标志清晰，无破损 | 手检 |
| | 16. 电流互感器 | （1）安装牢固，线圈无烧损、破损。<br>（2）主发电机输出大线牢固，无破损、过热变色。<br>（3）大顶螺丝无松动 | 手检 |
| 左侧机械间 | 1. 灭火器 | （1）放置牢固。<br>（2）各部完好，铅封无破损 | 手检 |
| | 2. 牵引发电机 | （1）通风网完好，孔盖严密，锁闭良好。<br>（2）发电机内部清洁，无异物；轴承油封无漏油。<br>（3）滑环表面无拉伤，无灼痕。<br>（4）刷架牢固，刷盒无烧损。<br>（5）电刷压指应在工作位，压指及弹簧无裂损。<br>（6）刷辫螺栓无松动，刷辫无破损。<br>（7）电刷无卡滞、破损。<br>（8）轴承无烧损、变色 | 手检<br>手触 |
| | 3. 渡板下部 | （1）万向轴法兰螺栓无松动。<br>（2）万向轴无裂纹，轴承压盖螺栓无松动。<br>（3）十字销压油堵无丢失。<br>（4）牵引发电机轴承无烧损、变色，压油堵无丢失 | 锤检 |
| | 4. 牵引发电机通风道及复轨器 | （1）通风道防尘网畅通；防尘板安装牢固，无破损。<br>（2）输出线、接地线无破损，无过热变色。<br>（3）复轨器安放牢固，支架无开焊，配件箱齐全 | 手检 |
| | 5. 空气滤清器 | （1）柴油机各进气道检查孔关闭严密。<br>（2）进气道法兰螺栓无丢失，橡胶罩无破损，夹子无松动。<br>（3）大顶螺丝无松动 | 手检 |
| | 6. 侧壁百叶窗 | 参照左侧电气间"4. 侧壁百叶窗"检查内容及要求 | |
| | 7. 增压器 | （1）排气烟筒无破损，隔热层完整。<br>（2）增压器各工艺堵、排水堵无漏泄。<br>（3）各水管、油管无漏泄。<br>（4）增压器各安装螺母无松动 | 锤检 |
| | 8. 增压器滤清器 | （1）滤清器进出管及端盖无漏油。<br>（2）增压器回油胶管无破损，无漏油。<br>（3）滤清器安装牢固，安全阀及铅封完好 | 手检 |
| | 9. 油压继电器 | （1）油压继电器及接线盒安装牢固，接线无破损、脱落。<br>（2）橡胶减振垫无破损、丢失。<br>（3）各油管接头无漏油 | 手检 |

| 顺序 | 检查部位 | 检查内容及要求 | 检查方法 |
|---|---|---|---|
| 左侧机械间 | 10. 燃油限压阀 | （1）限压阀油管卡子无松脱，油管无异漏。<br>（2）限压阀螺帽无松动、丢失，阀体各部无漏油 | 手检 |
| | 11. 连接箱 | （1）正时齿轮及弹性联轴节无异状。<br>（2）柴油机输出端油封无甩油。<br>（3）柴油机弹性支承状态完好，各螺栓无松动。<br>（4）盘车装置作用良好，行程开关位置正确 | 目视<br>锤检 |
| | 12. 柴油机第8～5缸上部 | （1）热水集流管各法兰无漏泄。<br>（2）各排水支管无漏泄。<br>（3）各进气支管法兰垫无漏泄。<br>（4）各排气支管无漏泄，各波纹管无破损，卡子无松脱。<br>（5）各摇臂、箱罩盖手轮无松动，罩盖无漏油 | 目视<br>锤检<br>手检 |
| | 13. 柴油机第8～5缸中部 | （1）摇臂机油管无松漏。<br>（2）示功阀关闭应严密。轮式示功阀手轮完好牢固，阀座无漏泄。<br>（3）各挺杆套锁螺母无松脱、漏油。<br>（4）喷油器导管无漏油。<br>（5）高压油管无裂漏，螺母无松漏。<br>（6）喷油泵安装螺栓无松动，坐垫及出油阀盖无漏油。<br>（7）喷油泵柱塞套定位螺钉及供油齿条定位螺钉封完好，螺钉无松缓。<br>（8）停机状态时，供油齿条应在"0"刻度。<br>（9）供油齿条夹头销与拨叉座吻合良好。<br>（10）供油齿条无卡滞，限油止挡及锁母无松动。<br>（11）供油拉杆无变形，夹头销座螺栓无松动。<br>（12）夹头销、花螺母、开口销齐全、完好。<br>（13）燃油总管三通接头及各回油管无漏油 | 手检<br>锤检<br>鼻嗅 |
| | 14. 柴油机第8～5缸下部 | （1）凸轮轴检查孔盖严密，无漏泄；螺丝无松动。<br>（2）曲轴箱盖严密，无漏泄；螺丝无松动。<br>（3）进水支管无漏水 | 锤检<br>探视 |
| | 15. 燃油泵组 | （1）泵组安装螺栓无松动。<br>（2）泵体及管路无漏泄，电机接线无脱落、破损。<br>（3）轴承无过热 | 锤检<br>手检 |
| | 16. 燃油粗滤器 | （1）安装螺栓无松动。<br>（2）来油阀在全开位。<br>（3）上盖螺丝无松动，无漏泄。<br>（4）各管接头及放油堵无松漏。<br>（5）逆止阀、安全阀无漏泄。<br>（6）柴油机油尺油位正常。<br>（7）大顶螺丝无松动 | 锤检<br>手检 |
| | 17. 中门及侧壁 | （1）中门完好，关闭严密。<br>（2）侧壁百叶窗参照前述检查内容及要求 | 手检 |
| | 18. 柴油机第4～1缸上部 | 参照柴油机第8～5缸上部检查内容及要求 | |
| | 19. 柴油机第4～1缸中部 | 参用柴油机第8～5缸中部检查内容及要求 | |
| | 20. 柴油机第4～1缸下部 | 参照柴油机第8～5缸下部检查内容及要求。<br>增检：<br>（1）曲轴箱加油口盖严密。<br>（2）油底壳油尺完好 | 手检<br>目视 |
| | 21. 侧壁通风机 | （1）通风机开关完好。<br>（2）通风机电机接线无破损、脱落。<br>（3）通风机叶片无断裂，转动无异音。<br>（4）电机无烧损，轴承无过热。<br>（5）顶螺丝无松动 | 手检 |

| 顺序 | 检查部位 | 检查内容及要求 | 检查方法 |
|---|---|---|---|
| | 22. 侧壁仪表盘 | (1) 仪表及表盘安装牢固，各表管接头无松漏。<br>(2) 各仪表完好，指示正确，校验日期不超过 6 个月。<br>(3) 传感器安装牢固，管接头无松漏，接线无破损、脱落 | 手检<br>目视 |
| | 23. 自由端中冷器 | (1) 组装螺栓齐全。<br>(2) 中冷器体及进出水管法兰接口无漏水。<br>(3) 侧壁百叶窗参照前述检查内容及要求。<br>(4) 油横轴及拐臂各销齐全，开口销开度符合规定 | 目视 |
| | 24. 柴油机转速表电机 | (1) 电机安装牢固。<br>(2) 电机座无漏油，接线无破损、脱落 | 目视 |
| | 25. 燃油精滤器 | (1) 滤清器体、各管接头及排油堵无漏油。<br>(2) 排气阀关闭严密，无漏泄。<br>(3) 燃油胶管无破损，卡箍无松脱 | 目视 |
| | 26. 起动机油泵 | (1) 泵组安装螺栓无松动。<br>(2) 联轴器完好，止钉无丢失。<br>(3) 联轴辅器转动灵活，无异音。<br>(4) 泵体及管路无漏泄，电机接线无破损、脱落 | 锤检<br>手检 |
| 左侧机械间 | 27. 燃油预热器及管路 | (1) 预热器端盖及各管接口无漏泄。<br>(2) 预热器防寒堵无松动、漏水。<br>(3) 预热器水阀冬开夏关。<br>(4) 柴油机进水总管法兰无漏水。<br>(5) 机油管连接法兰无漏漏。<br>(6) 各管无抗劲、无摩擦；卡子无松脱 | 手检<br>锤检 |
| | 28. 低温水泵 | (1) 水泵安装座螺栓齐全、无松脱。<br>(2) 水泵法兰接口无漏水。<br>(3) 水泵防寒堵无松漏。<br>(4) 水泵油封无漏油，水封漏泄每分钟不超过 10 滴 | 锤检<br>目视 |
| | 29. 自由端后变速箱传动轴 | (1) 防护罩及支架完好。<br>(2) 传动轴法兰螺栓无松动，各部无裂纹 | 手检<br>锤检 |
| | 30. 膨胀水箱 | (1) 水表清洁，无漏水；水质纯净，水位应在最高水位的 2/3 以上。<br>(2) 水表阀应在全开位；排水阀关闭严密，无漏水。<br>(3) 水表阀作用良好。<br>(4) 表防护杆及照明灯完好。<br>(5) 系统各阀位置正确 | 目视 |
| | 31. 机油滤清器 | (1) 上盖螺栓齐全，无松缓。<br>(2) 盖及进出油管法兰接口无漏油。<br>(3) 顶螺丝无松动 | 锤检<br>手检 |
| | 1. 侧百叶窗 | (1) 百叶窗传动油缸安装牢固，各部无漏油。<br>(2) 手动装置作用良好。<br>(3) 百叶窗关闭严密，窗叶无变形、丢失 | 手检 |
| | 2. 高温散热器 | (1) 散热单节无堵塞，单节散热片倒伏不超过 10%。<br>(2) 各单节及接口无漏水。<br>(3) 散热器排气阀及排水阀关闭严密，无漏水 | 目视 |
| 左侧冷却间 | 3. 静液压油箱（高温） | (1) 油箱安装牢固，螺栓无松动，环带无裂损，安装螺丝无松动。<br>(2) 油管接口及放油堵无松漏。<br>(3) 磁性滤清器完好；油表清晰，无漏油；油位在两刻线之间 | 锤检<br>手检 |
| | 4. 后变速箱 | (1) 箱体螺栓无松动。<br>(2) 传动轴及联轴器各螺栓无松动。<br>(3) 变速箱油封无漏油，通气口无堵塞。<br>(4) 万向轴各部无裂纹，油堵无丢失。<br>(5) 油位不少于最大刻度的 1/2 | 锤检 |

续表

| 顺序 | 检查部位 | 检查内容及要求 | 检查方法 |
|---|---|---|---|
| 左侧冷却间 | 5. 静液压泵 | （1）进出油管接口无漏油。<br>（2）安全阀及各管接头无松漏。<br>（3）温度控制阀安装牢固，调节螺钉无松动，T 型止钉无丢失。<br>（4）排水阀位置正确，无漏泄 | 手检 |
| | 6. 牵引电动机通风机组 | （1）传动尼龙绳束无破损，U 型螺栓无松动。<br>（2）通风机吸风网无断股、堵塞。<br>（3）底座无开焊，螺栓无松动。<br>（4）轴承油堵无丢失 | 目视<br>锤检<br>手检 |
| | 7. 冷却室内部 | （1）冷却风扇叶片无变形、裂损。<br>（2）风扇支架无开焊。<br>（3）静液压电机无异状，各部无漏油。<br>（4）孔盖完好，锁闭严密。<br>（5）大顶螺丝无松动 | 手检 |
| | 8. 静液压油水热交换器 | （1）热交换器各连接法兰无漏泄。<br>（2）排水阀关闭严密。<br>（3）空气压缩机总风管塞门在开放位 | 目视 |
| | 9. 低温散热器 | 参照前述"2. 高温散热器"检查内容及要求 | |
| | 10. 侧百叶窗 | 参照前述"1. 侧百叶窗"检查内容及要求 | |
| | 11. 空气压缩机组 | （1）电机及空气压缩机安装螺栓无松动。<br>（2）电机接线盒严密，接线无破损、脱落。<br>（3）电机检查孔盖螺栓齐全，无丢失。<br>（4）联轴器无异状，螺栓无松动。<br>（5）风扇防护罩牢固，无破损；扇叶无变形、裂损。<br>（6）风扇传动皮带无破损。<br>（7）备用皮带卡安装牢固。<br>（8）冷却器安装螺栓齐全，无松动。<br>（9）低压安全阀安装牢固，调整螺帽铅封完好。<br>（10）空气压缩机气缸上盖螺栓无松动。<br>（11）出风管法兰螺栓无松动。<br>（12）空气压缩机曲轴箱盖无漏油，通气网无堵塞。<br>（13）空气压缩机曲轴箱油位表无松漏，油位应在两刻线之间。<br>（14）空气压缩机油压表完好，表管无松漏，表头无松动，支架牢固，油压表指示正确。<br>（15）注油口盖无松动，放油堵无漏油。<br>（16）大顶螺丝无松动 | 锤检<br>手检<br>目视 |
| | 12. 隔门 | 锁闭作用良好，隔音胶条及玻璃压条完好、严密 | 手检 |
| Ⅱ端司机室 | 1. 灭火器 | （1）放置牢固。<br>（2）各部完好，铅封无破损 | 手检 |
| | 2. 司机室右侧 | （1）侧窗完好，锁闭器作用良好。<br>（2）侧壁热风机良好。<br>（3）前遮光板完整，作用良好。<br>（4）瞭望窗玻璃完整、清洁，暖加热接线无脱落。<br>（5）刮雨器胶皮无脱落、破损，手动、风动作用良好。<br>（6）牵引电动机电流表完好，指示正确，校验日期不超 6 个月。<br>（7）各开关作用良好，位置正确。<br>（8）风笛脚踏试验，作用良好。<br>（9）座椅各部良好 | 手检<br>脚踏<br>目视 |
| | 3. 司机室中部 | （1）机车头灯后盖严密，作用良好。<br>（2）电风扇闭合试验，转动良好，无异音。<br>（3）电炉接线及插销无烧损，炉盘无破损，炉丝无凸出变形，开关作用良好。<br>（4）走行部监测装置各部显示正常。<br>（5）监控装置显示器和机车自动信号机状态良好，安装牢固，接线无脱落 | 手检 |

| 顺序 | 检查部位 | 检查内容及要求 | 检查方法 |
|---|---|---|---|
| Ⅱ端司机室 | 4. 司机室左侧 | （1）前瞭望窗、暖窗器、侧窗、遮光板、刮雨器检查内容、方法及要求与右侧司机室相同。无线列车调度电话各插头无松动，作用良好。<br>（2）各风压表完好，指示正确，校验日期不超 3 个月。<br>（3）自阀手柄在取柄位，单阀手柄在运转位（非操纵端），客货车转换阀在货车位（牵引有阶段缓解作用的列车时，在客车位）。<br>（4）司机控制器主手柄在"0"位，换向手柄在中立位，机械联锁作用良好。<br>（5）各扳键开关、转换开关在断开位，各按钮完好。<br>（6）各仪表信号灯完好，仪表指示正确，试验日期不超 6 个月。机车速度表安装牢固，指示正确。<br>（7）打开司机控制器柜门检查内部：<br>① 换向控制器及主控制器各凸轮及触指完好；<br>② 各触指无烧损，接线无脱落；<br>③ 各自动开关位置正确，中继阀及各塞门各部良好。<br>（8）侧壁热风机安装牢固，接线无脱落。<br>（9）手动放风阀位置正确，施封良好 | 目视<br>手检 |
| | 5. 司机室后面 | （1）手制动机在制动位。<br>（2）空调控制面板开关位置正确。<br>（3）后墙暖风机各部良好 | |
| | 6. 隔门 | 锁闭作用良好，隔音胶条及玻璃压条完好、严密 | 手检 |
| 右侧冷却间 | 1. 隔门 | 锁闭作用良好，隔音胶条及玻璃压条完好、严密 | |
| | 2. 侧百叶窗 | 参照前述侧百叶窗检查内容及要求 | |
| | 3. 空气压缩机组 | 参照左侧冷却间空气压缩机组的检查内容及要求 | |
| | 4. 低温散热器 | 参照左侧冷却间低温散热器的检查内容及要求。<br>增检：大顶螺丝无松动 | |
| | 5. 高温散热器 | 参照左侧冷却间高温散热器的检查内容及要求 | |
| | 6. 静液压泵 | 参照左侧冷却间静液压泵的检查内容及要求 | |
| | 7. 后变速箱 | 参照左侧冷却间后变速箱的检查内容及要求。<br>增检：油尺无丢失，放油堵无漏油 | 手检 |
| | 8. 静液压油箱 | 参照左侧冷却间静液压油箱的检查内容及要求。<br>增检：<br>（1）机油系统回油阀在关闭位。<br>（2）大顶螺丝安装牢固 | 手检 |
| 右侧机械间 | 1. 灭火器 | 放置牢固，各部完好，铅封无破损 | 手检 |
| | 2. 空气滤清器 | 参照左侧机械间空气滤清器的检查内容及要求 | |
| | 3. 侧百叶窗 | 参照前述侧壁百叶窗的检查内容及要求 | |
| | 4. 差示压力计及附近 | （1）差示压力计安装牢固，燃气管螺母无松缓。<br>（2）接线无脱落，触针无锈蚀，液面高度在零刻线。<br>（3）通气孔无堵塞，清扫堵无漏泄。<br>（4）柴油机补水阀在开放位，预热阀在关闭位 | 手检 |
| | 5. 机油热交换器 | （1）热交换器进出水管无漏水。<br>（2）热交换器进出油管无漏油。<br>（3）放水阀关闭严密，防寒堵无漏泄。<br>（4）放油阀关闭严密，各部无漏油。<br>（5）热交换器高低温散热器排气阀关闭严密 | 目视 |
| | 6. 主机油泵 | （1）泵体及端盖无漏油。<br>（2）胶管无老化、破损，胶管卡箍无松脱、漏油 | 目视 |

续表

| 顺序 | 检查部位 | 检查内容及要求 | 检查方法 |
|---|---|---|---|
| | 7. 高温水泵 | （1）安装螺栓齐全，无松动。<br>（2）法兰接口无漏水。<br>（3）防寒堵无漏漏。<br>（4）油封无漏油，水封漏泄每分钟不超过 10 滴。<br>（5）上水阀、排水阀应在关闭位。<br>（6）水管路夹子无松动，软连接无老化、破损 | 锤检<br>手检 |
| | 8. 增压器 | 参照左侧机械间增压器检查内容及要求 | |
| | 9. 油气分离器 | 燃气管无裂损，软管无破损，卡子无松脱 | 手检 |
| | 10. 柴油机转速表 | （1）安装牢固，传动轴完好，胶套无破损。<br>（2）表盘完好、清晰，指示正确，校验日期不超 6 个月 | 手检 |
| 右侧机械间 | 11. 联合调节器 | 上部：<br>（1）加油口盖严密，滤网无破损。<br>（2）上盖螺钉防缓铁丝无松缓。<br>（3）故障调整螺钉无松动。<br>内侧：<br>（4）组合插销及插座无松动，接线无松脱。<br>（5）增降速针阀螺堵无松漏。<br>左侧：<br>（6）补偿油盅油位在满刻度的 1/2 左右，油盅各部无松漏。<br>（7）补偿针阀螺堵无松漏。<br>（8）功率服务器安装牢固，无漏泄，指针指示正确。<br>外侧：<br>（9）步进电机安装牢固，接线无脱落。<br>（10）传动箱透视玻璃完好无漏油。<br>（11）联合调节器上、中、下体无漏油。<br>右侧：<br>（12）油表无松漏，油位在 1/2 左右。<br>（13）调速器油清洁，不发黑。<br>（14）放油堵无松漏，针阀螺堵无松漏 | 手检<br>手检<br>手检<br>目视 |
| | 12. 调控装置 | （1）紧急停车装置传动杆各销完好，拉杆及拐臂锁紧，螺母无松缓。<br>（2）供油横轴紧急停车触头状态完好。<br>（3）供油横轴两端传动臂串销、开口销完好。<br>（4）柴油机最大限油止挡完好。<br>（5）弹性传动杆各销完好，锁紧螺母无松缓。<br>（6）复原手柄在复原位 | 手检 |
| | 13. 泵支撑箱 | 同另一侧 | |
| | 14. 机油离心精滤器 | （1）来油阀应在全开位，止阀各部无漏油。<br>（2）滤清器体及油管接头无漏泄，窥视玻璃完好。<br>（3）滤清器安装座螺栓无松动 | 手检<br>锤检 |
| | 15. 油压继电器 | 参照左侧机械间油压继电器检查内容及要求 | |
| | 16. 增压器滤清器 | 参照左侧机械间增压器滤清器检查内容及要求 | |
| | 17. 增压器 | 参照左侧机械间增压器检查内容及要求。<br>增检：大顶螺丝安装牢固 | |
| | 18. 柴油机第 9～16 缸 | 参照柴油机第 8～1 缸的检查顺序、检查内容及要求。<br>增检：<br>（1）曲轴箱防爆阀完好，无漏泄。<br>（2）工作风缸、降压风缸安装牢固，各接头无松漏 | 目视<br>锤检 |
| | 19. 侧壁通风机 | 同另一侧 | |

| 顺序 | 检查部位 | 检查内容及要求 | 检查方法 |
|---|---|---|---|
| 右侧机械间 | 20. 辅助机油泵 | 参照起动机油泵的检查内容及要求 | |
| | 21. 输出端中冷器 | 参照自由端中冷器的检查内容及要求 | |
| | 22. 连接箱 | 参照左侧机械间连接箱的检查内容及要求。<br>增检：<br>（1）空气稳压箱排污阀应在开放位（排污后关闭）。<br>（2）排污阀动作灵活，无堵塞 | 手检 |
| | 23. 牵引发电机 | 参照左侧机械间牵引发电机的检查内容及要求 | |
| 右侧电气间 | 1. 励磁机后部 | （1）轴承油堵无丢失，轴承无过热烧损。<br>（2）通风罩完整，锁闭良好 | 手检 |
| | 2. 励磁机前部 | （1）轴承加油堵无丢失，轴承无过热烧损。<br>（2）各接线无破损、脱落。<br>（3）联轴器螺栓防缓垫片无异状。<br>（4）列车管塞门、作用阀总风塞门应在全开位。<br>（5）直流电源逆变器接线无松脱，电源开关开放 | 手检<br>目视 |
| | 3. 灭火器 | 放置牢固，各部完好，铅封无破损 | 手检 |
| | 4. 前变速箱 | 参照左侧电气间前变速箱的检查内容及要求。<br>增检：放油堵及检查孔盖无漏油 | 手检 |
| | 5. 牵引电动机通风机组 | （1）传动轴防护罩完好，支架无开焊。<br>（2）尼龙绳无断股，防脱铁丝状态完好。<br>（3）加油堵无丢失，轴承无过热变色。<br>（4）通风网完好，帆布罩无破损，卡子无松脱 | 手检 |
| | 6. 硅整流柜 | （1）安装牢固，网盖完好。<br>（2）内部各元件及接线完好 | 手检 |
| | 7. 电气柜正面 | （1）牵引电动机故障转换开关 1GK～6GK 及故障励磁中间继电器 DK 应在运转位。<br>（2）照明总开关 ZMK 应在闭合位 | 手检 |
| | 8. 电气柜内部 | （1）各继电器外观完好，触头无烧损，接线无松脱。<br>（2）各电阻无损坏，接线无脱落。<br>（3）电压调整器、牵引励磁装置、无级调速驱动装置各插销牢固，锁闭良好。<br>（4）各熔断器安装牢固，状态完好。<br>（5）电磁接触器外观无异状；灭弧罩装置牢固，无破损；辅助触头状态完好，各接线无脱落。<br>（6）起动接触器 QC、励磁接触器 LC、空气压缩机起动接触器（YC1、YC2）主触头无松动、烧损；灭弧罩牢固，无裂损；触头传动机构无卡滞，联锁触头状态完好，各接线无脱落。<br>（7）各电空接触器线圈接线无破损、脱落；灭弧罩安装牢固，无裂损；辅助触头状态良好，各接线无脱落。<br>（8）各电空阀状态良好，接线无脱落。<br>（9）各风管螺母无松漏。<br>（10）磁场削弱接触器各触头无烧损，辅助触头状态良好。<br>（11）方向及工况换向器固定触头和动触头无烧损，辅助触头状态良好，手动转换手柄作用良好。<br>（12）低压风缸及调压阀各部良好 | 手检 |
| | 9. 电气柜右侧 | 参照电气柜左侧的检查内容及要求 | |
| | 10. 电气柜背面 | 参照在电气柜左侧背面检查内容及要求 | |
| | 11. 电阻制动柜 | 参照左侧电气柜中电阻制动柜的检查内容及要求 | |
| | 12. 隔门 | 锁闭作用良好，隔音胶条及玻璃压条完好严密 | 手检 |

续表

| 顺序 | 检查部位 | 检查内容及要求 | 检查方法 |
|---|---|---|---|
| Ⅰ端司机室 | 1. 手制动机 | 参照Ⅱ端司机室的检查内容及要求。<br>增检：手制动机应在制动位 | 手检 |
| | 2. 空气制动机 | （1）自阀手柄在运转位，单阀手柄在运转位（操纵端）。<br>注：（整备作业时单阀手柄在全制动位）。<br>（2）客货车转换阀在货车位 | 手检 |
| 电气试验 | | 见项目 6 | |
| 制动机试验 | | 见项目 7 | |

## 【考核评价】

### 1. 自我评价

① 自我考核：东风 $_{4B}$ 型内燃机车检查作业描述。

② 自我评价（见表 3-8）。

表 3-8　自我评价（每项满分为 10 分）

| 序号 | 评价内容 | 得分 | 亮点 |
|---|---|---|---|
| 1 | 课前知识查阅、调研完成情况 | | |
| 2 | 课前、课中与人协作沟通表现 | | |
| 3 | 东风 $_{4B}$ 型内燃机车检查作业掌握情况 | | |
| 4 | 课前、课中学习态度表现 | | |

### 2. 小组评价（见表 3-9）

表 3-9　小组评价（每项满分为 10 分）

| 序号 | 评价内容 | 得分 | 亮点 |
|---|---|---|---|
| 1 | 课中学习态度表现 | | |
| 2 | 课前、课中与人协作沟通表现 | | |
| 3 | 东风 $_{4B}$ 型内燃机车检查作业掌握情况 | | |

### 3. 教师评价（见表 3-10）

表 3-10　教师评价（每项满分为 10 分）

| 序号 | 评价内容 | 得分 | 亮点 |
|---|---|---|---|
| 1 | 课前知识查阅、调研完成情况 | | |
| 2 | 课中参与及协作情况 | | |
| 3 | 掌握东风 $_{4B}$ 型内燃机车检查作业的效果 | | |

## 【教师建议】

在熟悉东风 $_{4B}$ 型内燃机车检查的基础上，进一步探究其他机型的检查方法及要求，为今后从事相关工作打好基础。

# 任务 3.4 东风<sub>7C</sub>型内燃机车检查作业技能训练

## 【任务描述】

在实训教学中，需要提供一台东风<sub>7C</sub>型内燃机车。为了增强学生对内燃机车的直观感性认识，可将学生分成若干小组，以小组为单位，对照实物学习东风<sub>7C</sub>型内燃机车各部件的位置、需要检查的项目及应达到的标准，并展开针对性的讨论。

## 【学习目标】

| 知识目标 | 了解东风<sub>7C</sub>型内燃机车检查作业内容 |
|---|---|
| 能力目标 | 能正确认识东风<sub>7C</sub>型内燃机车所需检查部件的位置、所要检查的项目，能按检查作业程序进行机车检查 |
| 素质目标 | 养成细致、认真的工作作风；养成独立分析问题的良好习惯；能够比较自如地与他人沟通、协作完成工作 |

## 活动 3.4.1 机车检查基本方法认知

🔥 【活动要点】：机车全面检查作业线路。

机车检查作业应在柴油机停机状态下进行。

**1. 局部顺序**

进行机车检查作业时，局部顺序原则上应为由上而下、由内而外。以检查部位为"点"，由左向右，再由右向左连成"线"，使应检查的部位都包括在检查顺序中，从而熟练掌握机车检查作业顺序，且检查全面，不漏检。

**2. 检查路线及示意图**

东风<sub>7C</sub>型内燃机车全面检查，以机车前端部左侧为起点，按逆时针方向进行。东风<sub>7C</sub>型内燃机车全面检查作业线路示意图如 3-2 所示。

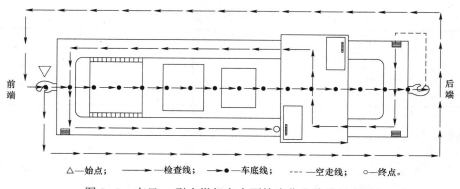

△—始点；　——检查线；　→●—车底线；　--- 空走线；　○—终点。

图 3-2 东风<sub>7C</sub>型内燃机车全面检查作业线路示意图

## 活动 3.4.2    东风$_{7C}$型内燃机车检查作业技能训练

🔥【活动要点】：① 检查顺序。

② 各部位的检查内容及要求。

东风$_{7C}$型内燃机车检查作业程序如表 3-11 所示。

**表 3-11    东风$_{7C}$型内燃机车检查作业程序**

| 顺序 | 检查部位 | 检查内容及要求 | 检查方法 |
|---|---|---|---|
| 机车前端 | 1. 右半部 | （1）机车前照灯外观完好。<br>（2）车钩提杆无弯曲。<br>（3）排除器无变形，距轨面高度为 90~160 mm。<br>（4）扫石器安装牢固，胶皮无破损，距轨面高度为 20~30 mm | 锤检<br>目视<br>测量 |
| | 2. 前钩部分 | （1）提钩自动开放无抗劲，全开位为 220~250 mm。<br>（2）拖板状态良好、无裂纹；安装螺丝无松动。<br>（3）钩体无裂纹，左右有摆动量。<br>（4）钩舌销无折损，开口销完好（开度为 60°），径向间隙为 1~4 mm。钩锁铁、钩舌推铁无裂纹、磨耗。<br>（5）钩舌锁闭作用良好，防跳台不少于 90°，闭锁位为 110~130 mm。<br>（6）钩镗内无裂纹，钩舌尾部与钩锁接触面应平直。<br>（7）钩提链无裂纹，余量为 30~50 mm。<br>（8）车钩中心线距轨面高度应为 815~890 mm | 手检<br>锤检<br>目视<br>测量 |
| | 3. 前制动软管 | （1）制动软管无老化、龟裂，卡箍无松动，软管卡子状态良好。软管检验期不超过三个月。<br>（2）折角塞门及制动软管安装牢固，状态良好，各部无漏风，风管与机车中心线夹角为 45°。<br>（3）软管防尘堵及止钉齐全。<br>（4）连接器无缺陷，胶圈无老化、丢失，口面与地面垂直 | 锤检<br>目视<br>耳听 |
| | 4. 左半部 | （1）重联线防护罩卡子牢固，防护罩弹簧弹力良好。<br>（2）前照灯外观良好。<br>（3）排障器无变形，距轨面高度符合规定。<br>（4）扫石器符合规定 | 锤检 |
| 走行部左侧 | 1. 左侧前脚梯 | 脚梯及手扶杆牢固无开焊、裂纹，脚踏木板有防滑沟 | 锤检 |
| | 2. 前排障器内侧 | （1）手柄杆应安装牢固、无弯曲，脚踏无开焊、变形。<br>（2）缓冲梁无裂纹。<br>（3）制动管、制动缸平均管塞门开放，卡子良好。<br>（4）排障器安装螺纹无松动。<br>（5）机车信号接收器安装架无开焊，接线无破损、脱落。<br>（6）扫石器安装牢固 | 锤检<br>目视 |
| | 3. 第一制动装置 | （1）制动缸安装螺栓齐全、牢固。<br>（2）制动缸端盖齐全、牢固。<br>（3）制动缸风管接口紧固螺母无松动、漏风。<br>（4）制动缸活塞行程为 50~90 mm。整车活塞行程差最大不超过 10 mm。<br>（5）制动缸活塞杆穿销、垫圈及开口销齐全、完好 | 锤检<br>目视<br>耳听<br>测量 |
| | 4. 第一砂箱及附近 | （1）砂箱安装螺栓无松动。砂箱外观完好，箱盖锁闭严密，存砂量充足（75 kg），砂质纯净、干燥。<br>（2）撒砂器及撒砂管安装牢固，无堵塞。撒砂管无变形，管口无偏斜，距轨面高度为 35~60 mm，距轮对踏面高度为 35~65 mm。<br>（3）闸瓦安装正确，无偏，无裂纹；各穿销开口销完好。闸瓦托状态良好。<br>（4）闸瓦间隙调整器及防缓螺栓良好。<br>（5）闸瓦与轮箍踏面缓解间隙不小于 3 mm。闸瓦厚度不小于 30 mm。撒砂胶管及卡子良好 | 锤检<br>耳听<br>目视<br>测量 |

| 顺序 | 检查部位 | 检查内容及要求 | 检查方法 |
|---|---|---|---|
| | 5. 第一动轮 | （1）轮箍无弛缓，厚度不小于 38 mm，轮箍、轮辐无裂纹。<br>（2）轮箍踏面擦伤深度不大于 0.7 mm，剥离长度不大于 40 mm，深度不大于 1 mm，垂直磨耗深度不大于 7 mm。轮缘无碾堆，垂直磨耗高度不超过 18 mm | 锤检<br>耳听<br>目视<br>测量 |
| | 6. 第一轴箱及弹簧 | （1）轴箱拉杆无碰裂。橡胶关节不应老化、破损。拉杆芯轴螺栓不应松缓，防缓丝应无破损。<br>（2）内外弹簧应无倾斜，胶垫无变形、龟裂，圆簧无裂纹、折损，锤检声响正常。<br>（3）轴箱弹簧无裂损、倾斜及并圈现象。<br>（4）轴箱弹簧橡胶座应无老化、龟裂。<br>（5）轴箱止挡与座的间隙符合规定。<br>（6）轴箱端盖螺栓齐全、紧固，内外油封无漏油。<br>（7）轴箱通气孔无堵塞，运用温度不超过 70 ℃ | 锤检<br>耳听<br>目视<br>测量 |
| | 7. 油压减振器 | （1）油压减振器上下安装座无开焊、裂纹。<br>（2）减振器上座芯轴组装螺丝应无松动，开口销良好。橡胶关节不应老化、龟裂。<br>（3）减振器体无破损、漏油、变形及卡滞现象。防尘罩止钉不丢失。<br>（4）照明灯吊装应无破损 | 目视<br>手检 |
| | 8. 第一旁承 | （1）旁承安装螺母无松动。<br>（2）防尘罩完好，卡子不应有松脱或折断。<br>（3）放油堵应紧固，无松动、漏油 | 锤检<br>目视<br>手检 |
| 走行部左侧 | 9. 牵引杆装置 | （1）车架牵引座无裂纹，牵引杆身及焊缝无裂纹，牵引拐臂无裂纹。<br>（2）牵引杆无裂纹，牵引杆销螺母无松动，止钉无丢失，开口销状态良好，注油堵应无丢失。<br>（3）连接杆销螺母无松动，止钉无丢失，开口销状态良好。小油堵完好。<br>（4）拐臂销止钉螺栓无松缓，防缓铁丝无破损。油堵无松动、丢失。<br>（5）防尘胶圈良好 | 锤检<br>目视 |
| | 10. 车体侧挡 | （1）侧挡安装螺栓无松动，无磨损现象。<br>（2）侧挡两侧间距之和为 28～32 mm | 锤检<br>目视<br>测量 |
| | 11. 第二动轮 | 参照第一动轮的检查内容及要求。<br>增检：<br>（1）照明灯吊装牢固，灯泡及接线无破损。<br>（2）上水管安装牢固，安全链及堵齐全，软管无破损 | |
| | 12. 第二轴箱及弹簧 | 参照第一轴箱及弹簧的检查内容及要求 | |
| | 13. 第二制动装置 | 参照第一制动装置的检查内容及要求 | |
| | 14. 第二旁承 | 参照第一旁承的检查内容及要求 | |
| | 15. 第三动轮 | 参照第一动轮的检查内容及要求 | |
| | 16. 第三轴箱及弹簧 | 参照第一轴箱及弹簧的检查内容及要求。<br>增检：<br>（1）F2 接线盒外观及锁闭销状态良好，接线无松脱。<br>（2）机油放油管安装牢固，阀应关闭，放油堵不漏油，安全链完整。<br>（3）外接电源插座良好。<br>（4）撒砂胶管无老化，卡子牢固 | |
| | 17. 油压减振器 | 参照前述"7. 油压减振器"的检查方法及要求 | |

| 顺序 | 检查部位 | 检查内容及要求 | 检查方法 |
|---|---|---|---|
| | 18. 第三制动装置 | 参照第一制动装置的检查内容及要求 | |
| | 19. 第二砂箱及附近 | 参照第一砂箱及附近的检查方法及要求 | |
| | 20. 蓄电池箱 | （1）通气孔无堵塞，液面高度为 10～15 mm，电解液密度：（夏）1.24～1.25 g/ml，（冬）1.25～1.26 g/ml；各单节电压不低于 2 V。<br>（2）箱门销闭良好，防开插销应插牢，链应完整。<br>（3）打开蓄电池箱门，蓄电池盖应无腐蚀、损漏，导轨滑轮作用良好，排水孔无堵塞。<br>（4）蓄电池体、盖无裂损，无腐蚀。封口填料完整，跨线、极柱及螺丝连接无松动，无腐蚀 | 锤检<br>目视<br>手检 |
| | 21. 燃油箱 | （1）箱体外观应清洁、完整，无破损。<br>（2）加油口盖严密，安全链完好。<br>（3）前端部无破损、变形。<br>（4）吊装座无开焊，螺栓无松动。<br>（5）燃油表清晰、完好，无漏泄，贮油量为 5 400 L，运用不少于 1 500 L | 锤检<br>目视<br>手检 |
| | 22. 第四制动装置 | 参照第一制动装置的检查内容及要求 | |
| | 23. 第三砂箱及附近 | 参照第一砂箱及附近的检查内容及要求 | |
| | 24. 第四动轮 | 参照第一动轮的检查内容及要求 | |
| | 25. 第四轴箱及弹簧 | 参照第一轴箱及弹簧的检查内容及要求 | |
| 走行部左侧 | 26. 油压减振器 | 参照前述"7. 油压减振器"的检查内容及要求 | |
| | 27. 第五制动装置 | 参照第一制动装置的检查内容及要求 | |
| | 28. 第三旁承 | 参照第一旁承的检查内容及要求 | |
| | 29. 第五动轮 | 参照第一动轮的检查内容及要求 | |
| | 30. 第五轴箱及弹簧 | 参照第一轴箱及弹簧的检查内容及要求。<br>增检：<br>（1）机车速度表电机安装牢固。<br>（2）速度表电机接线无破损、脱落 | |
| | 31. 牵引杆装置 | 参照前述"9. 牵引杆装置"的检查内容及要求 | |
| | 32. 第四旁承 | 参照第一旁承的检查内容及要求 | |
| | 33. 第六动轮 | 参照第一动轮的检查内容及要求 | |
| | 34. 第六轴箱及弹簧 | 参照第一轴箱及弹簧的检查内容及要求 | |
| | 35. 第六制动装置 | 参照第一制动装置的检查内容及要求 | |
| | 36. 第四砂箱及附近 | 参照第一砂箱及附近的检查内容及要求 | |
| | 37. 后排障器内侧 | 参照前排障器内侧的检查内容及要求 | |
| | 38. 左侧后脚梯 | 参照左侧前脚梯的检查内容及要求 | |

续表

| 顺序 | 检查部位 | 检查内容及要求 | 检查方法 |
|------|----------|----------------|----------|
| 机车后端 | 1. 机车后端 | 参照机车前端的检查内容及要求 | |
| 走行部右侧 | 1. 走行部右侧 | 参照走行部左侧的检查内容及要求。<br>增检：<br>（1）前后转向转制动缸塞门应在全开位。<br>（2）排污阀在关闭状态。<br>（3）燃油箱的吸油管和回油管接箍不松动，无漏泄。 | |
| 车底前半部 | 1. 前端车钩缓冲装置 | （1）车钩扁销止退销螺母无松动，开口销无丢失。<br>（2）缓冲器从板与从板座应密贴，局部间隙不大于 1 mm。<br>（3）从板及钩尾框各部无裂纹。<br>（4）缓冲器托板螺栓无松动。<br>（5）车体构架牵引梁无开焊。<br>（6）缓冲座无裂纹 | 锤检<br>目视 |
| | 2. 转向架端梁 | （1）端梁无开焊。<br>（2）撒砂胶管卡子无松脱 | 锤检<br>目视 |
| | 3. 第一轮对及附近 | （1）横拉杆无开裂、弯曲、变形，锁紧螺母牢固。<br>（2）轮箍、轮辐无裂纹。<br>（3）轮箍踏面无擦伤、剥离。<br>（4）闸瓦吊杆各销及开口销完好。<br>（5）牵引电动机大线夹子无松动、丢失。<br>（6）牵引电动机上盖严密，通风罩及卡子完好。<br>（7）照明灯完好 | 锤检<br>目视<br>手检 |
| | 4. 第一抱轴 | （1）抱轴油盒紧固，放油堵无松漏。<br>（2）油盒加油盖完好、严密，油尺无丢失。<br>（3）抱轴瓦防尘罩严密，开关灵活。<br>（4）抱轴瓦无错口，无裂纹，无碾片，油膜状态良好。<br>（5）抱轴运用温度不得高于 70 ℃，抱轴瓦与轴颈的径向间隙应为 0.2～0.4 mm | 锤检<br>目视<br>手检 |
| | 5. 第一齿轮箱 | （1）齿轮箱安装牢固，箱体无裂漏。<br>（2）齿轮箱合口螺栓无松动，油封无甩油。<br>（3）放油堵无松漏，通气孔无堵塞。<br>（4）加油口盖完好、严密，油尺齐全 | 锤检<br>目视<br>手检 |
| | 6. 第一牵引电动机外部 | （1）电机外观无异状，电机盖完好、严密。<br>（2）电机轴承加油管及油堵无丢失，通风网良好。<br>（3）通气孔无堵塞。<br>（4）轴承无过热变色 | 锤检<br>目视<br>手检 |
| | 7. 第一牵引电动机悬挂装置 | （1）悬挂吊杆无倾斜、裂纹。<br>（2）螺栓无松动，开口销完好。<br>（3）吊杆芯轴与座侧应密贴，芯轴螺栓无松动，防缓铁丝无破损，安全托铁与座无松动、无裂纹。<br>（4）减振胶垫无老化的龟纹 | 锤检<br>目视<br>手检 |
| | 8. 第一牵引电动机内部 | （1）牵引电动机下盖、侧盖完整，卡子与挂钩良好，无裂损。<br>（2）进风网无破损和堵塞，轴承不得甩油，内部清洁。<br>（3）刷干、刷架、刷握、刷座圈无烧损，安装牢固，刷握与整流子面间隙为 2～5 mm。<br>（4）电刷无碎裂、卡死，与整流子接触良好，电刷弹簧压指无折损，电刷与整流子接触面不小于表面积的 75%。<br>（5）刷架调整装置定位销入槽，绝缘瓷瓶清洁、牢固。<br>（6）整流子表面无变色、拉伤、摔锡等异状。<br>（7）磁极、电枢各绕组良好，无烧损、击穿。<br>（8）刷盒侧面与升高片间距离符合规定 | 手检<br>目视 |

| 顺序 | 检查部位 | 检查内容及要求 | 检查方法 |
|---|---|---|---|
| 车底前半部 | 9. 第二轮对及附近 | 参照第一轮对及附近的检查内容及要求 | |
| | 10. 第二抱轴 | 参照第一抱轴的检查内容及要求 | |
| | 11. 第二齿轮箱 | 参照第一齿轮箱的检查内容及要求 | |
| | 12. 第二牵引电动机外部 | 参照第一牵引电动机外部的检查内容及要求 | |
| | 13. 第二牵引电动机悬挂装置 | 参照第一牵引电动机悬挂装置的检查内容及要求 | |
| | 14. 第二牵引电动机内部 | 参照第一牵引电动机内部的检查内容及要求 | |
| | 15. 第三轮对及附近 | 参照第一轮对及附近的检查内容及要求 | |
| | 16. 第三抱轴 | 参照第一抱轴的检查内容及要求 | |
| | 17. 第三齿轮箱 | 参照第一齿轮箱的检查内容及要求 | |
| | 18. 第三牵引电动机外部 | 参照第一牵引电动机外部的检查内容及要求 | |
| | 19. 第三牵引电动机悬挂装置 | 参照第一牵引电动机悬挂装置的检查内容及要求 | |
| | 20. 第三牵引电动机内部 | 参照第一牵引电动机内部的检查内容及要求 | |
| | 21. 燃油箱底部 | （1）排污管及卡子安装牢固。<br>（2）燃油箱清扫孔堵应无漏油，外部无碰伤、破损。<br>（3）放油阀关闭正确，排污堵无松漏 | 锤检<br>目视 |
| 车底后半部 | 1. 车底后半部 | 参照车底前半部各部位的检查内容及要求。<br>增检：手制动机传动装置状态良好 | |
| 电气室 | 1. 高压电气柜 | （1）高压电气柜外侧电阻 $RX_1 \sim RX_6$ 及接线良好。<br>（2）换向器 $HK_1$、$HK_2$ 及各接线安装牢固，无松脱。<br>（3）组件 12、霍尔测流元件 $H_{11} \sim H_{16}$ 安装良好，盖上有铅封。<br>（4）牵引电动机分流器 $FL_{11} \sim FL_{16}$ 安装良好 | 手检 |
| | 2. 低压电气柜 | （1）低压电气柜外侧各电阻及接线良好。<br>（2）电子恒功调节器插座与插销连接良好，接线无松脱。<br>（3）B 接线盒各接线应牢固，无松脱。<br>（4）过压吸收装置 XS、大二极管 $D_1 \sim D_3$ 等安装牢固，接线无松脱 | 目视<br>手检 |
| | 3. 电器控制柜 | （1）XDC 闸刀无烧损，转动 $WHK_{14}$ 打开控制柜照明灯。<br>（2）$ZK_1 \sim ZK_{28}$ 脱扣保险、WHK 万能转换开关的外观无异状。<br>（3）风泵保险、充电保险和机油泵电机保险 $RD_1 \sim RD_5$ 的外观无异状 | 目视<br>手检 |
| | 4. 电气室内部左侧 | （1）时间继电器 $SJ_1 \sim SJ_3$、GLTQ 故障励磁调节器安装牢固，接线无松脱。<br>（2）逆流装置 NL、辅助过流继电器 FLJ 良好，照明开关及交流插座良好。<br>（3）中间继电器 $J_1 \sim J_{10}$ 安装牢固，接线无松脱。<br>（4）9 个 $CZ_0 40/20$ 型接触器和 6 个 $CZ_0 400/10$ 型接触器，触头、触指无烧损，接线无松脱。灭弧罩、灭弧角完整，各线号清晰。<br>（5）电子恒功调节器电源开关应置于通位，空转保护开关置于通位，扣功开关置于脱扣位。<br>（6）逆变器及交流接触器 JC 安装牢固，接线无松脱。电路接地灯 $DD_1 \sim DD_2$ 及插座安装牢固，接线无松脱 | 目视 |

| 顺序 | 检查部位 | 检查内容及要求 | 检查方法 |
|---|---|---|---|
| 电气室 | 5. 电气室内部右侧 | （1）A 线盒良好。<br>（2）过流、接地继电器（J、DJ）、过压吸收装置 XS 安装牢固，接线无松脱。<br>（3）换向转换开关片 HK$_1$、HK$_2$ 和电空接触器 C$_1$～C$_6$、磁场削弱接触器各接线均良好，电空阀无漏风，触指无烧损。<br>（4）测功、测流霍尔元件安装良好。<br>（5）备用电压调整器齐全。<br>（6）渡板和大线无破损、老化 | 目视<br>手检 |
| 司机室 | 1. 司机室左侧门及门锁 | 司机室门胶条无老化，门锁作用良好 | 手检 |
| | 2. 司机室及左侧（主操纵台侧） | （1）暖风机安装牢固，更衣箱完好。<br>（2）手制动机作用良好，衣架牢固。<br>（3）顶棚灯、风扇、天窗良好。<br>（4）灭火器安装牢固，作用良好。<br>（5）操纵台各仪表、各开关、各风表作用良好。风表检查日期不超 3 个月。<br>（6）前窗雨刷、遮阳板作用良好。<br>（7）脚踏撒砂、风笛开关作用良好，冷热风机良好。<br>（8）地板下中继阀及管路良好，均衡风缸、过充风缸及管路良好。<br>（9）换向手柄在"0"位，调速手柄在"0"位，自阀在运转位，单阀在制动区。<br>（10）司机室门、侧窗完好、严密，锁闭良好。<br>（11）座椅、座箱完好；灭火器不超期，标签完好 | 手检<br>目视 |
| | 3. 司机室及右侧（副操纵台侧） | （1）侧窗开关灵活，风挡玻璃前后转动不抗劲。<br>（2）司机室右侧灯、风笛、风扇开关作用良好。<br>（3）座椅及茶杯托盘良好，地板无破损。<br>（4）电冰箱及插座各部良好。<br>（5）司机室门、侧窗完好、严密，锁闭良好。<br>（6）座椅、座箱完好 | 手检<br>目视 |
| | 4. 司机室右侧门及门锁 | 司机室门胶条无老化，门锁作用良好 | 手检 |
| 动力室发电机间右侧 | 1. 总风缸 | （1）总风缸安装牢固，无裂纹，无松动，无位移。<br>（2）总风缸塞门在全开位，排水阀无松动，排水作用良好 | 目视<br>手检 |
| | 2. 制动分配阀及附近 | （1）安装螺母、螺栓无松动。<br>（2）各部无漏风，排风口未堵塞，各塞门以及重联转换阀位置正确（本务机车应在本机位） | 目视<br>手检 |
| | 3. 硅整流柜 | （1）整流柜安装牢固，网盖完好。<br>（2）内部各元件及接线完好 | 目视<br>手检 |
| | 4. 起动变速箱 | （1）箱体螺栓无松动。<br>（2）传动箱及联轴器各螺栓无松动。<br>（3）变速箱油封无漏油，通气孔畅通。<br>（4）万向轴各部无裂纹，油堵无丢失。 | 目视<br>手检<br>锤检 |
| | | （5）各轴承无过热变色，箱体及轴承温度正常（箱体不超过 80 ℃，轴承不超过 90 ℃），油尺齐全 | 手触<br>目视 |
| | 5. 起动发电机 | （1）安装座螺栓紧固，接线无松动、破损，线号清晰。<br>（2）电机联轴节螺丝无松动，防缓装置良好。<br>（3）整流子外盖锁紧销良好 | 目视<br>手检<br>锤检 |

续表

| 顺序 | 检查部位 | 检查内容及要求 | 检查方法 |
|---|---|---|---|
| 动力室柴油机间右侧 | 1. 主发电机右侧 | （1）牵引发电机安装牢固，接线无松脱、破损。<br>（2）通风网完整、无破损，通风良好 | 目视<br>手检 |
| | 2. 柴油机输出端右侧 | （1）盘车机构各杆、连挂装置应正确、牢固。<br>（2）输出轴油封无漏油痕迹，弹性联轴节紧固，刻度指针应正确。<br>（3）增压机油滤清器及油气分离器安装牢固，卡子接头无松动。<br>（4）稳压阀安装牢固，各管接头无松漏。<br>（5）污油箱安装牢固，放油阀关闭。<br>（6）进气稳压箱无裂纹，检查堵无松动 | 目测<br>手检 |
| | 3. 柴油机右侧 | （1）各进出水支管无漏泄，各集流管法兰无漏泄。<br>（2）各挺杆套、回油管、高压油管无裂纹。<br>（3）喷油泵柱塞套定位螺钉及供油齿条定位螺钉铅封完好。<br>（4）手动检查供油齿条，应动作灵活，限油止挡及锁母无松动。供油齿条夹头销与拨叉座吻合良好。<br>（5）供油拉杆无变形，夹头销座螺丝无松动。夹头销花螺母开口销齐全、完好。<br>（6）曲轴箱、凸轮轴检查孔盖、摇臂箱盖及防爆阀无漏油。<br>（7）自由端各润滑油管接头无漏油，端盖各安装螺丝无漏油。<br>（8）排气支管、总管无漏气。<br>（9）油位在两刻线之间。<br>（10）摇臂箱安装螺栓紧固状态良好，各紧固件无松动。<br>（11）气缸盖体无裂纹、砂眼，各工艺堵及密封垫无漏泄。<br>（12）外观检查示功阀及座，应安装牢固、无泄漏。高压泵回油管应紧固、无漏油，高压泵底角螺栓紧固。<br>（13）各种管路无松动、无接磨 | 目测<br>手检<br>锤检 |
| | 4. 燃油输送泵、粗滤器 | （1）联轴器完好，橡胶件无老化、变形。<br>（2）泵体及管路无漏泄，电机接线无脱落、破损。<br>（3）粗滤器各管路接头及放油堵无松动 | 目视<br>手检<br>锤检 |
| | 5. 空气滤清器右侧 | （1）空气滤芯安装牢固。<br>（2）滤清体无裂纹 | 目视 |
| | 6. 中冷器 | （1）中冷器体无漏泄，进出水管接口法兰无漏泄。<br>（2）打开排污阀，检查稳压箱内有无积油、积水 | 目视<br>手检 |
| | 7. 自由端右侧附近 | （1）精滤器安装牢固，各部无渗漏，各阀位置正确。<br>（2）调速器安装牢固，各杆销无松脱，油盅中油位符合标准。<br>（3）步进电机安装牢固，四条接线无松脱。电磁联锁 DLS 线圈及接线牢固。<br>（4）齿轮箱检查，孔盖垫无松动，机体无裂纹。<br>（5）油气分离器各管接头无松漏，减振器大盖丝无松动。<br>（6）柴油机冷却机油泵、高温水泵安装良好。各管路接头及阀门不得松动，机油泵调压阀盖应配齐。<br>（7）万向轴及法兰应无裂纹，螺栓紧固，目视良好。<br>（8）辅助变速箱万向轴无开焊、裂纹，十字头销套、卡环、压盖螺丝、防缓装置、油堵良好。<br>（9）防护罩渡板及支架完整、牢固。<br>（10）辅助机油泵及电机安装牢固，联轴节、管接头及接线良好，各阀位置均应正确。<br>（11）地板上各油、水管上的卡子、接头良好，各水阀位置正确 | 目视<br>手检<br>锤检 |
| | 8. 机油滤清器 | （1）滤清器上盖螺栓齐全，无松缓。<br>（2）上盖及进出油管法兰接口无漏油 | 目视 |
| | 9. 燃油预热器 | 燃油预热器安装牢固，燃油管、水管及排水阀箍无松漏，排水阀关闭严密 | 锤检 |

| 顺序 | 检查部位 | 检查内容及要求 | 检查方法 |
|---|---|---|---|
| 动力室柴油机间右侧 | 10. 膨胀水箱 | （1）水表清洁、无漏水，水质纯净，水位应在上刻线的 2/3 以上。<br>（2）水表阀应在全开位，排水阀关闭严密、无漏水。排水阀作用良好。<br>（3）水表无漏泄，照明灯完好。<br>（4）高、低温水系统补水阀应在开放位。<br>（5）预热炉小油箱无泄漏，排气阀关闭严密 | 目视<br>手检<br>锤检 |
| | 11. 预热锅炉及附近 | （1）鼓风机电机完好，风门作用灵活。<br>（2）燃油泵组完好，供油塞门位置正确。<br>（3）火花发生器及点火装置完好，接线无破损、脱落。<br>（4）水温表完好，水位表清晰、无漏泄。<br>（5）水泵组完好，联轴器线及接线不应松动，各部无漏泄，胶管无破损，胶管卡子无松动、脱落。<br>（6）预热系统各阀位置正确 | 目视<br>手检<br>锤检 |
| 冷却室右侧 | 1. 百叶窗 | （1）检查百叶窗，油缸、油管应安装紧固、无泄漏，油管须加防磨胶皮。<br>（2）检查百叶窗，开闭应灵活可靠 | 目视 |
| | 2. 高、低温风扇 | （1）冷却风扇叶片无变形、裂纹，支架无开焊。<br>（2）散热扇叶完好，风扇停止自动关闭 | 目视 |
| | 3. 液力耦合器 | （1）耦合器安装架牢固，焊接无断裂，支撑螺栓紧固良好。<br>（2）耦合器无异音、无裂漏痕迹。<br>（3）充油调节阀应安装牢固，各管路无泄漏，注油堵和通气孔无堵塞。<br>（4）垂直万向轴和水平万向轴各部无裂纹、开焊，油堵无松动 | 目视<br>锤检<br>手检 |
| | 4. 冷却单节 | （1）冷却单节各部管路接头无松漏，各排气管无接磨。<br>（2）单节应保持清洁，冬季检查防寒、排水防冻 | 目视 |
| | 5. 辅助传动齿轮箱 | （1）齿轮箱安装牢固，输入端的万向轴安装螺丝无松动。联轴节（尼龙绳）及防脱铁丝紧固良好。<br>（2）底部放油塞门无漏泄，分箱面处无漏油现象。<br>（3）齿轮箱无异音 | 目视 |
| | 6. Ⅰ端牵引电动机通风机 | 通风机油堵无松动、破损 | 目视 |
| | 7. 机油热交换器 | （1）机油热交换器安装牢固，水管路及法兰连接无松漏，排水阀在关闭位，胶管无老化，卡子无松动。<br>（2）进出油管接口无漏泄，油水阀严密 | 手检<br>锤检<br>目视 |
| 辅助室内部 | 1. 空气压缩机及附近各部 | （1）空气压缩机安装牢固，电机与空气压缩机的联轴器无异状，螺丝无松动，传动皮带无破损。风扇防护罩牢固、无破损，扇叶无变形、裂纹。<br>（2）空气压缩机油位在上、下刻线间 1/2，油表压力为 400～550 kPa。<br>（3）风管路无漏泄，散热器状态良好。<br>（4）空气干燥器各管螺母无松漏，控制开关位置正确 | 目测<br>手检<br>锤检 |
| 冷却室左侧 | 1. 冷却室左侧 | 参照冷却室右侧检查内容及要求 | |
| 动力室柴油机间左侧 | 1. 差示压力计 | （1）差示压力计体无裂纹，液面高度为"0"刻线±3 mm。<br>（2）差示压力计安装牢固，各管接线无脱落，气孔应畅通。<br>（3）胶管无老化 | 目视<br>手检<br>锤检 |
| | 2. 柴油机及空气滤清器左侧检查 | 参照柴油机及空气滤清器右侧检查内容及要求 | |

续表

| 顺序 | 检查部位 | 检查内容及要求 | 检查方法 |
|---|---|---|---|
| 动力室发电机间左侧 | 1. 发电机间左侧 | 参照主发电机右侧检查内容及要求 | |
| | 2. 励磁机 | (1) 轴承加油堵无丢失，轴承无过热烧损。<br>(2) 各接线无破损、脱落。<br>(3) 联轴器螺栓垫片无异状 | 目视<br>手检 |
| | 3. 后牵引电动机通风机 | (1) 通风机油堵无松动、破损。<br>(2) 传动尼龙绳束无破损，螺栓无松动。<br>(3) 通风机吸风网无破损、堵塞 | 目视<br>手检 |

【考核评价】

**1. 自我评价**

① 自我考核：东风 $_{7C}$ 型内燃机车检查作业描述。

② 自我评价（见表 3-12）。

表 3-12　自我评价（每项满分为 10 分）

| 序号 | 评价内容 | 得分 | 亮点 |
|---|---|---|---|
| 1 | 课前知识查阅、调研完成情况 | | |
| 2 | 课前、课中与人协作沟通表现 | | |
| 3 | 东风 $_{7C}$ 型内燃机车检查作业掌握情况 | | |
| 4 | 课前、课中学习态度表现 | | |

**2. 小组评价（见表 3-13）**

表 3-13　小组评价（每项满分为 10 分）

| 序号 | 评价内容 | 得分 | 亮点 |
|---|---|---|---|
| 1 | 课中学习态度表现 | | |
| 2 | 课前、课中与人协作沟通表现 | | |
| 3 | 东风 $_{7C}$ 型内燃机车检查作业掌握情况 | | |

**3. 教师评价（见表 3-14）**

表 3-14　教师评价（每项满分为 10 分）

| 序号 | 评价内容 | 得分 | 亮点 |
|---|---|---|---|
| 1 | 课前知识查阅、调研完成情况 | | |
| 2 | 课中参与及协作情况 | | |
| 3 | 掌握东风 $_{7C}$ 型内燃机车检查作业的效果 | | |

【教师建议】

在熟悉东风$_{7C}$型内燃机车检查作业的基础上，进一步探究其他机型的检查作业方法及要求，为今后从事相关工作打好基础。

# 任务 3.5　HX$_N$5 型内燃机车检查作业技能训练

【任务描述】

在实训教学中，需要提供一台 HX$_N$5 型内燃机车。为了增强学生对内燃机车的直观感性认识，可将学生分成若干小组，以小组为单位，对照实物学习 HX$_N$5 型内燃机车所需检查部件的位置、需要检查的项目及应达到的标准，并展开针对性的讨论。

【学习目标】

| 知识目标 | 了解 HX$_N$5 型内燃机车检查作业内容 |
|---|---|
| 能力目标 | 能正确认识 HX$_N$5 型内燃机车所需检查部件的位置、所要检查的项目及应达到的标准，能按检查作业程序完成检查工作 |
| 素质目标 | 养成细致、认真的工作作风；养成独立分析问题的良好习惯；能够比较自如地与他人沟通、协作完成工作 |

## 活动 3.5.1　机车检查的基本方法

◇【活动要点】：机车全面检查作业线路。

① 机车上部检查路线：起点为机车 B 侧电台间处，经机车后端、A 侧至司机室。

② 机车走行部检查线路：起点为机车后端部，经机车 A 侧、前端部、B 侧、车底至前端部结束。

HX$_N$5 型内燃机车全面检查线路如图 3–3 所示。

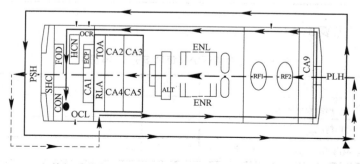

▲ 始点　●终点　→机车检查线　—·—▶车底检查线　---▶空走线

图 3–3　HX$_N$5 型内燃机车全面检查线路示意图

## 活动 3.5.2　HX<sub>N</sub>5 型内燃机车检查

🔥【活动要点】：① 检查顺序。
　　　　　　　　② 各部位的检查内容及要求。

HX<sub>N</sub>5 型内燃机车检查作业程序如表 3-15 所示。

表 3-15　HX<sub>N</sub>5 型内燃机车检查作业程序

| 顺序 | 检查部件 | | 检查内容及要求 | 检查方法 |
|---|---|---|---|---|
| 后端部 | 1. 端面 | | 后端部外观完好，裙板无变形；砂箱盖、各灯罩齐全、无破损 | 目视 |
| | 2. 重联装置 | | 重联线无破损、插接牢固、锁闭作用良好；安全链齐全、完好 | 目视 |
| | 3. 车钩及软管 | | （1）钩提杆无弯曲、变形，提钩自动开放无抗劲，三态作用良好。<br>（2）制动缸均衡管、总风缸均衡管、制动软管无老化、龟裂，角度正确（45°、90°），安装牢固。<br>（3）水压试验不超过 3 个月。<br>（4）连接器无缺陷，胶圈无倒置、破损，防尘堵齐全、无丢失 | 目视 |
| 右侧走行部 | 1. 右后转向架 | 1）右后排障器内部 | 制动管、总风缸均衡管、制动缸均衡管各塞门关闭严密，无漏泄；工作灯插座、蓄电池充电插座罩盖严密 | 目视 |
| | | | 撒砂管安装牢固、角度正确。撒砂电磁阀无泄漏 | 目视 |
| | | 2）排障器及扫石器 | 排障器无变形，扫石器橡胶板无破损 | 目视 |
| | | 3）右 6 单元制动器 | 闸瓦钎子无丢失，闸瓦无偏磨、到限（闸瓦任意一点厚度应不小于 13 mm） | 目视<br>测量 |
| | | | 闸瓦与车轮踏面缓解间隙不大于 9 mm，制动缸来风管接头无松漏 | 测量<br>目视 |
| | | 4）右 6 动轮 | 车轮踏面擦伤深度不大于 0.7 mm，剥离长度不超过 40 mm，深度不超过 1 mm | 测量 |
| | | 5）右 6 轴箱弹簧 | 轴箱弹簧无断裂、倾斜，轴箱衬板无裂纹 | 目视 |
| | | 6）油压减振器 | 油压减振器安装螺栓无松缓，转向架上部纵向油压减振器与车体连接座螺栓无松动 | 目视 |
| | | 7）右 5、4 轴箱弹簧、动轮及单元制动器 | （1）轴箱弹簧、轴箱衬板、动轮及单元制动器检查内容及要求同右 6 相应部件。<br>（2）检查右 4、5 弹簧停车手动缓解手柄，应无折损、弯曲变形 | 目视 |
| | | 8）制动缸及停放制动截断塞门 | 后转向架制动缸截断塞门、停放制动截断塞门在开放位 | 目视 |
| | 2. 总风缸及附近 | | （1）空气压缩机排油阀、柴油机上水管、油底壳放油管无渗漏。<br>（2）辅助空气滤清器安装牢固，排污阀作用良好。 | 目视 |
| | | | （3）总风缸自动排水阀作用良好，温度开关安装牢固。<br>（4）总风缸盲孔无漏风，安全阀无漏泄。 | 手检 |
| | | | （5）燃油箱加油口盖严密，油表止阀在开放位，玻璃无漏泄 | 目视 |

| 顺序 | 检查部件 | | 检查内容及要求 | 检查方法 |
|---|---|---|---|---|
| 右侧走行部 | 3. 空气干燥器 | | 空气干燥器各止阀均在开放位，湿度指示剂显示正常（蓝色），下部警告孔无漏泄 | 目视 |
| | 4. 右前转向架及附近 | 1）右前转向架 | 参照右后转向架检查内容及要求 | |
| | | 2）空气管路柜 | （1）检查空气制动柜内紧急制动、客车供风、风笛、弹簧停车、刮雨器各电磁阀供风塞门是否在开放位，风管连接应无泄漏。<br>（2）检查 EPCU 上无火回送塞门是否在正常运行位 | 目视 |
| 前端部 | 1. 前端部 | | （1）外观、车钩、各软管、各塞门位置、防尘堵、灯检查项同机车后端部。<br>（2）手把拉杆、玻璃无破损。确认撒砂电磁阀、刮雨器、储水桶柜门关闭严密 | 目视 |
| 左侧走行部 | 1. 左侧走行部 | | 检查内容参照右侧走行部。<br>增检：<br>（1）左 2、3 轴弹簧停车手动缓解手柄无弯曲变形。<br>（2）污液箱排污塞门关闭严密、无泄漏 | 目视 |
| 地沟 | 1. 车钩及缓冲装置 | | 车钩穿销、止退销不丢失，开口销完好 | 目视 |
| | 2. 后牵引装置 | | 牵引销安装螺丝无松动，各部无裂纹 | 目视 |
| | 3. 牵引电动机 | | 电机吊挂胶垫无老化，电机安装螺栓牢固 | 目视 |
| | 4. 齿轮箱 | | 检查各齿轮箱油位是否符合标准，磁性放油堵应紧固、无漏泄 | 目视 |
| 机车上部 | 1. 走板及安全栏杆 | | （1）走板外观状态良好。<br>（2）栏杆无变形、开焊及弯曲；安全链锁闭作用良好 | 目视 |
| | 2. 电台间 | | 事件记录仪（ER）、以太网转换器（ESW）、集成处理器模块（BIPM）、电阻制动调制解调器（DBM）、电源（RPS）、协议转换器（PTP）、全球定位系统（GPS）模块等各部件安装牢固，状态良好，插排无脱落 | 目视<br>手检 |
| | 3. CA4、CA5 | | （1）柜门平整，锁闭器、主控门手柄作用良好，3 个滤波电容指示灯安装牢固。<br>（2）门联锁安装牢固，接线良好。<br>（3）各接触器、熔断器安装牢固，接线无松脱，触头、线圈无烧损，插头防缓标记无位移 | 目视 |
| | 4. 机车左侧走板及交流发电机室左侧 | | （1）电阻制动栅百叶窗良好，百叶向上，无变形、破损。<br>（2）走板外观状态良好，栏杆无变形、开焊及弯曲 | 目视 |
| | 5. 柴油机室左侧 | | （1）柜门平整，锁闭器作用良好。<br>（2）右 1～8 组动力组无漏泄。<br>（3）喷油泵电磁阀接线无破损，燃油进回油管、喷油器回油管无漏泄。<br>（4）右中冷器进出水管无漏泄，滴漏孔无漏泄。<br>（5）燃油精滤器安装牢固，端盖、油管接头无漏泄，燃油回油阀在关闭位，排气阀关闭严密、无漏泄 | 目视 |
| | 6. 燃烧空气室 | | 冬夏季门在规定位置，室门关闭严密 | 目视 |
| | 7. 冷却室后部 | | （1）空气压缩机自动排水阀安装牢固、无渗漏。<br>（2）灭火器完好、无破损。<br>（3）自动百叶窗电磁阀、水流控制电磁阀、总风缸排水电磁阀各管接头无泄漏，各塞门在开放位 | 目视 |
| | 8. 冷却室右侧 | | （1）自动撒砂电磁阀风管接头无漏泄，塞门在开放位。<br>（2）风泵进气道指示器指示位置正确。<br>（3）风泵油缸加油口盖关闭严密，油位在绿区 | 目视 |
| | 9. 走板及安全栏杆 | | 走板外观状态良好，栏杆无开焊、弯曲、变形 | 目视 |

续表

| 顺序 | 检查部件 | 检查内容及要求 | 检查方法 |
|---|---|---|---|
| 机车<br>上部 | 10. 水箱水位检查 | （1）水箱水位在规定范围内，水表管清洁、无破损，水表止阀在开放位。<br>（2）排水阀在关闭位；旗形排气阀、上水阀关闭严密、无泄漏 | 目视 |
| | 11. 柴油机右侧 | 检查项同柴油机左侧。增检：<br>（1）自动排水阀和手动排水阀关闭严密、无漏泄。<br>（2）机油油尺无丢失，油位符合标准，加油口盖严密、无漏泄。<br>（3）机油回油阀在关闭位 | 目视 |
| | 12. CA2、CA3 | CA2：<br>（1）柜门平整，锁闭器、主控门手柄作用良好，滤波电容指示灯安装牢固。<br>（2）各断路器及控制开关完好，位置指示标记清晰。<br>（3）蓄电池维修闸刀无烧损，且在闭合位。<br>（4）辅助室空气滤清器罩盖卡子安装牢固，接线及插头无松动、丢失 | 目视 |
| | | CA3：<br>（1）两个滤波电容放电指示灯安装牢固。<br>（2）逆变器接线安装螺丝防缓标记无位移，插头防缓标记无位移。<br>（3）相位熔断器无烧损、无变色；汇流条无裂损，滤波电容无变色 | |
| | 13. 右侧司机室门 | 锁闭器作用良好，密封胶条及玻璃完好、严密 | 目视 |
| | 14. 司机室内部 | （1）副操纵台风扇及控制开关外观良好，关、开及旋钮在正确位置，机车速度表良好，重联急停开关在正确位置。<br>（2）重联电话、机车信号完好。<br>（3）计量表调光器、辅助智能显示器、LKJ–2000 监控显示屏外观完好。<br>（4）后头灯、辅助灯、标志灯开关完好，位置正确，无线列调显示屏外观完好。<br>（5）副操纵台自阀位置正确，定位销完好且在规定位置。<br>（6）导向轴撒砂开关、撒砂开关、风笛开关完好。<br>（7）司机控制器换向手柄在中立位，主手柄在惰转位。<br>（8）警惕器按钮完好、无破损。<br>（9）蓄电池移车按钮、司机听筒、无线电听筒完好。<br>（10）主发励磁开关、电阻制动开关在断开位；计量表灯开关、监控开关、电热玻璃开关完好，在规定位置。<br>（11）紧急制动阀手柄在规定位置。<br>（12）刮雨器开关和操纵台开关完好。<br>（13）侧窗完整，拉动灵活，锁闭作用良好，后视镜良好。<br>（14）侧壁加热器防护罩完好、无破损。<br>（15）风挡玻璃清洁、无破损。<br>（16）柴油机控制面板各开关位置正确 | 目视 |
| | | 主操纵台检查项同副台，增检：<br>（1）控制开关（COB）完好，位置正确。<br>（2）停放制动塞门位置正确 | 目视 |
| | 15. 左侧司机室门 | 检查内容同右侧司机室门 | |

## 【考核评价】

**1. 自我评价**

① 自我考核：$HX_N5$ 型内燃机车检查项目及标准描述。

② 自我评价（见表 3–16）。

表 3−16　自我评价（每项满分为 10 分）

| 序号 | 评价内容 | 得分 | 亮点 |
|---|---|---|---|
| 1 | 课前知识查阅、调研完成情况 | | |
| 2 | 课前、课中与人协作沟通表现 | | |
| 3 | $HX_N5$ 型内燃机车检查项目及标准掌握情况 | | |
| 4 | 课前、课中学习态度表现 | | |

## 2. 小组评价（见表 3−17）

表 3−17　小组评价（每项满分为 10 分）

| 序号 | 评价内容 | 得分 | 亮点 |
|---|---|---|---|
| 1 | 课中学习态度表现 | | |
| 2 | 课前、课中与人协作沟通表现 | | |
| 3 | $HX_N5$ 型内燃机车检查项目及标准掌握情况 | | |

## 3. 教师评价（见表 3−18）

表 3−18　教师评价（每项满分为 10 分）

| 序号 | 评价内容 | 得分 | 亮点 |
|---|---|---|---|
| 1 | 课前知识查阅、调研完成情况 | | |
| 2 | 课中参与及协作情况 | | |
| 3 | 掌握 $HX_N5$ 型内燃机车检查项目及标准的效果 | | |

【教师建议】

在熟悉 $HX_N5$ 型内燃机车检查作业的基础上，进一步探究其他机型的检查方法及要求，为今后从事相关工作打好基础。

# 项目4

# 柴油机试验及故障处理技能训练

## 任务 4.1　直流传动内燃机车柴油机试验
## （以东风$_{4B}$型内燃机车为例）

**【任务描述】**

　　在实训教学中，需要提供一台东风$_{4B}$型内燃机车。为了增强学生对直流传动内燃机车的直观感性认识，可将学生分成若干小组，以小组为单位，对照实物学习东风$_{4B}$型内燃机车柴油机起动、停机、转速试验及联合调节器性能试验的操作方法，并展开针对性的讨论。

**【学习目标】**

| 知识目标 | 了解东风$_{4B}$型内燃机车柴油机试验的内容 |
| --- | --- |
| 能力目标 | 能正确操作东风$_{4B}$型内燃机车柴油机起动、停机，完成转速试验、联合调节器性能试验 |
| 素质目标 | 养成细致、认真的工作作风；养成独立分析问题的良好习惯；能够比较自如地与他人沟通、协作完成工作 |

## 活动 4.1.1　起动柴油机

　　**【活动要点】**：① 东风$_{4B}$型内燃机车柴油机起动过程。
　　　　　　　　　　② 东风$_{4B}$型内燃机车柴油机起动过程注意事项。

**1. 起动前的准备工作**

① 机车整备工作完成，状态良好。

② 油水管路各阀均置于正常工作位置，油水温度不低于 20 ℃，否则应起动预热锅炉进行预热。

③ 司机控制器主手柄置"0"位，换向手柄置中立位。

④ 用钥匙打开 1K～10K 琴键开关。

**2. 起动方法**

① 闭合蓄电池开关 XK，电压不低于 96 V。

② 闭合照明总开关 ZMK。

③ 闭合机车总控制开关 1K。

④ 闭合起动机油泵开关 3K 预打机油。

⑤ 闭合燃油泵开关 4K。

⑥ 待燃油压力达到 150～250 kPa 时，按下柴油机起动按钮 1QA，起动机油泵工作 40～60 s 后，起动接触器 QC 闭合，柴油机曲轴转动。

⑦ 当机油压力超过 100 kPa 时，即可松开柴油机起动按钮 1QA，柴油机起动结束。

**3. 起动过程中的注意事项**

① 当起动接触器 QC 闭合、起动机油泵停止工作后，柴油机起动时间不允许超过 10 s。

② 当起动接触器 QC 闭合 10 s 后柴油机不能起动时，应及时查明原因。连续起动柴油机不得超过 3 次，每次起动的间隔时间应不少于 2 min。

③ 柴油机起动后，应立即听柴油机和各运动部件的工作音响，并观察各部件的工作状态。如果发现有不正常的声音或其他引起事故的现象，应立即停止柴油机工作。

## 活动 4.1.2　柴油机停机

【活动要点】：① 正常停机过程。

② 非正常停机过程。

③ 长时间停机注意事项。

**1. 正常情况的停机**

① 缓慢降低柴油机负载，待机油、冷却水温度降至 50～60 ℃。

② 柴油机再空转 1～2 min，然后断开机车控制开关。

③ 断开空气压缩机开关、起动发电机开关。

④ 断开燃油泵开关 4K，使柴油机停机。在冬季停机后，应注意保持油水温度不低于 20 ℃。

⑤ 非紧急情况下，不允许使用紧急停车按钮使柴油机停机。

**2. 非正常停机**

当柴油机保护装置动作，或在紧急情况下人为采取措施进行紧急停机时，应立即开动起动机油泵，向柴油机机油系统和增压器供油 1～2 min，以保证柴油机运动部件及增压器轴承有一定的润滑。

**3. 柴油机长时间不工作时的注意事项**

柴油机长时间不工作时，应将机油、冷却水放出，并将增压器排气道路的盖（烟囱活动盖）关闭，以防雨水和异物落入。

## 活动 4.1.3　柴油机转速试验

【活动要点】：试验步骤及要求。

柴油机起动后，按下列顺序及要求进行柴油机转速试验：

① 移动司机控制器主手柄，柴油机转速从 430 r/min 升到 1 000 r/min 的时间为 18～20 s。

② 柴油机转速从 1 000 r/min 降到 430 r/min 的时间为 15～18 s。

③ 升、降转速时，调速器波动不得超过 3 次。

④ 调速器无悠车现象，"0"位悠车不得超过 0.2 齿条刻线。

⑤ 调速器无抖动现象，抖动量不得超过 0.8 齿条刻线。

⑥ 油马达转动应灵活，不得有卡滞现象。"0"位时，油马达指针应在减载极限位；1 000 r/min 时，油马达指针应在增载极限位。

## 活动 4.1.4　联合调节器性能试验

【活动要点】：试验步骤及要求。

① 检查柴油机是否符合各项起动要求后，符合要求后按程序起动柴油机。

② 起动柴油机后检查油水管路、各表压力等是否正常。

③ 试验时机：在联合调节器进行检修或更换以后，必须进行性能试验。试验方法如下：

a）在将司机控制器主手柄由"0"位（或"1"位）直接提高到柴油机最高工作转速的过程中，柴油机不能出现转速"飞升"。

b）将柴油机从最高工作转速直接降到最低空转转速时，不应发生停机。

## 【考核评价】

### 1. 自我评价

① 自我考核：东风 $_{4B}$ 型内燃机车柴油机起动、停机、转速试验、联合调节器性能试验的操作方法描述。

② 自我评价（见表 4-1）。

表 4-1　自我评价（每项满分为 10 分）

| 序号 | 评价内容 | 得分 | 亮点 |
|---|---|---|---|
| 1 | 课前知识查阅、调研完成情况 | | |
| 2 | 课前、课中与人协作沟通表现 | | |
| 3 | 东风 $_{4B}$ 型内燃机车柴油机起动、停机、转速试验、联合调节器性能试验掌握情况 | | |
| 4 | 课前、课中学习态度表现 | | |

### 2. 小组评价（见表 4-2）

表 4-2　小组评价（每项满分为 10 分）

| 序号 | 评价内容 | 得分 | 亮点 |
|---|---|---|---|
| 1 | 课中学习态度表现 | | |
| 2 | 课前、课中与人协作沟通表现 | | |
| 3 | 东风 $_{4B}$ 型内燃机车柴油机起动、停机、转速试验、联合调节器性能试验掌握情况 | | |

**3. 教师评价（见表 4–3）**

表 4–3　教师评价（每项满分为 10 分）

| 序号 | 评价内容 | 得分 | 亮点 |
|---|---|---|---|
| 1 | 课前知识查阅、调研完成情况 | | |
| 2 | 课中参与及协作情况 | | |
| 3 | 掌握东风 $_{4B}$ 型内燃机车柴油机起动、停机、转速试验、联合调节器性能试验的效果 | | |

【教师建议】

在掌握东风 $_{4B}$ 型内燃机车柴油机试验的基础上，进一步探究其他直流传动内燃机车的柴油机试验，为以后从事相关工作打好基础。

# 任务 4.2　直流传动内燃机车柴油机常见故障处理（以东风 $_{4B}$ 型内燃机车为例）

【任务描述】

在实训教学中，需要提供一台东风 $_{4B}$ 型内燃机车。为了增强学生对直流传动内燃机车的直观感性认识，可将学生分成若干小组，以小组为单位，对照实物学习东风 $_{4B}$ 型内燃机车柴油机常见故障的表现，分析其原因，并对故障进行处理。

【学习目标】

| 知识目标 | 了解东风 $_{4B}$ 型内燃机车柴油机常见故障类型 |
|---|---|
| 能力目标 | 能根据柴油机的故障表现分析其原因，并对故障进行处理 |
| 素质目标 | 养成细致、认真的工作作风；养成独立分析问题的良好习惯；能够比较自如地与他人沟通、协作完成工作 |

## 活动 4.2.1 柴油机悠车的判断及其处理

【活动要点】：故障现象、原因分析及处理。

**1. 现象**

主手柄在某位不动时，柴油机转速波动超过 20 r/min。

**2. 原因**

① 联合调节器柱塞抗劲。

② 联合调节器匀速盘扭簧太软或变形。

③ 联合调节器补偿针阀松动。

④ 联合调节器油脏或油位过高、过低。

**3. 判断及处理**

① 若为原因①、②，可维持运行回段修理。

② 若为原因③，可松开补偿针阀堵，用螺丝刀进行调节。

③ 若为原因④，可更换新油或调整油位。

## 活动 4.2.2　柴油机冷却水温度过高的判断及处理

🔥 【活动要点】：故障现象、原因分析及处理。

**1. 现象**

运行中柴油机冷却水温度上升过快，WJ 动作，操纵台指示灯 2XD 亮。

**2. 原因**

① 冷却水系统水量不足或管系内有大量空气。

② 温度控制阀故障。

③ 冷却水泵故障。

④ 静液压系统故障。

⑤ 补水阀关闭。

**3. 判断及处理**

① 若为原因①，则检查膨胀水箱或打开排气阀排气，维持运行，到前方站停车补水。

② 检查大风扇，若不转或转动缓慢则为原因②，可人为调节温度控制阀故障螺钉。

③ 检查高低温水泵，若水泵故障则为原因③，可维持运行到前方站停车。

④ 检查冷却间的百叶窗，若未开放则为原因④，可维持运行到前方站停车。

⑤ 检查补水阀，若关闭则为原因⑤，应打开补水阀。

## 活动 4.2.3　甩掉柴油机故障气缸

🔥 【活动要点】：准备工作、甩缸方法及注意事项。

**1. 准备工作**

将柴油机停机或降到低转速。

**2. 工作方法**

① 将夹头体从齿条拨叉座内拔出（由于调整螺母已与夹头销相对固定成一体，因此只要用手抓住调整螺母向外拔就行）， 然后扭转 90°，通过锁销将夹头销子卡在夹头体的浅槽内（必要时用铁丝或穿销穿到定位孔中），使夹头体不能复位，以免与喷油泵齿条拨叉座相碰而发生柴油机飞车事故。

② 将故障缸供油齿条拨到停油位（右端）。

③ 用铁丝或绳索将故障缸供油齿条捆绑固定在停油位。

④ 开放示功阀或示功堵。

**3. 注意事项**

① 甩缸应尽量安排在停机后进行，禁止在柴油机高转速下甩缸。

② 加强机械间巡视，将夹头销及供油齿条固定在安全位置，且彼此不得接触，以免发生柴油机飞车事故。

③ 打开示功阀后，如果发现该缸喷油泵仍在向故障缸供油，可将高压油管螺母松开，用硬币或铜片堵住，再紧固螺母。

## 活动 4.2.4  柴油机"飞车"时的应急处理

🔥【活动要点】：故障原因、预防措施及应急处理方法。

**1. 原因**

① 运行中甩缸处理不当，造成个别气缸供油量不能减少。

② 柴油机高转速、高负荷工作时突然卸载。

③ 气缸供油拉杆或齿条犯卡。

④ 联合调节器故障。

**2. 预防措施**

① 经常检查柴油机供油拉杆及各气缸供油齿条的动作是否灵活，当发现有卡滞现象时，须在应急处理后才能起动柴油机。

② 运行中因处理故障进行甩缸时，应在站内停车后或柴油机空载时按甩缸的规定程序进行。甩缸后的运行中，加强对机械间的巡视。当提回主手柄时，应密切监视柴油机转速表的升降是否正常。

③ 运行中，遇主手柄回"0"位，柴油机转速不但不下降反而上升时，应立即将主手柄提起，并断开 4K，使燃油泵停止工作，以加载来稳定转速，并判断原因。

**3. 应急处理方法**

发现柴油机"飞车"时，应尽快停止柴油机工作。当紧急停机按钮不能使柴油机停机时，应迅速关断燃油输送止阀，开放燃油精滤器放气阀，泄掉燃油剩余压力，迫使柴油机尽快停机。停机后应立即判明原因。如已造成柴油机"飞车"，还要及时判明危害程度。

## 活动 4.2.5  运行中差示压力计 CS 动作后的检查处理

🔥【活动要点】：故障现象、原因分析及处理。

**1. 现象**

柴油机突然停机，操纵台差示压力指示灯 1XD 亮。

**2. 原因**

柴油机曲轴箱超压或差示压力计 CS 误动作。

**3. 处理**

柴油机停机后，检查差示压力计 CS 导电液和曲轴箱防爆阀。若发现差示压力计 CS 导电液溢出较多或曲轴箱防爆阀周围有油渍，则不能盲目打开曲轴箱检查孔盖或起动柴油机。若差示压力计 CS 导电液液面正常、柴油机无异状，则为差示压力计 CS 误动作，可断开 4K 解锁后重新起机。

## 活动 4.2.6　运行中柴油机突然停机的判断及处理

🔥【活动要点】：故障现象、原因分析及处理。

**1. 现象**

柴油机突然停机，操纵台指示灯正常。

**2. 原因**

① 超速停车装置动作。

② 燃油泵故障或燃油管路中进入大量空气。

③ 柴油机严重过载。

④ 电磁联锁 DLS 故障。

⑤ 无级调速联合调节器最低转速止钉脱落。

⑥ 柴油机主机油泵故障。

**3. 判断及处理**

① 柴油机工作在高转速时突然停机，为原因①或④。检查超速停车装置，若该装置动作，则应恢复复位手柄。

② 柴油机工作在中转速时突然停机，为原因②、④或⑥。若为原因②，可打开燃油精滤器上的排气阀排气；若为原因④，可人为顶电磁联锁 DLS 后起机，运行中密切注意机油压力表；若为原因⑥，则请求救援，严禁重新起机。

③ 柴油机工作在低转速时突然停机，为原因③或⑤。若为原因③，可重新起机，降低负载；若为原因⑤，可重新起机，柴油机发火后立即将主手柄置"保"位，维持运行。

## 活动 4.2.7　柴油机运用中，膨胀水箱涨水的判断及处理

🔥【活动要点】：故障现象、原因分析及处理。

**1. 现象**

运行中膨胀水箱水位上升或翻水。

**2. 原因**

① WJ 故障，冷却水温高于规定值后不动作。

② 气缸漏气，燃气窜入水系统。

**3. 判断及处理**

① 检查油水温度表，若超过动作值则为原因①，此时可按活动 4.2.2 的方法处理。

② 逐一甩缸并打开示功阀，检查水箱水位。若甩到某缸后涨水现象消失，则可甩掉该缸并打开示功阀，维持运行。

## 活动 4.2.8　柴油机排气阀横臂脱槽和导杆折断的判断及处理

◆【活动要点】：故障现象、原因分析及处理。

**1. 现象**

故障气缸发出严重敲缸声音，时间稍长排气支管、总管发红，增压器喘振。高手柄加载运行时柴油机转速只能上升至 750 r/min 左右。

**2. 原因**

排气阀横臂脱槽和导杆折断后，排气阀不能开放，废气不能排出气缸，造成废气向稳压箱逆窜。

**3. 判断及处理**

先小开机械间门，辨别哪一侧发出敲缸声。再检查缸盖垫，看是否有漏油冒气的气缸。运行中可依次打开示功阀，排出浓烟的气缸为故障缸，找出故障气缸后按下列方法处理：

① 甩掉故障气缸。

② 在站停车后，停机打开气缸盖，松下摇臂安装螺栓，取出整个摇臂、横臂及挺杆。

③ 盖好气缸盖并紧固。

④ 重新起机，打开被甩缸的示功阀。如遇该示功阀不断喷出燃油，应该用铜片堵塞该缸高压油管。

⑤ 运行中应加强机械间的检查，注意被甩气缸供油齿条及夹头销的状态，防止柴油机"飞车"。

## 活动 4.2.9　柴油机进气阀横臂脱槽和导杆折断的判断及处理

◆【活动要点】：故障现象、原因分析及处理。

**1. 现象**

故障气缸发出严重敲缸声音，时间稍长则排气支管及总管发红；增压器烟筒冒黑烟，严重时冒火团加黑烟；柴油机转速下降至 20～30 r/min。

**2. 原因**

进气阀横臂脱槽和导杆折断后，进气阀不能开放，新鲜空气不能充入气缸，上一工作循环的废气不能被全部排除，影响该缸的正常工作。

**3. 判断及处理**

先小开机械间门，辨别哪一侧发出敲缸声。再检查缸盖垫，看是否有漏油冒气的气缸。运行中可依次打开示功阀，排出浓烟的气缸为故障缸，找出故障气缸后按下列方法处理：

① 甩掉故障气缸。

② 在站停车后，停机打开气缸盖，松下摇臂安装螺栓，取出整个摇臂、横臂及挺杆。

③ 盖好气缸盖并紧固。

④ 重新起机，打开被甩气缸的示功阀。如遇该示功阀不断喷出燃油，应用铜片堵塞该缸高压油管。

⑤ 运行中应加强机械间的检查，注意被甩气缸供油齿条及夹头销的状态，防止柴油机"飞车"。

## 【考核评价】

### 1. 自我评价

① 自我考核：东风 $_{4B}$ 型内燃机车柴油机常见故障的分析、处理方法描述。

② 自我评价（见表 4-4）。

表 4-4　自我评价（每项满分为 10 分）

| 序号 | 评价内容 | 得分 | 亮点 |
|---|---|---|---|
| 1 | 课前知识查阅、调研完成情况 | | |
| 2 | 课前、课中与人协作沟通表现 | | |
| 3 | 东风 $_{4B}$ 型内燃机车柴油机常见故障处理方法掌握情况 | | |
| 4 | 课前、课中学习态度表现 | | |

### 2. 小组评价（见表 4-5）

表 4-5　小组评价（每项满分为 10 分）

| 序号 | 评价内容 | 得分 | 亮点 |
|---|---|---|---|
| 1 | 课中学习态度表现 | | |
| 2 | 课前、课中与人协作沟通表现 | | |
| 3 | 东风 $_{4B}$ 型内燃机车柴油机常见故障处理方法掌握情况 | | |

### 3. 教师评价（见表 4-6）

表 4-6　教师评价（每项满分为 10 分）

| 序号 | 评价内容 | 得分 | 亮点 |
|---|---|---|---|
| 1 | 课前知识查阅、调研完成情况 | | |
| 2 | 课中参与及协作情况 | | |
| 3 | 掌握东风 $_{4B}$ 型内燃机车柴油机常见故障处理方法的效果 | | |

## 【教师建议】

在掌握东风 $_{4B}$ 型内燃机车柴油机常见故障处理方法的基础上，进一步探究其他直流传动内燃机车的柴油机常见故障处理方法，为今后从事相关工作打好基础。

# 任务 4.3　交流传动内燃机车柴油机试验
# （以 HX$_N$5 型内燃机车为例）

## 【任务描述】

在实训教学中，需要提供一台 HX$_N$5 型内燃机车。为了增强学生对交流传动内燃机车的直观感性认识，可将学生分成若干小组，以小组为单位，按照规定程序正确操纵柴油机起机、停机，并根据操作过程展开针对性的讨论。

## 【学习目标】

| 知识目标 | 了解 HX$_N$5 型内燃机车柴油机试验的内容 |
| --- | --- |
| 能力目标 | 能正确操纵 HX$_N$5 型内燃机车柴油机起动、停机 |
| 素质目标 | 养成细致、认真的工作作风；养成独立分析问题的良好习惯；能够比较自如地与他人沟通、协作完成工作 |

## 活动 4.3.1　起动柴油机

【活动要点】：柴油机起机步骤及要求。

① 自阀置重联位，单阀置全制动位。

② 换向手柄从中间位取出，主手柄置"0"位。

③ 确认司机室主、副操纵台下方的主发励磁断路器处于断开位，电阻制动断路器处于断开位。

④ 将柴油机控制开关（ECP）置起动位。

⑤ 闭合柴油机控制面板下方的蓄电池闸刀。

⑥ 闭合多功能断路器（MTB）、燃油泵断路器（FPD）、燃油箱监视器断路器（FTB）、本务机控制断路器（LCCB）、蓄电池充电及计算机断路器（BCCB）。

⑦ 确认司机室三台显示屏完全起动。

⑧ 按压柴油机起动按钮 1 s 后松开，等待柴油机起动。

⑨ 起机后检查机油油位和水位。

## 活动 4.3.2　柴油机停机

【活动要点】：柴油机停机步骤及要求。

① 停机前先将自阀手柄移至重联位，插入定位销。将单阀手柄置全制动位。

② 换向手柄居中，将主手柄置"0"位，断开使用操纵台的主发励磁、电阻制动开关。

③ 将柴油机控制开关 EC 移至起动位，按压柴油机停机按钮 1 s。

④ 待智能显示器上显示柴油机转速为零后，断开柴油机控制面板上的"蓄电池充电及计算机断路器"（BCCB），等待三台显示器完全关闭，左下角绿灯熄灭。

⑤ 断开柴油机控制面板上的多功能断路器（MTB）。

⑥ 断开本务机控制断路器（LCCB）。

⑦ 断开燃油泵断路器（FPB）。

⑧ 断开电空制动断路器（ABCB）。

⑨ 断开蓄电池闸刀。

## 【考核评价】

### 1. 自我评价

① 自我考核：$HX_N5$ 型内燃机车柴油机起动、停机操作方法描述。

② 自我评价（见表 4-7）。

表 4-7  自我评价（每项满分为 10 分）

| 序号 | 评价内容 | 得分 | 亮点 |
| --- | --- | --- | --- |
| 1 | 课前知识查阅、调研完成情况 | | |
| 2 | 课前、课中与人协作沟通表现 | | |
| 3 | $HX_N5$ 型内燃机车柴油机起动、停机操作方法掌握情况 | | |
| 4 | 课前、课中学习态度表现 | | |

### 2. 小组评价（见表 4-8）

表 4-8  小组评价（每项满分为 10 分）

| 序号 | 评价内容 | 得分 | 亮点 |
| --- | --- | --- | --- |
| 1 | 课中学习态度表现 | | |
| 2 | 课前、课中与人协作沟通表现 | | |
| 3 | $HX_N5$ 型内燃机车柴油机起动、停机操作方法掌握情况 | | |

### 3. 教师评价（见表 4-9）

表 4-9  教师评价（每项满分为 10 分）

| 序号 | 评价内容 | 得分 | 亮点 |
| --- | --- | --- | --- |
| 1 | 课前知识查阅、调研完成情况 | | |
| 2 | 课中参与及协作情况 | | |
| 3 | 掌握 $HX_N5$ 型内燃机车柴油机起动、停机操作方法的效果 | | |

【教师建议】

在掌握 HX$_N$5 型内燃机车柴油机试验的基础上，进一步探究其他交流传动内燃机车的柴油机试验，为今后从事相关工作打好基础。

# 任务 4.4　交流传动内燃机车柴油机常见故障处理
## （以 HX$_N$5 型内燃机车为例）

【任务描述】

在实训教学中，需要提供一台 HX$_N$5 型内燃机车。为了增强学生对内燃机车的直观感性认识，可将学生分成若干小组，以小组为单位，对照实物学习 HX$_N$5 型内燃机车柴油机常见故障的表现，分析其原因，并对故障进行处理。

【学习目标】

| 知识目标 | 了解 HX$_N$5 型内燃机车柴油机常见故障的类型 |
|---|---|
| 能力目标 | 能根据柴油机的故障表现分析其原因，并对故障进行处理 |
| 素质目标 | 养成细致、认真的工作作风；养成独立分析问题的良好习惯；能够比较自如地与他人沟通、协作完成工作 |

## 活动 4.4.1　HX$_N$5 型内燃机车油水温度过高的判断及处理

【活动要点】：故障现象、原因分析及处理。

**1. 现象**

显示器提示机车油温或水温高，机车功率不足或受限。

**2. 原因**

① 散热器百叶窗电磁阀故障或塞门关闭，百叶窗不能开放。

② 传感器故障。

③ 机油热交换器冷却效果差或热交换器内有空气。

④ 冷却水泵故障。

⑤ 散热器冷却效果差。

⑥ 柴油机控制单元 ECU 故障。

**3. 处理方法**

根据检查结果，更换不良部件。

## 活动 4.4.2　HX$_N$5 型内燃机车柴油机高压油管漏油的判断及处理

⬥【活动要点】：故障现象、原因分析及处理。

**1. 现象**

① 高压油管与喷油泵连接处漏油。

② 高压油管与导管连接帽处漏油。

③ 高压油管安装座处漏油。

**2. 判断处理方法**

① 对于现象①，检查高压油管与喷油泵连接螺帽的紧固状态，如果连接螺帽无松缓，则检查喷油泵体螺纹状态，螺纹不良则更换喷油泵，但不得只更换密封胶圈。

② 对于现象②，检查高压油管与导管连接帽紧固力矩，如果松动，则必须更换高压油管。

③ 对于现象③，检查高压油管与导管连接帽的紧固力矩，更换高压油管及喷油器，喷油器下车后检查喷油器与导管密封面是否有拉伤及裂纹。

## 活动 4.4.3　HX$_N$5 型内燃机车燃油、机油、冷却水互窜的判断及处理

⬥【活动要点】：故障现象、原因分析及处理。

**1. 现象**

① 水箱有油。

② 燃油箱有水。

③ 油底壳内有水。

**2. 判断方法**

① 检查气缸盖喷油器水腔套密封胶圈是否破损，压块螺丝是否松动。

② 打压检查燃油预热器是否裂漏。

③ 打压检查机油热交换器是否裂漏。

**3. 处理方法**

① 若发现喷油器压块螺丝松动，则将喷油器水腔套拆下，更换水腔套密封胶圈。

② 若打压检查发现燃油预热器裂漏，则更换。

③ 若打压检查发现机油热交换器裂漏，则更换。

## 活动 4.4.4　HX$_N$5 型内燃机车气缸盖垫处漏水、漏油的判断及处理

⬥【活动要点】：故障现象、原因分析及处理。

**1. 现象**

气缸盖垫片处漏水、漏油。

**2. 判断方法**

① 气缸盖与加强套间密封垫处漏水或漏燃油时，说明喷油器或套管铜垫烧损，造成高温燃气上窜，将喷油器及套筒密封圈呲坏，冷却水自喷油器回油管进入燃油箱，自喷油器端部经燃烧室进入油底壳。当气缸盖垫燃油回油孔胶圈呲坏时，冷却水、燃油通过气缸盖垫处泄漏。

② 气缸盖处漏机油或漏燃油时，说明气缸盖垫机油进油管胶圈或挺杆腔胶圈破损，造成机油外漏。

**3. 处理方法**

将气缸盖分解，更换气缸盖与加强套件密封垫片。

## 活动 4.4.5　HX$_N$5 型内燃机车柴油机敲缸的判断及处理

🔥【活动要点】：故障现象、原因分析及处理。

**1. 现象**

柴油机发出异常声响。

**2. 判断方法**

通过拆下喷油泵电磁阀接线的甩缸方法，确认是哪一个缸发生了敲缸故障。当喷油器压块螺丝松动或折损时，一般伴随发生气缸盖热处漏油现象；当波纹管破裂时，通过外观检查即可发现；当示功堵松动时，将会有燃气喷出。当气门或配气机构发生故障时，一般同时会发生摇臂、箱盖破损漏油现象。

**3. 处理方法**

根据检查结果，更换相应部件。

## 活动 4.4.6　HX$_N$5 型内燃机车燃油箱通气孔冒燃气的判断及处理

🔥【活动要点】：故障现象、原因分析及处理。

**1. 现象**

燃油箱通气孔冒燃气。

**2. 判断方法**

燃油箱通气孔冒燃气的原因为喷油器座孔密封铜垫破损，造成燃气通过燃油回油管进入燃油箱，从通气孔冒出。机车左侧燃油箱通气孔冒燃气为柴油机左侧某缸喷油器密封铜垫破损，逐缸拆开喷油器回油管接头，当发现某缸有燃气排出时，说明该缸故障。或用点温仪测量喷油器回油管空心螺钉温度，若某缸温度较其他缸明显偏高，则说明该缸故障。

**3. 处理方法**

根据检查结果，将故障喷油器拆下后更换密封铜垫。

## 活动 4.4.7　HX$_N$5 型内燃机车燃油压力低的判断及处理

◆【活动要点】：故障现象、原因分析及处理。

**1. 现象**

机车功率受限或停机。

**2. 判断方法**

① 检查燃油泵是否转动。

② 检查燃油管路有无泄漏处。

③ 开放燃油精滤器放气阀，检查有无空气排出。

④ 调整燃油压力调节阀，确认能否将压力调整至 620 kPa。

⑤ 拆解燃油粗、精滤清器，检查滤芯是否破损和堵塞。

⑥ 拆解 AMOT 阀，检查阀杆焊点是否开焊。

**3. 处理方法**

根据检查结果，更换不良部件。

## 活动 4.4.8　HX$_N$5 型内燃机车燃油箱温度低的判断及处理

◆【活动要点】：故障现象、原因分析及处理。

**1. 现象**

冬季燃油低烧，测量燃油箱温度，若低于 10 ℃，则视为燃油箱温度低。

**2. 判断方法**

① 检查燃油系统冬夏季转换阀位置是否正确。

② 拆下燃油加热器，检查是否堵塞，导致燃油回油温度低。

③ 检查燃油温度调节阀是否故障。

④ 调查机车是否长时间惰转运行，燃油回油量偏少。

**3. 处理方法**

根据检查结果，更换不良部件。

## 活动 4.4.9　HX$_N$5 型内燃机车机油稀释的处理方法

◆【活动要点】：故障现象、原因分析及处理。

**1. 现象**

机油运动黏度低于 12.5 m$^2$/s。

**2. 判断方法**

① 喷油器掉块，燃油从气缸壁流入油底壳。

② 喷油泵密封胶圈破损，燃油流入油底壳。

**3. 处理方法**

① 逐缸拆解喷油器检查，若发现掉块则更换。

② 逐缸拆解喷油泵，更换破损密封胶圈。

## 活动 4.4.10　HX$_N$5 型内燃机车膨胀水箱水表起机和停机时水位不变化的处理方法

🔥【活动要点】：故障现象、原因分析及处理。

**1. 现象**

膨胀水箱水表起机和停机时水位不变化。

**2. 判断方法**

膨胀水箱起机后，水位应下降到惰转位满水位和最低水位之间，如果水位不发生变化，说明水表下部的进水孔被水垢或悬浮物堵塞。

**3. 处理方法**

放水后将水表拆下，清洗水表和进水孔，不得盲目认为水多而进行放水处理，因为盲目放水会导致水系统缺水，造成低水压报警。

## 活动 4.4.11　HX$_N$5 型内燃机车柴油机水系统缺水的处理方法

🔥【活动要点】：故障现象、原因分析及处理。

**1. 现象**

机车到段后，每次都进行补水。

**2. 判断方法**

① 检查柴油机机体稳压箱下方工艺堵是否泄漏。

② 检查水泵水封是否泄漏。

③ 检查散热器或散热器水管法兰是否漏水。

④ 检查水系统自动排水阀是否漏水。

**3. 处理方法**

根据检查结果，更换不良部件。

## 活动 4.4.12　HX$_N$5 型内燃机车柴油机单侧增压器蹿火的处理方法

🔥【活动要点】：故障现象、原因分析及处理。

**1. 现象**

柴油机加载 6 挡以上，单侧增压器蹿火。

**2. 判断方法**

① 逐个甩缸，查找是否某缸喷油器雾化不良。

② 将喷油泵电磁阀接线拆下，手触高压油管检查各缸，若发现某油管有脉冲，则说明相应喷油泵故障。

**3. 处理方法**

根据检查结果，更换不良部件。

## 活动 4.4.13　$HX_N5$ 型内燃机车增压器故障检查处理方法

🔥【**活动要点**】：故障现象、原因分析及处理。

**1. 现象**

① COP（曲轴箱压力）超高造成报警。

② 发生任何与增压器有关的故障报警（如增压器温度/压力/转速等）。

③ 出现润滑油低油压报警。

④ 发现润滑油中混入水或柴油。

⑤ 润滑油中金属含量超出允许范围。

**2. 判断方法**

① 将柴油机进气滤清器门打开。

② 抽出第 2～5 位的袋式滤清器。

③ 用强光手电从下部向里侧观看，可以清晰地看到大部分压气机轮，即可查明压气端是否异常。

④ 若发现增压器扫膛，或轻微扫膛无法判断时，拆掉该机车上增压器空气进气端橡胶管件，检查压气机叶轮有无扫膛的痕迹，同时检查所有叶片是否完好无损。用手转动转子轴并检查轴系是否运转正常，有无异常声音。如果转动不灵活，或有异常响声，需更换增压器。同时对整个进气道进行检查，确保没有任何异物停留在增压器进气端橡胶管内。

**3. 处理方法**

① 当怀疑或确认机车上其中一台增压器有压气机端外物撞击所致的损坏时，需立即检查该机车上的另外一台增压器的压气机叶轮是否完好，并手动转动转子系统检查转子系统是否运转良好，有无异常响声，如果有异响则需更换新的增压器。同时检查进气道空气过滤器有无损坏、有无异物、有无损坏后的增压器零件碎片，如果有则需彻底清理整个进气道和空气过滤器。

② 任何原因造成的严重的增压器压气机叶轮或壳体的损坏，均需同时检查同机车上的另外一台增压器是否损坏，并检查和清理整个进气道（包括空气滤清器），同时检查废气总管是否有异物痕迹，清理增压器零件碎片，防止碎片停留在进气道内造成新的增压器损坏。

③ 因任何原因更换空气滤清器时，应彻底检查整个进气道有无异物进入或撞击、焊接连接是否完好、螺栓连接是否完好。如有异物进入或存在焊接及螺栓连接问题，应及时清理、解决，并检查增压器。

④ 当检查增压器和更换空气过滤器时，应防止任何外物进入或留在进气道内。

⑤ 当柴油机发生任何与动力总成、进排气阀、排气管有关的零件损坏时，在进行压气机叶轮和转轴检查的同时，还需检查柴油机所有排气管路和两台增压器的废气进气端有无损坏和被撞击的痕迹。

## 【考核评价】

### 1. 自我评价

① 自我考核：$HX_N5$ 型内燃机车柴油机常见故障原因分析及处理方法描述。

② 自我评价（见表 4-10）。

表 4-10　自我评价（每项满分为 10 分）

| 序号 | 评价内容 | 得分 | 亮点 |
|---|---|---|---|
| 1 | 课前知识查阅、调研完成情况 | | |
| 2 | 课前、课中与人协作沟通表现 | | |
| 3 | $HX_N5$ 型内燃机车柴油机常见故障处理方法掌握情况 | | |
| 4 | 课前、课中学习态度表现 | | |

### 2. 小组评价（见表 4-11）

表 4-11　小组评价（每项满分为 10 分）

| 序号 | 评价内容 | 得分 | 亮点 |
|---|---|---|---|
| 1 | 课中学习态度表现 | | |
| 2 | 课前、课中与人协作沟通表现 | | |
| 3 | $HX_N5$ 型内燃机车柴油机常见故障处理方法掌握情况 | | |

### 3. 教师评价（见表 4-12）

表 4-12　教师评价（每项满分为 10 分）

| 序号 | 评价内容 | 得分 | 亮点 |
|---|---|---|---|
| 1 | 课前知识查阅、调研完成情况 | | |
| 2 | 课中参与及协作情况 | | |
| 3 | 掌握 $HX_N5$ 型内燃机车柴油机常见故障处理方法的效果 | | |

## 【教师建议】

在掌握 $HX_N5$ 型内燃机车柴油机常见故障处理方法的基础上，进一步探究其他交流传动内燃机车的柴油机常见故障处理方法，为今后从事相关工作打好基础。

# 项目 5

# 内燃机车整备作业技能训练

## 任务 5.1  直流传动内燃机车整备作业技能训练（以东风 $_{4B}$、东风 $_{7C}$ 型内燃机车为例）

### 【任务描述】

在实训教学中，需要提供东风 $_{4B}$、东风 $_{7C}$ 型内燃机车各一辆。为了增强学生对直流传动内燃机车的直观感性认识，可将学生分成若干小组，以小组为单位，学习直流传动内燃机车整备作业，通过实践掌握各作业环节的工作重点，顺利完成整备作业。

### 【学习目标】

| 知识目标 | 了解直流传动内燃机车整备作业的内容 |
| --- | --- |
| 能力目标 | 能按规定程序完成十项整备作业，能正确使用水阀及水堵 |
| 素质目标 | 树立良好的职业道德，养成规范化、标准化的工作作风，培养学生的互控型班组建设意识，协作完成乘务工作 |

## 活动 5.1.1  抱轴油盒加油

⬤ 【活动要点】：抱轴油盒加油的操作步骤及要求。

**1. 专业知识引导**

① 抱轴油盒内使用的润滑油为通用轴油。日常运用时，要使用规定牌号的轴油，禁止使用其他油类。

② 正常运用时，油位应在油尺的上下两刻线之间。若油位过高，会出现抱轴瓦漏油；若油位过低，则润滑得不到保证，易导致抱轴瓦碾片或烧损。

**2. 使用的工具及材料**

轴油及干净棉丝。

**3. 操作技能**

① 检查抱轴油盒是否裂漏，加油口盖是否紧固、严密。

② 检查所用轴油是否符合规定。

③ 松开并卸下抱轴油盒加油口盖，并用干净棉丝擦干净注油口。

④ 加油量应在油标尺的上下刻度之间。

⑤ 检查抱轮油盒排污堵是否紧固。

⑥ 检查两侧抱轴瓦有无烧损、碾片和黑油现象。

⑦ 加油完毕后盖好并紧固加油口盖。

## 活动 5.1.2　机车上水及放水时各阀的使用

【活动要点】：各阀的位置及使用要求。

**1. 专业知识引导**

熟悉各阀的位置。

**2. 使用的工具及材料**

劳保手套以及 19 mm、22 mm 开口扳手。

**3. 操作技能**

1）上水

① 柴油机停机。

② 检查所上水是否符合机车用水要求，并接好上水管。

③ 机车上水前，打开上水阀堵，开放高、低温水系统上（排）水阀。

④ 机车上水时，检查膨胀水箱是否达到规定水位。

⑤ 上水完毕后，关闭所有开放阀，拆除上水管。

2）放水

① 机车放水时，开放高、低温水系统上（排）水阀，开放高温散热器联络管排水阀，开放中冷水管放水阀（机油热变换器前）、开放机油热变换器排气阀。开放中冷水管放水阀。

② 放水完毕后，关闭各阀。

## 活动 5.1.3　机车长期停留或无火回送放水时，各水阀、水堵的使用

【活动要点】：各阀的位置及使用要求。

**1. 专业知识引导**

熟悉各阀的位置。

**2. 使用的工具及材料**

劳保手套以及 19 mm、22 mm 开口扳手。

### 3. 操作技能

1）开放下列各阀

① 高、低温水系统上水阀。

② 高、低温水系统出水阀或回水阀。

③ 高温散热器放水阀或排气阀。

④ 低温散热器排气阀。

⑤ 预热锅炉放水阀。

⑥ 司机室暖气来水阀或放水阀。

⑦ 司机室暖风机放水（气）阀。

⑧ 司机室暖气来水阀、放水阀。

⑨ 司机室暖气回水放水阀。

⑩ 司机室暖气回水管放水阀或回水阀。

⑪ 燃油预热器加热阀。

⑫ 机油热交换器及其水管的放水阀。

⑬ 静液压油热交换器回水管放水阀。

⑭ 膨胀水箱水表止阀排水阀（4 个无号阀）。

⑮ 空气稳压箱排污（油）阀（1 个无号阀）。

⑯ 机油热交换器的 27 号排气阀。

2）拆下下列各排水阀（堵）

① 高、低温水泵堵各 1 个。

② 预热锅炉水泵体堵 1 个。

③ 中冷器输出端堵 1 个，出水管堵 1 个。

④ 低温散热器连接管左、右堵各 1 个。

⑤ 前、后增压器堵各 1 个。

⑥ 高温水泵出水管堵 1 个（去左侧水管）。

⑦ 燃油预热器体堵 1 个。

## 活动 5.1.4　起动预热锅炉

◆ 【活动要点】：起动预热锅炉的操作步骤及要求。

### 1. 专业知识引导

预热锅炉位于动力室内，靠近冷却室与动力室的隔墙。应熟悉预热锅炉水泵、燃油泵的位置及各阀的位置。

### 2. 使用的工具及材料

劳保手套以及 19 mm、22 mm 开口扳手。

### 3. 工作程序

1）起动前的准备工作

① 排污。打开排污阀放出污物，再关闭该阀。

② 打开进出水阀。

③ 串联使用时，打开串联截止阀，关闭并联截止阀。并联使用时，打开并联截止阀，关闭串联截止阀。

④ 上水。检查锅炉水表，应在满水位。对于长期停用的锅炉，应先起动水泵，检查水泵是否能正常工作。

⑤ 上油。打开截止阀、放气阀，起动柴油机的燃油泵，将油箱上满燃油后关闭截止阀，再打开供油阀。

2）起动程序

① 闭合万能转换开关 1YK，选择供电电源（通常采用机车内蓄电池为电源，当使用地面交流电源时，通过电源插销 YZK 接 220V 交流电，经自耦变压器 YB、整流器 YZD1～YZD4 整流获得 110 V 直流电）。

② 闭合万能转换开关 2YK，机油泵电动机 HD 和水泵电动机 YSDX 工作，油、水开始循环。

③ 闭合万能转换开关 3YK，风机电动机 YFD 工作，鼓风机运转。

④ 闭合万能转换开关 4YK，燃油泵电动机 YRD 工作，向预热锅炉供给燃油。建立油压后，通过喷嘴向炉膛喷射雾化的燃油。

⑤ 按下起动按钮 YHA，电子火炬发生器 YDH 有电火花将雾状燃油点燃，起动工作即告完成。

3）注意事项

① 电子火炬发生器只允许间歇使用，每次按下起动按钮 YHA，持续时间不应超过 10 s，如连续点火未成，应找出故障，处理后再起动。

② 正常运用时，水位必须达到水表的最高处。若水位不上升，应立即停炉。

③ 调节水温。可以用并联截止阀的开度来调节两个水系统的预热情况。

④ 观察排烟情况。用调节鼓风机供风量的方法使锅炉工作状态保持良好。

⑤ 锅炉工作时，必须关闭离心精滤器来油阀，切断机油离开精滤器的通路，起动柴油机时再打开。

⑥ 放气阀在锅炉工作状态时必须打开。

## 活动 5.1.5　燃油预热时水阀的使用

🔥 【活动要点】：燃油预热来水阀的位置及操作要求。

**1. 专业知识引导**

燃油预热时，使用的是高温水系统从冷却水泵泵出的高压水。冷却完气缸、气缸盖、增压器后的热水，进入燃油预热系统，进行燃油预热。

**2. 使用的工具及材料**

劳保手套以及 19 mm、22 mm 开口扳手。

**3. 操作技能**

① 柴油机停机，检查燃油循环预热系统各管路止阀及热交换器，应严密、无泄漏，作用良好。

② 开放燃油预热器来水阀。

## 活动 5.1.6　司机室取暖时各水阀的使用

◆【活动要点】：司机室取暖时水阀的操作要点及要求。

**1. 专业知识引导**

熟悉司机室暖气来水阀、司机室暖气回水阀、司机室暖气来水管放水阀、司机室暖气管放水阀、司机室暖气回水管放水阀的位置。

**2. 使用的工具及材料**

劳保手套以及 19 mm、22 mm 开口扳手。

**3. 操作技能**

1）开放下列各水阀

① Ⅰ端司机室暖气来水阀。

② Ⅰ端司机室暖气回水阀。

2）关闭下列各水阀

① Ⅱ端司机室暖气来水管放水阀。

② 司机室暖气管放水阀。

③ 司机室暖气回水管放水阀。

完成以上工作后，检查取暖器各管路是否泄漏，膨胀水箱水位是否下降。

## 活动 5.1.7　更换联合调节器工作油

◆【活动要点】：更换联合调节器工作油的操作步骤及要求。

**1. 专业知识引导**

联合调节器工作油为 20# 航空机油，以下简称工作油。加油口设在盖罩顶部，并设滤网。中间体侧面设有油位表，油位应在中刻线上下 1～2 mm 处，油池位于中间体下部。

**2. 使用的工具及材料**

清洁、干净工作油，干净绸布，清洁柴油及 1 把 17 mm 开口扳手。

**3. 操作技能**

① 柴油机停机后，用 17 mm 开口扳手立即取下联合调节器中间体下部的放油堵，放出全部工作油。

② 从加油口注入清洁柴油，加到标定油位。

③ 起动柴油机，在最低转速下运转 3～5 min，然后停机，放出柴油。

④ 注入新工作油，加到标定油位。

⑤ 再起动柴油机，在最低转速下运转 3～5 min，然后停机，放出工作油。

⑥ 再注入新工作油，加到标定油位。

**注意**：往联合调节器内加入工作油或清洗用柴油时，均须用干净绸布过滤，并经加油口滤网慢慢加入联合调节器内。

## 活动 5.1.8　柴油机起动时排出冷却水系统中的空气

**【活动要点】：** 柴油机起动时排出冷却水系统中的空气的操作步骤及要求。

**1. 专业知识引导**

柴油机起动时，冷却水系统中若有空气，因水泵工作时水具有一定压力，所以管路中的空气会受到挤压，使空气的容积越来越小，压力越来越高，严重时会影响水在管路中的正常流动，故需要排出冷却水系统的空气。

**2. 使用的工具及材料**

劳保手套以及 19 mm、22 mm 开口扳手。

**3. 操作技能**

① 起动柴油机，检查并判断冷却水系统中是否有空气。

② 有空气时，应开放高温散热器排气阀以及低温散热器排气阀。

③ 开放上述两阀后，会从排气阀中排出空气，直至各排气阀排出水为止。

④ 排气完毕后关闭各排气阀。

**注意：** 在排气时，要注意安全，作业者必须在安全位置，防止烫伤。

## 活动 5.1.9　静液压油箱加油

**【活动要点】：** 静液压油箱加油的操作步骤及要求。

**1. 专业知识引导**

东风 $_{4B}$ 型内燃机车冷却风扇采用静液压驱动，风扇的转速能根据柴油机的冷却要求自动地进行无级变速，而且调速范围大。如果静液压油箱油量减少，会影响静液压系统的工作效率，从而影响风扇的转速。

**2. 使用的工具及材料**

12 英寸管钳一把，四代机油 5 L 以上

**3. 操作技能**

① 检查拟用油与柴油机所用油是否为同一牌号。

② 松开并卸下加油口盖，并将其放置在安全位置。

③ 柴油机在停机状态下加油时，不能一次向系统内注满油，需要甩车数次，直到油箱显示的油位稳定在规定刻度范围内。

④ 柴油机在运转状态下加油时，油箱的显示油位应在规定刻度范围内。

⑤ 加油完毕后，紧固加油口盖。

## 活动 5.1.10　风扇耦合器加油

**【活动要点】：** 风扇耦合器加油的步骤及要求。

**1. 专业知识引导**

东风$_{7C}$型内燃机车冷却风扇采用耦合器驱动。耦合器驱动能满足大功率内燃机车对风扇转速的要求，能有效实现风扇的无级变速。冷却风扇的液力耦合器驱动装置由风扇耦合器及其控制系统、管路和附件组成。通过调节风扇耦合器内的油量，可在很大范围内调整涡轮的转速，也就是调整风扇的转速。往耦合器内充油时，涡轮的转速较泵轮转速仅小 1%～3%，如果减少耦合器内的油量，会使风扇转速降低，进而影响冷却效果。所以风扇耦合器油量的多少至关重要。

**2. 使用的工具及材料**

18 英寸管钳、检查锤及干净棉纱。

**3. 操作技能**

① 加油时，可通过插接塞门用外接油泵泵入或从箱体上部的 M24×2 螺孔中注入，也可以从通气孔处加入。

② 加油前，检查拟用油是否符合规定要求。

③ 耦合器油位应在油表的两刻线之间，不宜过满。

④ 检查耦合器有无裂漏痕迹。

⑤ 加油完毕后，紧固加油口盖。

【考核评价】

**1. 自我评价**

① 自我考核：东风$_{4B}$、东风$_{7C}$型内燃机车相同内容的整备作业描述，两机型不同内容的整备作业描述；东风$_{4B}$型内燃机车静液压油箱加油方法描述；东风$_{7C}$型内燃机车风扇耦合器加油方法描述。

② 自我评价（见表 5-1）。

表 5-1　自我评价（每项满分为 10 分）

| 序号 | 评价内容 | 得分 | 亮点 |
|---|---|---|---|
| 1 | 课前知识查阅、调研完成情况 | | |
| 2 | 课前、课中与人协作沟通表现 | | |
| 3 | 直流传动内燃机车整备作业掌握情况 | | |
| 4 | 课前、课中学习态度表现 | | |

**2. 小组评价（见表 5-2）**

表 5-2　小组评价（每项满分为 10 分）

| 序号 | 评价内容 | 得分 | 亮点 |
|---|---|---|---|
| 1 | 课中学习态度表现 | | |
| 2 | 课前、课中与人协作沟通表现 | | |
| 3 | 直流传动内燃机车整备作业掌握情况 | | |

**3. 教师评价（见表 5-3）**

表 5-3　教师评价（每项满分为 10 分）

| 序号 | 评价内容 | 得分 | 亮点 |
|---|---|---|---|
| 1 | 课前知识查阅、调研完成情况 | | |
| 2 | 课中参与及协作情况 | | |
| 3 | 掌握直流传动内燃机车整备作业的效果 | | |

【教师建议】

在掌握东风$_{4B}$、东风$_{7C}$型内燃机车整备作业操作技能的基础上，进一步探究其他机型的整备作业操作技能，为以后从事相关工作打好基础。

# 任务 5.2　交流传动内燃机车整备作业技能训练
## （以 HX$_N$5 型内燃机车为例）

【任务描述】

在实训教学中，需要提供一台 HX$_N$5 型内燃机车。为了增强学生对交流传动内燃机车的直观感性认识，可将学生分成若干小组，以小组为单位，学习交流传动内燃机车车上整备作业，通过实践掌握各作业环节的工作重点，顺利完成整备作业。

【学习目标】

| 知识目标 | 了解交流传动内燃机车整备作业的内容 |
|---|---|
| 能力目标 | 了解紧急停燃油按钮的位置及作用、冬夏转换门的使用，能按规定正确完成油底壳油位的检查、润滑油的更换、膨胀水箱水位的检查、车下冷却水的加注、冷却水的排放、机车上砂等整备作业 |
| 素质目标 | 树立良好的职业道德，养成规范化、标准化的工作作风，培养学生的互控型班组建设意识，协作完成乘务工作 |

## 活动 5.2.1　紧急停燃油按钮的使用

【活动要点】：紧急停燃油按钮的位置及作用。

**1. 位置**

为防止机车在非牵引工况下起机或在自负荷试验时由于突发状况而紧急停机，HX$_N$5 型内燃机车设置了 3 个紧急停燃油按钮，分别位于机车左侧蓄电池箱的上方、机车右侧空气干燥器的上方及机车右侧冷却水箱上水管处，如图 5-1～图 5-3 所示。

图 5-1　机车左侧蓄电池箱上方的
紧急停燃油按钮

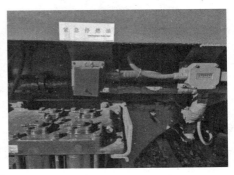

图 5-2　机车右侧空气干燥器上方的
紧急停燃油按钮

图 5-3　机车右侧冷却水箱上水管处的紧急停燃油按钮

**2. 作用**

紧急停燃油按钮的作用是：当有突发状况发生时，机车乘务员或机车维修人员可以在机车上部、下部直接实施紧急停机。

## 活动 5.2.2　燃烧空气室内冬夏转换门的使用

🔥 【活动要点】：燃烧空气室内冬夏转换门的位置及使用方法。

**1. 专业知识引导**

冬夏转换门位于燃烧空气室内。根据机车使用季节的不同，机车有两种工作方式，工作方式的转换就是通过冬夏转换门来进行的。冬夏转换门冬季处于开放状态，夏季处于关闭状态。如图 5-4 所示。

**2. 操作技能**

① 在寒冷的天气工作时，为了将动力室的暖空气与车外冷空气混合，防止冰晶堵塞袋式滤清器，以及使柴油机进气总管空气的温度维持在较高水平，每个门的位置均应部分阻断从惯性式滤清器来的空气通路。同时该位置将打开从动力室来的空气通路。

127

图 5-4　冬夏转换门的正确位置

② 在夏季工作时，每个门的位置应能阻断通往动力室的空气通路。若门的位置不对，燃烧空气可能被过分加热，这将导致燃油消耗量大、涡轮前温度高，缩短涡轮增压器寿命。

## 活动 5.2.3　油底壳油位的检查

🔹【活动要点】：油底壳油位的检查步骤及要求。

**1. 专业知识引导**

$HX_N5$ 型内燃机车机油装载量为 1 300 L。对于怠速状态下的柴油机，或处于停机而且润滑油滤清器壳体尚未排油状态下的柴油机，应进行油位检查。

量油尺的标记如图 5-5 所示。量油尺及注油盖的安装位置如图 5-6 所示。

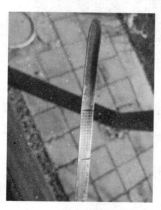

图 5-5　量油尺的标记

量油尺

注油盖

图 5-6　量油尺及注油盖的安装位置

**2. 操作技能**

① 取下一个量油尺（在柴油机左 1 缸下侧），擦净。

② 将量油尺重新插入，要沿量油尺管插到底。

③ 取下量油尺，读刻度值，油位应处于量油尺上标记 FULL（满油）和 ADD（加油）之间。

④ 如果润滑油油位低于量油尺上 ADD（加油）标记，则应拆下与量油尺相邻的注油管的注油盖加油，直至油位处于或接近量油尺上的 FULL 标记。

⑤ 重新放回注油盖并紧固。

## 活动 5.2.4　润滑油的更换

🔥 【活动要点】：润滑油更换步骤及要求。

**1. 专业知识引导**

HX$_N$5 型内燃机车机油装载量为 1 300 L，润滑油排油管位于机车 B 侧车底架下方，在图 5-7 中对应的是润滑油排油口。

图 5-7　机车 B 侧车底架下方的润滑油排放管

**2. 操作技能**

① 柴油机停机。

② 打开润滑油滤清器泄油阀。打开通往润滑油滤清器组件上的油堵，以便于润滑油更快速地排放。如果油温较高，排放需要 15 min；如果油温较低，排放将需要更长时间。

③ 拆下机车 B 侧车底架下方润滑油排放管上的管塞，用桶或软管系统收集排放的润滑油。

④ 打开润滑油排放阀。

⑤ 当润滑油完全排出后，关闭润滑油排放阀，安上油堵。

⑥ 关闭通往润滑油滤清器组件的进油管上的润滑油取样阀，关闭滤清器泄油阀。

⑦ 当润滑油滤清器壳体排空后，向润滑油系统加注润滑油。注意，只要更换润滑油，就应该更换润滑油滤清元件。

⑧ 通过注油孔向曲轴箱加注适量新润滑油，将润滑油加注到油尺上的 FULL 标记处。

## 活动 5.2.5　膨胀水箱水位的检查

🔥 【活动要点】：膨胀水箱水位的检查步骤及要求。

**1. 专业知识引导**

膨胀水箱的作用是供散热器排气、冷却水膨胀和柴油机冷却水系统补水。当柴油机停机时，散热器中的水将排回膨胀水箱。在膨胀水箱的端部装有一个水位表，可以随时查看水箱内部的水位。膨胀水箱的主要部件如图 5-8～图 5-11 所示。

图 5—8　旗形放气阀的安装位置

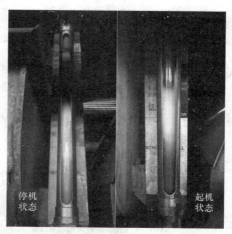

图 5—9　停机状态、起机状态水表内的红色浮标位置

图 5—10　水箱端部的水位表
安装位置

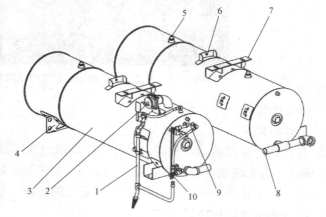

1—水箱加水管；2—压力/真空安全阀；3—水箱体；4—水箱安装座；
5—散热器放气接头；6—四通阀安装座；7—空气压缩机放气接头；
8—水系统补水管路；9—水箱放气连通管；10—水箱水位表。

图 5—11　水箱示意图

## 2. 操作技能

① 在柴油机起机及停机状态下用膨胀水箱上的水位表分别进行水位检查。

② 该水位表上有两种刻线，上部用于起机前，下部用于起机后，正确水位应处于柴油机当前运行状况的满位和低位间。

③ 如果水位偏低，需要向膨胀水箱补水。在补水过程中，须将旗形放气阀打开，进行放气。

④ 当系统大量补水时，可以打开水箱上部的压力/真空安全阀，用作上水口。

⑤ 加水后需做起机试验，水位稳定后方可确认上水完毕。

## 活动 5.2.6    车下冷却水的加注

🔥 **【活动要点】**: 车下冷却水的加注步骤及要求。

**1. 专业知识引导**

在机车车架 A 侧冷却水系统的最低处设有上排水接头,在膨胀水箱顶部设有加水口。在运用中,根据加水量的多少和整备作业条件的具体情况,可采用机械方法加注水,也可采用人工方法加注水。图 5-12 中的柴油机排水口和图 5-13 中的注入阀可用于加注冷却水。

图 5-12    柴油机排水口的位置

图 5-13    注入阀的位置

**2. 操作技能**

① 车下上水时,连接供水软管,打开水系统放气阀。

② 开启机车注入阀或柴油机排水口。

③ 开启上水泵。

④ 当柴油机水位表水位达到标准水位时,切勿过量加注冷却水,应关闭水泵、供水阀、机车上水阀门、排气阀,卸下供水软管。

## 活动 5.2.7    冷却水的排放

🔥 **【活动要点】**: 冷却水的排放步骤及要求。

**1. 专业知识引导**

排水阀位于柴油机冷却水泵下方,如图 5-14 所示。

**2. 操作技能**

① 放水前停机。

② 打开放气阀,打开冷却水泵下方的排水阀,手动排空柴油机冷却水。

图 5-14    柴油机冷却水泵下方的排水阀

## 活动 5.2.8　机车上砂

🔥 **【活动要点】**：机车上砂的步骤及要求。

砂箱盖

图 5-15　砂箱位置

**1. 专业知识引导**

HX$_N$5 型内燃机车的砂装载量为 500 L，砂箱位置如图 5-15 所示。

**2. 操作技能**

① 用专用运砂推车把质量符合标准的砂推至机车砂箱旁。

② 用活扳手依次打开各砂箱盖。

③ 使用专用上砂斗依次对机车全部砂箱按标准上砂。

④ 上满砂后，用活扳手依次锁闭砂箱盖。

⑤ 若砂箱上部或加砂口有残留余砂，须用毛刷清除。

**【考核评价】**

**1. 自我评价**

① 自我考核：HX$_N$5 型内燃机车整备作业描述。

② 自我评价：（见表 5-4）。

表 5-4　自我评价（每项满分为 10 分）

| 序号 | 评价内容 | 得分 | 亮点 |
|---|---|---|---|
| 1 | 课前知识查阅、调研完成情况 | | |
| 2 | 课前、课中与人协作沟通表现 | | |
| 3 | HX$_N$5 型内燃机车整备作业掌握情况 | | |
| 4 | 课前、课中学习态度表现 | | |

**2. 小组评价（见表 5-5）**

表 5-5　小组评价（每项满分为 10 分）

| 序号 | 评价内容 | 得分 | 亮点 |
|---|---|---|---|
| 1 | 课中学习态度表现 | | |
| 2 | 课前、课中与人协作沟通表现 | | |
| 3 | HX$_N$5 型内燃机车整备作业掌握情况 | | |

### 3. 教师评价（见表 5−6）

**表 5−6　教师评价（每项满分为 10 分）**

| 序号 | 评价内容 | 得分 | 亮点 |
|------|---------|------|------|
| 1 | 课前知识查阅、调研完成情况 | | |
| 2 | 课中参与及协作情况 | | |
| 3 | 掌握 $HX_N5$ 型内燃机车整备作业的效果 | | |

【教师建议】

　　在掌握 $HX_N5$ 型内燃机车整备作业技能的基础上，进一步探究其他机型的整备作业技能，为以后从事相关工作打好基础。

项目6

# 内燃机车电气故障判断与处理技能训练

## 任务 6.1　直流传动内燃机车电气试验与电气故障判断处理（以东风 $_{4B}$ 型、东风 $_{7C}$ 型内燃机车为例）

【任务描述】

　　实训教学中，需要提供东风 $_{4B}$ 型、东风 $_{7C}$ 型内燃机车各一台或完整的电气试验台。为了使学生掌握东风 $_{4B}$ 型、东风 $_{7C}$ 型内燃机车电气试验情况，可以将学生分成若干学习小组，以小组为单位，结合有关理论知识，对照实物，对内燃机车的电气柜、司机室操纵台各个部分进行观察、分析，使学生熟悉司机室操纵台、电气柜内各设备的安装位置，熟悉电气试验操作流程，掌握电路通断情况，并展开针对性的讨论。

【学习目标】

| 知识目标 | 了解东风 $_{4B}$ 型、东风 $_{7C}$ 型内燃机车的电气设备，掌握东风 $_{4B}$ 型、东风 $_{7C}$ 型内燃机车电气故障产生的原因和处理办法 |
| --- | --- |
| 能力目标 | 掌握东风 $_{4B}$ 型、东风 $_{7C}$ 型内燃机车电气设备及工具的检查和使用方法，能指出各种设备的安装位置，完成电气试验与检查工作 |
| 素质目标 | 养成细致、认真的工作作风，养成独立分析问题的良好习惯，能够比较自如地与他人沟通、协作完成工作 |

## 活动 6.1.1　试灯的工作原理与使用

　　【活动要点】：① 试灯的组成。

② 试灯的工作原理。

③ 试灯使用注意事项。

**1. 试灯的组成和工作原理**

试灯一般由触针、灯泡、导线和线夹组成，如图 6-1 所示。

试灯的线夹夹在电路电源一端，用触针触电路中某点，通过被测电路与电源的另一端相通，形成闭合回路，该段电路正常则灯亮，该段电路中有断路处则灯不亮。

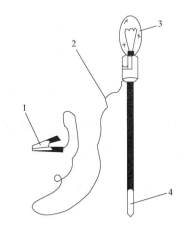

1—线夹；2—导线；3—灯泡；4—触针。

图 6-1　试灯

**2. 正灯和负灯**

将试灯的线夹接电路电源正端，称为正灯。用正灯查找电路中线圈（或用电器）断路和负端断路比较方便，此时电路应处于断电状态。

将试灯的线夹接电路电源负端，称为负灯。用负灯查找线圈前部电路的断路处所比较方便，此时电路应处于通电状态。

**3. 安全操作注意事项**

① 当使用试灯时，手握试灯绝缘部分。

② 当查找故障时，试灯的触针和导线禁止穿越电器。

③ 禁止手触电器触头和带电部件。

④ 夹线位置要就近选择，要稳固且导电良好，确认好正、负端，严禁接反。

**4. 训练内容、方法及程序**

1）正灯查找断路

① 将试灯的线夹夹在电源正端，具体位置以电路测试方便为原则。

② 断开所测电路开关，使电路处于断电状态。

③ 用触针触电路中某点，灯亮说明该点以后的电路良好，灯不亮说明该点以后的电路有断路。应逐段查找，在灯亮与不亮的两点之间为断路处所，如图 6-2（a）所示。

④ 有其他电路影响时，应先将相关电路断电。

2）负灯查找断路

① 将试灯的线夹就近接在电路电源的某一负端（一般选线圈负线、接线柱、线鼻子等）。

② 闭合开关，使电路处于通电状态。

③ 用触针触电路中某点，若灯亮说明该点前部电路良好，灯不亮说明该点前部电路有故障。

应逐段查找，在灯不亮和亮之间为断路处所，如图6-2（b）所示。

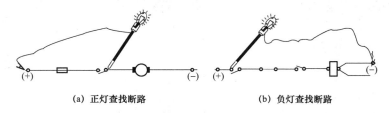

(a) 正灯查找断路　　　　　　　　(b) 负灯查找断路

图6-2　试灯查找断路

注意：电路中的电器触点、开关较多时，可先测试中部位置，采用优选法分段查找，以减少查找步骤和时间。

**5. 实例训练**

如图6-3所示，当闭合3K后，QBC线圈不吸合，初步判断为RBC反联锁，3K、QBC线圈中某个电器故障。

查找故障时，可将线夹夹住QBC线圈电路右侧接线端子，试灯先置于3K右侧接线端子，若灯亮，说明3K正常；若灯不亮，说明3K故障。当3K正常时，再将试灯置于RBC反联锁右侧的接线端子，若灯不亮，说明RBC反联锁故障；若灯亮，说明QBC线圈本身故障。

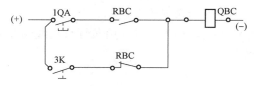

3K—起动机油泵开关；RBC—燃油泵接触器；QBC—起动机油泵接触器；1QA—柴油机起动按钮。

图6-3　QBC线圈电路

## 活动6.1.2　东风 4B 型内燃机车电气试验

🔥【活动要点】：① 东风 4B 型内燃机车电气设备检查。

　　　　　　　② 东风 4B 型内燃机车准备工作。

　　　　　　　③ 东风 4B 型内燃机车电气试验操作程序。

**1. 东风 4B 型内燃机车电气设备检查**

① 断开蓄电池开关，防止触电。

② 检查各电器时，严禁用手触碰各电器的接线端子、触头。

③ 对照东风 4B 型内燃机车电气柜展开图（如图6-4所示），熟悉各个电器位置。

④ 检查电气柜内各个电器的状态是否良好。

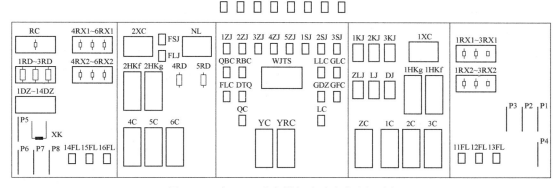

图6-4 东风$_{4B}$型内燃机车电气柜展开图

图6-4中各器件符号对应的器件名称如表6-1所示。

表6-1 东风$_{4B}$型内燃机车电气柜展开图中的器件符号与名称

| 器件符号 | 器件名称 |
| --- | --- |
| RC | 充电电阻 |
| 1RX1～3RX1，4RX1～6RX1，1RX2～3RX2，4RX2～6RX2 | 磁场削弱电阻 |
| 1C～6C | 牵引电动机电空接触器 |
| 1KJ～3KJ | 空转继电器 |
| 1RD～5RD | 熔断器 |
| 1DZ～14DZ | 自动脱扣开关 |
| 1HKg，2Hkg | 工况转换装置 |
| 1HKf，2HKf | 方向转换装置 |
| 1GK～6GK | 牵引电动机故障转换开关 |
| 1XC，2XC | 磁场削弱接触器 |
| 11FL～16FL | 分流器 |
| 1SJ | 柴油机起动延时继电器 |
| 2SJ | 空气压缩机起动延时继电器 |
| 3SJ | 水温高延时继电器 |
| 1ZJ | 机车平稳起动中间继电器 |
| 2ZJ | 柴油机冷却水温保护中间继电器 |
| 3ZJ | 柴油机高负荷润滑油压保护中间继电器 |
| 4ZJ | 柴油机防爆保护中间继电器 |
| 5ZJ | 故障励磁中间继电器 |
| DK | 接地转换开关 |
| DJ | 接地继电器 |
| DYT | 电压调整器 |
| FLC | 辅助发电励磁接触器 |
| FLJ | 辅助发电过流继电器 |

续表

| 器件符号 | 器件名称 |
|---|---|
| FSJ | 风速继电器 |
| GDZ | 过渡装置 |
| GFC | 固定发电励磁接触器 |
| GLC | 故障励磁接触器 |
| LC | 励磁机接触器 |
| LJ | 过流继电器 |
| LLC | 励磁机励磁接触器 |
| NL | 逆流装置 |
| P1～P8 | 接线排 |
| QBC | 起动机油泵接触器 |
| QC | 起动接触器 |
| RBC | 燃油泵接触器 |
| XK | 蓄电池开关 |
| WJTS | 无级调速驱动装置 |
| YC | 空气压缩机一级起动接触器 |
| YRC | 空气压缩机二级运转接触器 |
| ZC | 电阻制动接触器 |
| ZLJ | 制动过流继电器 |
| ZMK | 照明总开关 |

**2. 东风 4B 型内燃机车电气试验准备工作**

① 当控制风缸压力在 400 kPa 以上时，将牵引电动机故障转换开关 1GK～6GK 置"运转"位；当控制风缸压力在 400 kPa 以下时，将牵引电动机故障转换开关 1GK～6GK 置"故障"位。

② 闭合蓄电池开关 XK，蓄电池电压应不低于 96 V，卸载信号灯 7XD 亮，闭合照明总开关 ZMK。

③ 将操纵台及电气柜各自动开关置"闭合"位（燃油泵开关 3DZ、4DZ 只闭合一个）。

④ 确认正、负试灯亮度一致。

⑤ 闭合电动仪表开关 12K，水温表显示的温度应与柴油机起动的温度一致，其他仪表均指向零位。

**3. 东风 4B 型内燃机车电气试验操作程序**

① 闭合机车总控制开关 1K，闭合起动机油泵开关 3K，起动机油泵接触器 QBC 得电，起动机油泵电机 QBD 运转。

② 闭合燃油泵开关 4K，燃油泵接触器 RBC 得电，燃油泵电机 RBD 运转，起动机油泵接触器 QBC 失电，起动机油泵电机 QBD 停转。电流表显示电流为 10 A，燃油压力应不低于 150 kPa，短接 X5/17 与 X8/16，柴油机防爆保护中间继电器 4ZJ 得电，燃油泵接触器 RBC 失电，燃油泵电机 RBD 停转，差示压力信号灯 1XD 亮。取下短接线，柴油机防爆保护中间继电器 4ZJ 应自锁。断开燃油泵开关 4K，柴油机防爆保护中间继电器 4ZJ 失电，差示压力

信号灯 1XD 灭。

③ 闭合燃油泵开关 4K，燃油泵接触器 RBC 得电，燃油泵电机 RBD 运转，交替试验燃油泵开关 3DZ、4DZ，Ⅰ、Ⅱ燃油泵转换正常。断开燃油泵开关 3DZ、4DZ，手托低压联锁 QC，电磁联锁 DLS 得电。检查驱动器 WJT 的三相指示灯是否亮（或听声音）。

④ 闭合辅助发电开关 5K，辅助发电励磁接触器 FLC 得电，放电电流增加 3～5 A。闭合固定发电开关 8K，固定发电励磁接触器 GFC 得电，辅助发电励磁接触器 FLC 失电，固定发电信号灯 10XD 亮，放电电流减少 3～5 A。断开固定发电开关 8K，固定发电励磁接触器 GFC 自锁。断开辅助发电开关 5K，固定发电励磁接触器 GFC 失电，固定发电信号灯 10XD 灭。

⑤ 闭合辅助发电开关 5K，辅助发电励磁接触器 FLC 得电；手按辅助发电过流继电器 FLJ，固定发电励磁接触器 GFC 得电，辅助发电励磁接触器 FLC 失电，固定发电信号灯 10XD 亮，自锁良好。断开辅助发电开关 5K，固定发电励磁接触器 GFC 失电，固定发电信号灯 10XD 灭。

⑥ 闭合空气压缩机自动开关 10K，空气压缩机一级起动接触器 YC 得电，空气压缩机电机 YD 运转，空气压缩机运转信号灯 6XD 亮；断开空气压缩机自动开关 10K，空气压缩机一级起动接触器 YC 失电，空气压缩机电机 YD 停转，空气压缩机运转信号灯 6XD 灭。

⑦ 按下手动供风按钮 2QA，空气压缩机一级起动接触器 YC 得电，空气压缩机电机 YD 运转，空气压缩机运转信号灯 6XD 亮；松开手动供风按钮 2QA，空气压缩机一级起动接触器 YC 失电，空气压缩机电机 YD 停转，空气压缩机运转信号灯 6XD 灭。

⑧ 闭合机车走车控制开关 2K，工况转换装置 1HKg～2HKg 得电。

⑨ 主手柄置"1"位，方向转换装置 1HKf～2HKf 得电动作，励磁机励磁接触器 LLC、牵引电动机电空接触器 1C～6C、励磁机接触器 LC 得电，卸载信号灯 7XD 灭。

⑩ 主手柄置"保"位，机车平衡起动中间继电器 1ZJ 得电。磁场削弱转换开关 XKK 置"Ⅰ"位，磁场削弱接触器 1XC、2XC 吸合，一级磁场削弱信号灯 11XD 亮；磁场削弱转换开关 XKK 置"Ⅱ"位，磁场削弱接触器 1XC、2XC 吸合，二级磁场削弱信号灯 12XD 亮；磁场削弱转换开关 XKK 回"0"位，磁场削弱接触器 1XC、2XC 释放，磁场削弱信号灯 11XD、12XD 灭。

⑪ 短接 X2/9 与 X2/10，柴油机冷却水温保护中间继电器 2ZJ 得电，柴油机水温高信号灯 2XD 亮，励磁机励磁接触器 LLC、牵引电动机电空接触器 1C～6C、励磁机接触器 LC 失电，卸载信号灯 7XD 亮。取下短接线，柴油机冷却水温保护中间继电器 2ZJ 自锁。主手柄回"1"位，励磁机励磁接触器 LLC、牵引电动机电空接触器 1C～6C、励磁机接触器 LC 得电，柴油机冷却水温保护中间继电器 2ZJ 失电，柴油机水温高信号灯 2XD、卸载信号灯 7XD 灯灭。

⑫ 主手柄提"保"位，短接 X5/13 与 X6/20，柴油机高负荷润滑油压保护中间继电器 3ZJ 得电，励磁机励磁接触器 LLC、牵引电动机电空接触器 1C～6C、励磁机接触器 LC 失电，卸载信号灯 7XD 亮。取下短接线，柴油机高负荷润滑油压保护中间继电器 3ZJ 失电。主手柄回"1"位，励磁机励磁接触器 LLC、牵引电动机电空接触器 1C～6C、励磁机接触器 LC 得电，卸载信号灯 7XD 灭。

⑬ 主手柄置"升"位，WJT 的三相指示灯闪亮，从主手柄提到"升"位到步进电机发出声音，时间为 10～16 s。

⑭ 主手柄置"降"位，WJT 的三相指示灯闪亮，从主手柄置"降"位到步进电机发出声

音，时间为 12～22 s。

⑮ 主手柄回"1"位，机车平稳起动中间继电器 1ZJ 失电。励磁机励磁接触器 LLC、牵引电动机电空接触器 1C～6C、励磁机接触器 LC 得电，卸载信号灯 7XD 灭。

⑯ 闭合故障励磁开关 9K，故障励磁接触器 GLC 得电，故障励磁信号灯 9XD 亮；断开故障励磁开关 9K，故障励磁接触器 GLC 失电，故障励磁信号灯 9XD 灭。

⑰ 人为闭合接地继电器 DJ，励磁机励磁接触器 LLC、牵引电动机电空接触器 1C～6C、励磁机接触器 LC 失电，过载信号灯 7XD、接地信号灯 4XD 亮；恢复接地继电器 DJ，过载信号灯 7XD、接地信号灯 4XD 灭。

⑱ 人为闭合过流继电器 LJ，励磁机励磁接触器 LLC、牵引电动机电空接触器 1C～6C、励磁机接触器 LC 失电，过载信号灯 7XD、过流信号灯 5XD 亮；恢复过流继电器 LJ，过载信号灯 7XD、过流信号灯 5XD 灭。

⑲ 闭合空转继电器 1KJ～3KJ，空转信号灯 3XD 亮；松开空转继电器 1KJ～3KJ，空转信号灯 3XD 灭。主手柄回"0"位。

⑳ 主手柄置"1"位，方向转换装置 1HKf～2HKf 得电，励磁机励磁接触器 LLC、牵引电动机电空接触器 1C～6C、励磁机接触器 LC 得电，过载信号灯 7XD 灭。

㉑ 主手柄回"0"位；方向转换装置 1HKf～2HKf 失电，励磁机励磁接触器 LLC、牵引电动机电空接触器 1C～6C、励磁机接触器 LC 失电，过载信号灯 7XD 灭。

㉒ 断开机车走车控制开关 2K、燃油泵开关 4K、机车总控制开关 1K，换向手柄置"中立"位，断开蓄电池开关 XK，断开照明总开关 ZMK，恢复燃油泵电机开关 3DZ、4DZ。

## 活动 6.1.3　东风 $_{4B}$ 型内燃机车电气故障与处理

🔥 【活动要点】：东风 $_{4B}$ 型内燃机车 26 种常见电气故障的判断与处理方法。

在下面的介绍中，描述故障的标题中同时给出器件名称和器件符号，在故障原因、判断、处理部分，仅给出器件符号。对于表 6-1 中没出现的器件符号，仅第 1 次在文中出现时给出器件名称和器件符号，之后仅给出器件符号。

### 故障 1　闭合蓄电池开关 XK，辅助发电机电压表 2V 指针无显示或显示不正常

**1. 原因**

① 3K 开关不良。

② RBC 的常闭触点（433、434）虚接。

③ QBC 线圈烧损或断路。

**2. 判断**

① 用负灯试 RBC 常闭触点的 433 号线，灯不亮时说明 3K 开关不良。

② 用负灯试 RBC 常闭触点的 433 号线灯亮，试 434 号线灯不亮，说明 RBC 常闭触点虚接。

③ 若负灯试 434 号线时灯亮，说明 QBC 线圈故障。

**3. 处理**

① 3K 开关不良时，应闭合另一端 1K、3K 打滑油。

② RBC 常闭触点虚接时，打磨触点或短接。

③ QBC 线圈故障时，应手按 QBC 触头支持件触杆，使其人为吸合打滑油。

**故障 2　闭合起动机油泵开关 3K，起动机油泵接触器 QBC 吸合，起动机油泵电机 QBD 不转**

**1. 原因**

① 3RD 烧损。

② QBC 主触头虚接。

③ QBD 电机故障。

**2. 判断**

① 用负灯试 QBC 主触头的 461 号线，灯不亮时说明 3RD 烧损。

② 用负灯试 QBC 主触头的 461 号线时灯亮，试 460 号线时灯不亮，说明 QBC 主触头虚接。

③ 用负灯试 460 号线，灯亮时说明 QBD 电机故障。

**3. 处理**

① 3RD 烧损时，应更换同容量的熔断片（100 A）。

② QBC 主触头虚接时，用砂纸打磨接触面。

③ QBD 电机故障时，检查电机接线盒及电机内部，若故障不能立即处理，可利用辅助机油泵电机 YHD 打滑油起机，但应注意适当延长打滑油时间。

**故障 3　按下起动机油泵开关 3K，起动接触器 QC 以 45～60 s 为周期周期性断闭**

**1. 原因**

RBC 的 430、431 号线间常开触点机械犯卡（未断开）。

**2. 判断及处理**

QC 线圈电路如图 6-5 所示。按下 3K，在 QBC 吸合的同时，由于 RBC 的 430、431 常开触点未断开，使来自 3K 的电流经 QC 常闭触点、RBC 常闭触点、FLC 常闭触点、QC 线圈、1SJ 到负端。接触器 QC 吸合，QC 常闭触点断开了上述电路，使 QC 线圈释放。而在 QC 线圈释放后，其常闭触点又接通了 QC 线圈电路，经 1SJ 延时 45～60 s 后，QC 线圈吸合，如此反复，造成 QC 线圈时吸时放，最终导致周期性开关断闭。对线间常开触点进行打磨处理即可解决此问题。

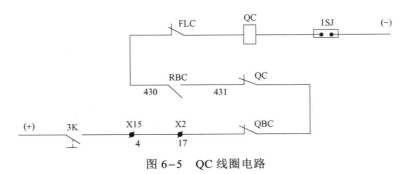

图 6-5　QC 线圈电路

**故障 4　按下柴油机起动按钮 1QA，柴油机不甩车**

**1. 原因**

① 起动接触器 QC 线圈电路故障。

② 起动发电机 QF 电路故障。

**2. 判断及处理**

QC 主触头电路如图 6-6 所示。若 QC 不吸合，应做如下检查与处理：

① 将主手柄置"0"位，检查其 9 号触指是否接触良好。

② 检查 1QA 触点是否接触良好。

③ 检查柴油机转轴联锁 ZLS 触点是否接触良好。若短时不能修复 ZLS 接触不好的故障，当确认柴油机盘车机构恢复正常后，可用导线短接接线柱 X50/17 与 X50/18。

④ 检查 QC 线圈是否断线。

⑤ 检查 1SJ 是否故障。

若 QC 吸合，柴油机不甩车，应做如下检查：

① 检查 QC 主触头是否因烧损或超程不足而虚接。

② 检查 QF 是否有故障。

最后盘车检查柴油机传动装置是否有卡死处。

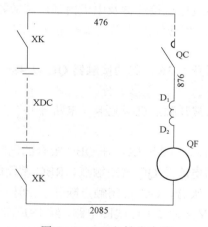

图 6-6　QC 主触头电路

**故障 5　闭合燃油泵开关 4K，燃油泵接触器 RBC 不吸合**

**1. 原因**

① 4K 开关不良。

② 4ZJ 常闭触点（438、439）虚接。

③ RBC 线圈烧损或断路。

**2. 判断**

① 用负灯试 4ZJ 常闭触点 438 号线，灯不亮说明 4K 开关不良。

② 用负灯试 4ZJ 常闭触点 438 号线灯亮，试 439 号灯不亮，说明 4ZJ 常闭触点（438、439）虚接。

③ 当上述两项检查结果良好时，说明 RBC 线圈烧损或短路。

**3. 处理**

① 4K 开关不良时，闭合另一端机车总控制开关 1K、燃油泵开关 4K。

② 4ZJ 常闭触点虚接时，用砂纸轻轻打磨整修触点。

③ RBC 线圈烧损时，应急处理时可用木块垫在衔铁下方，人为使 RBC 吸合。

**故障 6　闭合燃油泵开关 4K，燃油泵接触器 RBC 吸合，燃油泵电机 RBD 不转**

**1. 原因**

① RBC 主触头虚接。

② 3DZ、4DZ 跳开或虚接。

③ 1RBD 或 2RBD 故障。

**2. 判断**

① 检查 3DZ、4DZ 是否都在"断开"位。

② 当 3DZ 在"合"位，1RBD 不转时，用负灯试 3DZ 下方的 464 号线，灯不亮说明 3DZ 虚接，灯亮说明 1RBD 故障。当 4DZ 在"合"位，2RBD 不转时，用负灯试 4DZ 下方的 465 号线，灯不亮说明 4DZ 虚接，灯亮说明 2RBD 故障。

③ 若 1RBD 不转，换用 2RBD 后仍不转，说明 RBC 主触头虚接。

**3. 处理**

① 当 RBC 主触头虚接时，用砂纸打磨触头。

② 当 3DZ 或 4DZ、1RBD 或 2RBD 不良时，更换燃油泵。

**故障 7　闭合燃油泵开关 4K，燃油泵防爆保护中间继电器 4ZJ 动作，差示压力信号灯 1XD 亮**

**1. 原因**

① 差示压力计 CS 两触针或接线相连。

② 4ZJ 常开触点（445、2026）粘连。

**2. 判断**

断开 4K，检查 4ZJ 常开触点是否粘连，当 4ZJ 良好时，说明 CS 触针或短接线相连。

**3. 处理**

① 当 CS 触针或短接线连通时，应使其断开。

② 当 4ZJ 常开触点粘连时，将其撬开，检查并整修触点。

**故障 8　闭合燃油泵开关 4K，手托起动接触器 QC 联锁支架杆，使起动接触器 QC 常开触点（439、443）闭合，电磁联锁 DLS 不吸合**

**1. 原因**

① QC 常开触点（439、443）虚接。

② DLS 线圈烧损。

**2. 判断**

托起 QC 后，用负灯试 QC 常开触点的 443 号线，灯不亮说明 QC 常开触点（439、443）

虚接，灯亮说明 DLS 线圈烧损。

**3. 处理**

① 当 QC 常开触点虚接时，打磨触点，或手按 DLS 芯杆起机，起机后松开。

② 当 DLS 线圈烧损时，用木块顶起 DLS 芯杆，使其人为吸合起动。

**故障 9　闭合辅助发电开关 5K，辅助发电励磁接触器 FLC 不吸合**

**1. 原因**

① 5K 不良。

② GFC 常闭触点（447、411）虚接。

③ FLC 线圈烧损或断路。

**2. 判断**

① 闭合 8K，若 GFC 动作、10XD 亮，说明 5K 良好。

② 用负灯试 GFC 常闭触点 447 号线灯亮，试 411 号线灯不亮，说明 GFC 常闭触点（447、411）虚接。

③ 用负灯试 411 号线灯亮，说明 FLC 线圈烧损或断路。

**3. 处理**

① 当 5K 不良时，闭合另一端 5K。

② 当 GFC 常闭触点虚接时，用砂纸轻轻打磨触点。

③ 当 FLC 线圈故障时，用木块垫于 FLC 衔铁下方，使其人为吸合；或使用固定发电维持运行。

注意：当 FLC 线圈故障使用固定发电时，不得再人为闭合 FLC；反之，若人为闭合 FLC，就不得再使用固定发电，以防烧损电路。

**故障 10　闭合辅助发电开关 5K，辅助发电励磁接触器 FLC 吸合后，蓄电池放电不增加。**

**1. 原因**

① 1DZ 跳开。

② FLC 主触头虚接。

③ 调整电阻 Rdt 断路。

④ QF 电机励磁绕组断路。

⑤ DYT 故障或插头松脱。

**2. 判断**

① 检查 1DZ 是否跳开。

② 用负灯试 FLC 主触头间 606 号线，灯不亮说明 FLC 第一主触头虚接。

③ 用负灯试 FLC 主 606 线灯亮，试 607 线灯不亮，说明 Rdt 断路。

④ 用负灯试 FLC 主 607 线灯亮，试 609 线灯不亮，说明 FLC 第二主触头虚接。

⑤ 用负灯试 X4/7 灯亮，试 X4/8 灯不亮，说明 QF 电机励磁绕组断路。

以上均正常时说明 DYT 故障或插头松脱。

**3. 处理**

① 1DZ 跳开后应使之置"合"位。

② 当 FLC 主触头虚接时，打磨整修触头或使用固定发电。

③ 当 Rdt 断路时，使用固定发电。

④ 当 QF 电机故障时，检查其内部接线是否断路。当故障不能处理时，应回段修复。

⑤ 当 DYT 插头松脱时，应插好插头并锁闭；当其内部故障时，使用固定发电。

### 故障 11　闭合固定发电开关 8K，固定发电励磁接触器 GFC 不吸合

**1. 原因**

① 8K 开关不良。

② GFC 线圈烧损或断路。

③ GLC 常闭触点（599、331）虚接。

**2. 判断**

① 用负灯试 GLC 常闭触点 599 号线灯亮，试 331 号线灯不亮，说明 GLC 常闭触点不良。

② 人为闭合 GLC，用正灯试 GFC 线圈 334 号线，灯不亮说明 8K 开关不良。

③ 上述均正常说明 GFC 线圈烧损或断路。

**3. 处理**

① 当 GLC 常闭触点虚接时，用砂纸打磨或短接该触点。

② 当 8K 开关不良时，闭合另一端 8K。

③ 当 GFC 线圈烧损或断路时，人为使其吸合。

注意：东风$_4$型机车电路中无 GLC 常闭触点。

### 故障 12　闭合固定发电开关 8K，固定发电励磁接触器 GFC 吸合；断开固定发电开关 8K，固定发电励磁接触器 GFC 不自锁

**1. 原因**

GFC 常开触点（614、612）虚接。

**2. 判断**

GFC 吸合后，用短接线短接 GFC 常开触点（614、612）。断开 8K，若 GFC 不释放，说明 GFC 常开触点虚接。

**3. 处理**

打磨触点。

### 故障 13　闭合自动供风开关 10K 或按下手动供风按钮 2QA，空气压缩机一级起动接触器 YC 不吸合

**1. 原因**

① YC 线圈断路或烧损。

② YC 线圈的无名线常闭触点虚接。

**2. 判断**

① 手托 YC 使其吸合，若松手后 YC 不释放，说明 YC 线圈的无名线常闭触点虚接。

② 手托 YC 使其吸合，若松手后 YC 又断开，说明 YC 线圈断路或烧损。

**3. 处理**

① 当 YC 线圈烧损或断路时，应急可手托 YC 打风。

② 当 YC 线圈的无名线常闭触点虚接时，打磨整修触点或手托 YC 打风。

注意：YC 线圈故障，手托 YC 打风时，应注意人身安全，防止电弧灼伤。

**故障 14 闭合自动供风开关 10K 或按下手动供风按钮 2QA，空气压缩机一级起动接触器 YC 吸合，2～3 s 后空气压缩机二级运转接触器 YRC 不吸合**

**1. 原因**

① 2SJ 故障。

② YRC 线圈烧损或断路。

③ YRC 线圈无名线常闭触点虚接。

**2. 判断**

① 用短接线夹短接 2SJ 的 2、3 触点，若 YRC 吸合，说明 2SJ 故障。

② 短接 2SJ 的 2、3 触点后 YRC 仍不吸合，手托 YRC 使其人为吸合，松手后不再断开，说明 YRC 无名线常闭触点虚接。

③ 若松手后 YRC 又断开，说明 YRC 线圈烧损或断路。

**3. 处理**

① 当 2SJ 故障时，在段内应更换，在途中应急时，可在 YC 吸合 2～3 s 后手托 YRC 打风。

② 当 YRC 无名线常闭触点虚接时，用砂纸打磨整修触点。

③ 当 YRC 线圈烧损或断路时，中途应急可手托 YRC 打风，但应在 YC 吸合 2～3 s 后进行。

注意：① 用降压起动的空气压缩机，运行中应注意起动状态，防止由于 YRC 不吸合，降压电阻长时间供电烧损，而引起火灾。

② 当 YRC 不良，手托 YRC 打风时，应注意人身安全，防止电弧灼伤。

③ 空气压缩机电机采用串励电动机的，无 YRC。

**故障 15 空气压缩机一级起动接触器 YC 吸合，空气压缩机电机 1YD、2YD 不工作，或一个空气压缩机电机工作（适用于取消 YRC 的机车）**

**1. 原因**

① 空气压缩机电机保护熔断器 4RD、5RD 烧损。

② YC 主触头虚接。

③ 1YD、2YD 电机故障。

**2. 判断**

① 用负灯试 4RD、5RD 的 480、481 号线，灯不亮说明相应 RD 烧损。

② 用负灯试 YC 主触头的动、静触头接线，若试一端灯亮，试另一端灯不亮，说明该触头虚接。

③ 若以上均良好，说明不工作的 YD 电机故障。

**3. 处理**

① 当 4RD、5RD 烧损时，应断开自动供风开关 10K、辅助发电开关 5K，更换同容量的熔断片（350 A）。

② 当 YC 主触头虚接时，断开 10K、5K 后用砂纸或细平锉打磨触头。

③ 当 YD 故障时，检查电机内部接线及电刷状态，若发现异状不能处理，可取下该电机熔断器，使用一台电机维持运行。

注意：在装卸 4RD、5RD，整修 YC 主触头或检查 1YD、2YD 时，必须断开 10K、5K，严禁带电作业。

**故障 16  换向手柄置"前进"位，闭合机车走车控制开关 2K，工况转换装置 1HKg、2HKg 不吸合（机车总控制开关 1K 已闭合）**

**1. 原因**

① 2K 不良。

② 16DZ 跳开。

③ 司机控制器 SK 的 3 号触指虚接。

④ 1HKg、2HKg 线圈不良。

**2. 判断**

① 检查 16DZ 是否跳开。

② 将自备试灯作负灯使用，当试 X4/3 灯不亮时，说明 2K 不良。

③ 当负灯试 X3/4 灯亮、试 X3/1 灯不亮时，说明 SK 的 3 号触指虚接。

④ 手按 1HKg、2HKg 电空阀，当一个吸合而另一个未吸合时，说明该电空阀故障。

**3. 处理**

① 当 2K 不良时，闭合另一端 2K，维持运行。

② 当 16DZ 跳开时，应将其置"合"位。

③ 当 SK 的 3 号触指虚接时，用砂纸打磨触点。

④ 当 1HKg、2HKg 未吸合时，人为绑住电空阀压芯杆使其吸合。

**故障 17  闭合机车走车控制开关 2K，主手柄置"1"位，方向转换装置 1HKf~2HKf 不吸合（以"前进"位为例）**

**1. 原因**

① SK 的 5 号触指虚接。

② SK 的 2 号触指虚接。

③ 1C~6C 常闭触点虚接。

④ 1HKf、2HKf 电空阀不良。

**2. 判断**

① 方向手柄置"后进"位，主手柄置"1"位，若 1HKf、2HKf 均不吸合，说明 SK 的 5 号触指虚接。

② 用负灯试 SK 的 2 号触指两端，若一端灯亮，而另一端灯不亮，说明 SK 的 2 号触指

虚接。

③ 用负灯试 1C～6C 常闭触点（260～266），若一端灯亮而另一端灯不亮，说明该触点虚接。

④ 当 1HKf、2HKf 一个吸合，另一个不吸合时，说明不吸合的电空阀故障。

**3. 处理**

① 当 SK 的 2、5 号触指虚接时，打磨整修触指或应急短接。

② 当换向电空阀故障时，应将主手柄回"0"位，实行手动换向，并绑住电空阀，使其动作，保证 1HKf、2HKf 前进位置可靠工作。

③ 当 1C～6C 常闭触点虚接时，先手动换向，时间允许时再打磨触点。

注意：短接各触指只限应急。短接 SK 的 5 号触指后，主手柄回"0"位时，应立即断开短接线。


**故障 18　换向手柄置"前进"位，主手柄置"1"位，机车换向良好，但励磁机励磁接触器 LLC、牵引电动机电空接触器 1C～6C、励磁机接触器 LC 均不吸合**

**1. 原因**

① 1HKf、2HKf 常闭触点（267、268、269）虚接。

② LLC 线圈电路中 LJ、TJ、DJ、1ZJ、3ZJ、2ZJ 各常闭触点任一虚接。

③ LLC 线圈故障。

**2. 判断**

① 若机车未在运行中，将换向手柄置"后退"位、主手柄置"1"位，若 LLC 吸合，说明 1HKf、2HKf 常闭触点（267、268、269）任一虚接。

② 若 LLC 仍不吸合，采取优取法用负灯分段查找 LJ、TJ、DJ、1ZJ、3ZJ、2ZJ 各常闭触点的虚接处所。

③ 用负灯试 LLC 线圈 328 号线，灯亮说明 LLC 线圈故障。

**3. 处理**

① 当常闭触点虚接时，用砂纸打磨修整触点或应急短接。

② 当 LLC 线圈故障时，将木块垫于衔铁下方，人为使其吸合，维持运行。

**4. 注意事项**

① 机车运行中，严禁将换向手柄置于与运行方向相反的位置进行电气试验或检测故障。

② 短接 LLC 电路中某一常闭触点时，只限应急，不得长时间运行，机车加速后即可撤掉短接线，打磨触点。

③ 短接保护电器的常闭触点后，运行中应注意操纵台信号灯的显示，保护装置的信号灯亮后，应迅速将主手柄置"0"位，检查处理故障。

④ 人为使 LLC 吸合时，主手柄回"0"位后，应断开 2K。需停车换向时，应实行手动换向。


**故障 19　主手柄置"1"位，励磁机励磁接触器 LLC 吸合，牵引电动机电空接触器 1C～6C、励磁机接触器 LC 不吸合**

**1. 原因**

① 自负荷开关 2ZFK、5ZFK 常闭触点（1401、1402、1409）虚接。（无自负荷开关的机

车无此触点）

②　LLC 常开触点（282、283）虚接。

③　1GK～6GK 未在"运转"位。

**2. 判断**

①　检查 1GK～6GK 是否在"运转"位。

②　用负灯试 X5/21，灯亮说明 LLC 常开触点虚接，灯不亮说明 2ZFK、5ZFK 常闭触点不良。

**3. 处理**

①　当 1GK～6GK 未在"运转"位时，将其置"运转"位。

②　当 LLC 常开触点虚接时，打磨触点。

③　当 5ZFK 常闭触点虚接时，用短接线夹短接 X3/5 与 LLC 常开触点的 282 号线。

**故障 20　主手柄置"1"位，励磁机励磁接触器 LLC、牵引电动机电空接触器 1C～6C 吸合，励磁机接触器 LC 不吸合**

**1. 原因**

①　1C～6C 常开触点（310～297）接触不良。

②　LC 线圈烧损或断路（起动线圈）。

③　LC 线圈无名线常闭触点虚接。

**2. 判断**

①　主手柄置"1"位，手托 LC，人为使其吸合，若松手后 LC 不断开，说明 LC 线圈无名线常闭触点虚接。

②　若松手后 LC 又断开，则将 1GK～6GK 逐一置"故障"位，直至 LC 吸合，吸合时置"故障"位的 GK 所对应的主接触器常开触点虚接。

③　1GK～6GK 逐一置"故障"位后，LC 仍不吸合，说明 LC 线圈烧损或断路。

**3. 处理**

①　当 1C～6C 常开触点任一虚接时，打磨或短接该触点，应急时可将与该接触器对应的故障开关置"故障"位，甩掉该接触器运行。

②　当 LC 线圈无名线常闭触点虚接时，应打磨触点，或手托 LC 使其吸合，以便应急，不可将其短接。

③　当 LC 线圈烧损时，用大号木块垫于衔铁下方，人为使其吸合，维持运行。

注意：人为使 LC 吸合后，当需要回手柄时，主手柄回"0"位后应断开 2K；当需要换向时，应实行手动换向。

**故障 21　运行中，接地继电器 DJ 动作，接地信号灯 4XD、过载信号灯 7XD 亮，柴油机卸载**

**1. 原因**

①　DJ 误动作或主电路瞬间接地。

②　主电路低电位点接地。

③ 主电路高电位点接地。

④ 主发电机、主整流柜 1ZL、1C～6C 主触头前大线有接地点。

**2. 判断与处理**

① 主手柄回"0"位，解锁 DJ，重新提主手柄，若 DJ 不动作，说明 DJ 误动作或瞬间接地，可继续运行。

② 若 DJ 仍动作，将 DK 置"接地"位，解锁 DJ，重新加负荷，若 DJ 不再动作，说明主电路低电位点接地，可维持运行。

③ 将 DK 置"接地"位后，提主手柄，若 DJ 仍动作，说明主电路高电位点接地，此时将 1GK～6GK 逐一置"故障"位（也可分组置"故障"位），并试加负荷，直至 DJ 不再动作，说明该 GK 对应的电机接地，可甩掉该电机维持运行。

④ 若经上述处理后仍无效，说明接地点在主发电机内部、1ZL 及 1C～6C 主触头至 1ZL 间的大线上。应在停机的情况下仔细查找并排除故障后方可起机继续运行。运行中，禁止盲目将 DK 置"中立"位维持运行，以防事故扩大。

**3. 注意事项**

① 发现主回路正端接地，用故障开关切除该电机后，DK 必须仍在"接地"位放置，否则 DJ 还会动作。

② 即使主回路负端接地，也不允许 DK 长时间置于"接地"位运行，而应在机车到段后及时检查处理。

③ 甩电机运行中，剩余各电机电流不得超过 800 A。

### 故障 22　进行电气试验时，闭合接地继电器 DJ，接地信号灯 4XD 不亮

**1. 原因**

① DJ 常闭触点（350、367）虚接。

② 4XD 烧损。

**2. 判断**

短接 DJ 常开触点后，若 4XD 亮，说明 DJ 常闭触点（350、367）虚接；若 4XD 不亮，说明其烧损。

**3. 处理**

① 当 DJ 常闭触点（350、367）虚接时，打磨触点。

② 当 4XD 烧损时，更换灯泡。

### 故障 23　运行中过流继电器 LJ 动作，过流信号灯 5XD、过载信号灯 7XD 亮，柴油机卸载

**1. 原因**

① 转换开关、主接触器、牵引电动机及大线有烧损短路或有异物短路处所。

② 1ZL 中某整流元件击穿短路。

③ 牵引电动机故障或环火。

**2. 判断**

① 运行中 LJ 动作后，主手柄立即回"0"位，检查 1C～6C、转换开关、主发电机、大线及 1ZL 中整流元件外观，当有短路烧损时，应急速处理。当需要停机处理时，应尽量慢行到前方站处理。

② 若查后无异状，解锁 LJ，主手柄提"1"位，观察仪表。若直流输出电流很大，电压很小，则说明 1ZL 中有整流元件被击穿，由于击穿短路会造成 LJ 动作，同时元件接线也因通过大电流而烧损变色，所以应检查元件接线，变色或烧损者为被击穿元件。

③ 当观察仪表时，若直流输出电流、电压正常，但分流表中某个电机的电流过大，则说明该电机故障。当电机环火时，往往在造成 LJ 动作的同时 DJ 也动作。

**3. 处理**

① 1ZL 中某个整流元件被击穿时，主手柄回"0"位，拆除变色的二极管接线，若连接导线已熔断，则可做适当清理而不必拆除元件。

② 某电机故障后，可将该电机切除，经试验确认其他各电机电流正常后，可继续运行。

**4. 注意事项**

① 拆除整流元件时，每桥臂只准拆除 1 个，且应适当降低主手柄位置，以减小主发电机的电流。

② 甩电机运行中，各剩余电机的电流不得超过 800 A。

### 故障 24　进行电气试验时，闭合过流继电器 LJ，过流信号灯 5XD 不亮

**1. 原因**

① LJ 常开触点（366、351）虚接。

② 5XD 烧损。

**2. 判断**

短接 LJ 常开触点后，若 5XD 亮，说明 LJ 常开触点（366、351）虚接。若 5XD 不亮，说明 5XD 烧损。

**3. 处理**

① 当 LJ 常开触点虚接时，打磨触点。

② 当 5XD 烧损时，更换灯泡。

### 故障 25　驱动器 WJT 的三相指示灯不亮

**1. 原因**

① 辅助发电机励磁自动脱扣开关 1DZ 跳开。

② RBC 常开触点（1515、1507）虚接。

③ WJT 保险烧损或 WJT 内部不良。

**2. 判断**

① 检查 1DZ 是否跳开。

② 用负灯试 RBC 常开触点 1515 号线灯亮，试 1507 号线灯不亮，说明 RBC 常开触点（1515、1507）虚接。

③ 若上述检查均良好，可更换备用的 WJT，更换后面板灯亮，说明 WJT 保险烧损或 WJT 内部不良。

**3. 处理**

① 当 1DZ 跳开时，将其闭合。

② 当 RBC 常开触点（1515，1507）虚接时，用砂纸轻轻打磨或短接触点。

③ 当 WJT 保险烧损或 WJT 内部故障时，更换备用的 WJT。

注意：更换 WJT 时，先按下面板开关，再转换插头，不得带电作业。

### 故障 26　主手柄置"升"位，柴油机转速不升（WJT 的三相指示灯亮）

**1. 原因**

① WJT 故障。

② SK 的 7 号触指虚接。

③ 步进电机 BD 接线有断路。

④ BD 传动机构犯卡。

**2. 判断**

① 更换备用的 WJT，若更换后柴油机升速正常，说明 WJT 故障。

② 若更换 WJT 后柴油机仍不升速，将另一端主手柄置"升"位，若柴油机转速正常，说明操纵端 SK 的 7 号触指虚接。

③ 检查 BD 接线有无断路。

④ 拔下 WJT 插头，手拧 BD 后部调整钮，若逆时针方向拧不动，说明 BD 传动机构犯卡。

**3. 处理**

① 当 WJT 故障时，更换备用 WJT。

② 当 SK 的 7 号触指虚接时，打磨该触点。

③ 当 BD 接线有断路时，应接好接线。不能处理时，拔下 WJT 插头，手动调速，维持运行。

④ 当 BD 传动机构犯卡时，查找原因，消除卡滞。

## 活动 6.1.4　东风 $_{7C}$ 型内燃机车电气试验

🔥 **【活动要点】：** 东风 $_{7C}$ 型内燃机车电气试验程序。

**1. 东风 $_{7C}$ 型内燃机车电传动系统认知**

东风 $_{7C}$ 型内燃机车是交—直流电力传动内燃机车，由同步主发电机产生三相交流电，经牵引整流柜整流后，输送给六台全并联的直流牵引电动机，再由牵引电动机通过传动齿轮驱动车轮，从而使机车运行。这种传动方式的特点是结构简单、重量轻、运行可靠、调速方便，且维修方便。

**2. 东风 $_{7C}$ 型内燃机车电气试验**

1）准备工作

① 检查 ZK 类自动脱扣开关，除 ZK7、ZK10、ZK11 置"分"位外，其余均应置"合"位。

② 检查万能转换开关：

a）接地开关 WHK1 置"～"位。

b）燃油泵开关 WHK3 置"Ⅰ"或"Ⅱ"泵位。

c）起动机油泵开关 WHK2 置"正转"位。

d）照明总开关 WHK14 置"通"位。

e）当控制风缸压力高于 350 kPa 时，牵引电动机故障开关 WHK6～WHK10 置"运转"位，当控制风缸压力低于 350 kPa 时置"故障"位。

f）闭合蓄电池闸刀开关 XK，操纵台上辅助电压表显示的电压应在 96 V 以上，机组保护红灯亮。如果总风缸压力低于 500 kPa，应短接 B3/18 与 B3/27 两接线柱，为机控电路准备好通路。

2）试验顺序

① 闭合 AK1，检查油、水温度。

② 起动辅助机油泵试验。闭合 AK3，接通辅助机油泵的电路，辅助机油泵接触器 QBC 吸合，辅助机油泵电机 QBD 运转，使机油压力达到 50 kPa 以上。

③ 燃油泵试验。闭合 AK4，接通燃油泵电路，电流表显示放电，燃油泵接触器 RBC 吸合，燃油泵电机 RBD 运转。转换 WHK3，换另一泵试验。人为闭合差示中间继电器 J3，J3 吸合自锁，操纵台上差示压力红灯亮，RBC 断开，RBD 停止运转。断开 AK4，J3 释放，差示压力红灯灭。重新闭合 AK4，RBC 吸合，RBD 运转。ZK6 置"分"位，RBD 停止转动。

④ 辅助发电、固定发电试验。闭合 AK5，接通辅助发电电路，辅助励磁接触器 FLC 吸合。人为闭合辅助发电过流继电器 FLC，辅助发电限流中间继电器 J10 吸合并自锁，FLC 断开。断开 AK5，J10 解锁。闭合固定发电开关 AK6，固定发电接触器 GFC 吸合。人为闭合 FLC，J10 吸合自锁，GFC 断开。断开 AK6，J10 解锁。

⑤ 空气压缩机电气试验。闭合 AK9（手按 AN2），YC1 动作，空气压缩机红灯亮，3 s 后 YRC1 动作，红灯灭。闭合 AK10（按 AN2），YC2 动作，空气压缩机红灯亮，3 s 后 YRC2 动作，红灯灭。断开 AK9、AK10，YC1、YC2、YRC1、YRC2 断开。断开 AK3、AK4，QBC、RBC 断开。

⑥ 换向试验。闭合 AK2，司机换向手柄置前进位或后进位，操纵台头灯转换开关 WHK4 置"自动"位，换向器 HK 动作，头灯接触器 DC1 或 DC2 吸合，牵引电动机接触器（C1～C6）吸合。WHK4 置"0"位，DC1（DC2）释放。

⑦ 走车电路试验：

a）人为闭合机组保护中间继电器 J1（短接 201 与 207 线）。

b）主手柄由"0"位提至"1"位，励磁接触器 LC 吸合。主手柄由"1"位提至"保"位，励磁机励磁接触器 LLC 吸合，高位保护中间继电器 J2 吸合。

c）故障励磁电路试验。闭合 AK7，将主手柄由"1"位提至"保"位，LLC、J2 和故障励磁接触器 GLC 吸合，故障励磁红灯亮。断开 AK7，GLC 自锁。闭合 AK8，过渡绿灯亮，J4 吸合，XC 动作。断开 AK8，过渡绿灯灭，J4、XC 断开。

d）过流保护试验。主手柄由"0"位提至"1"位，LC 吸合。再将主手柄提至"保"位，LLC 吸合。人为闭合过流继电器 LJ，励磁机励磁接触器 LLC、励磁接触器 LC、牵引电动机接触器（C1～C6）全部释放，过流指示灯亮。恢复 LJ，过流指示灯灭。手柄回至"1"位，C1～C6、LC 吸合，J2 断开。

e）接地保护试验。主手柄由"1"位提至"保"位，LLC 吸合。人为闭合 DJ，接地灯亮，LLC、LC、C1～C6 断开。人为解锁 DJ，接地红灯灭。主手柄回到"1"位，LC、C1～C6 吸合，J2 断。主手柄由"1"位回到"0"位，LC 断。断开 AK2，C1～C6 断开。

⑧ 无级调速试验。

当主手柄依次历经"0"—"1"—"保"—"升"—"保"—"降"—"1"—"0"时，无级调速装置的三个红色指示灯交替显示。

⑨ 换向手柄回中立位，断开 AK1，取下短接线，恢复 J1、ZK6，电气试验完毕。

## 活动 6.1.5　东风 $_{7C}$ 型内燃机车电气故障与处理

🔥【活动要点】：东风 $_{7C}$ 型内燃机车 16 种常见电气故障的判断与处理方法。

**故障 1　闭合燃油泵开关 AK4，燃油泵接触器 RBC 不吸合**

**1. 原因**

① AK4 接触不良或接线松脱。

② 253B 与 254 号线间 J3 常闭触指接触不良。

③ 油压继电器 YK4 故障。

④ RBC 线圈烧损或接线断路。

⑤ D12 击穿。

**2. 判断**

① 闭合空气压缩机开关 AK9，手按风泵手动按钮 AN2，YC1 不吸合，"空压机"信号灯不亮，说明燃油泵开关 AK4 故障。

② 用负灯试 J3 常闭触指两端，253B 号线有电而 254 号线无电，说明该触指接触不良。

③ 检查 DLS 的吸合状态，若 DLS 不吸合，且滑油压力在 50 kPa 以上，即可判定为油压继电器 YK4 故障。若 DLS 吸合，则为 RBC 线圈本身故障。

**3. 处理**

① 检查燃油泵开关 AK4 的接线，若 AK4 故障不能修复，应急时可短接 C3/1～C3/2（AK3 闭合）。

② 当 J3 常闭触指虚接时，应打磨。

③ 当油压继电器 YK4 故障时，应急时可短接 D2/14～D2/1。

④ 当 RBC 线圈故障时，可人为使其吸合（垫起或捆绑）。

⑤ 当 D12 击穿时，甩掉 D12 维持运行。

**4. 注意事项**

① 短接 C3/1～C3/2 后，在停机时需断开 AK3。

② 短接 D2/14～D2/1 后，运用中应随时注意机油压力显示，机油末端油压不得低于 50 kPa。

③ 人为使 RBC 线圈吸合后，停机时应将其松开。

### 故障 2  燃油泵接触器 RBC 吸合，燃油泵电机 RBD 不转

**1. 原因**

① 燃油泵脱扣开关 ZK6 在"分"位。

② 101E 与 147 号线间 RBC 主触头接触不良。

③ 燃油泵转换开关 WHK3"Ⅰ"泵触指接触不良或"Ⅰ"泵电机故障。

**2. 判断**

① 检查燃油泵脱扣开关 ZK6 是否在"分"位。

② 将燃油泵转换开关 WHK3 置"Ⅱ"泵位，若Ⅱ泵电机也不转，说明 RBC 主触头接触不良。

③ 若Ⅱ泵电机转动，则说明Ⅰ泵触指不良或Ⅰ泵电机故障。

**3. 处理**

① 将燃油泵脱扣开关 ZK6 置"合"位。

② 当 RBC 主触头接触不良时，可修复不良处所或短接。

③ 使用Ⅱ泵维持运行。

### 故障 3  按下起机按钮 AN1，起动接触器 QC 不吸合

**1. 原因**

① 主手柄未置"0"位或"0"位触指接触不良。

② 起机按钮 AN1 接触不良。

③ 242C 与 243A 号线间 QBC 常开触指，243 与 244 号线间 FLC 常闭触指，244 与 245 号线间 QXC 常闭触指接触不良。

④ QC 线圈烧损断路或接线断。

**2. 判断**

① 检查主手柄位置及插销接线。

② 手按 AN1，用负灯试 QXC 常闭触指的 245 号线，无电说明 AN1、QBC 常开触指、FLC 常闭触指、QXC 常闭触指接触不良，有电说明 QC 线圈故障或接线断路。

**3. 处理**

确认主手柄置"0"位。当燃油、滑油压力符合要求时，可人为托起 QC 强迫起机。

**4. 注意事项**

① 手托 QC 应托牢、托实，时间不得超过 10 s。

② 确认辅助发电开关 AK5、固定发电开关 AK6 在"断开"位。

**故障 4　起动接触器 QC 吸合，柴油机曲轴转动但不发火**

**1. 原因**

① 蓄电池严重亏电。

② 油、水温度低。

③ 燃油系统有空气。

④ 电磁联锁 DLS 故障。

⑤ 超速停车装置手柄在"作用"位。

⑥ 供油齿条卡滞或调速器传动拉杆松脱。

**2. 判断**

① 起机时蓄电池电压降到 35 V 以下，柴油机达不到发火转速，说明蓄电池严重亏电。

② 观察操纵台仪表，确认油、水温度是否过低。

③ 观察燃油压力表，当表针有较大抖动时，松开燃油细滤器顶部放气螺钉，检查有无泡沫溢出，若有则说明燃油系统有空气。

④ 检查 DLS 的吸合状态，若不吸合，则先检查 254 与 255 号线之间的 RBC 反联锁、经济电阻 $Rdls_1$、$Rdls_2$。

⑤ 确认超速停车装置是否在"作用"位。

⑥ 若柴油机起动时供油拉杆不动，说明供油齿条卡滞或调速器传动拉杆松脱。

**3. 处理**

① 向蓄电池充电或更换不良单节电池，无条件时可甩缸起机，但应根据发火顺序（1、8，5、10，3、7，6、11，2、9，4、12）左右对称甩缸后起机。

② 当油、水温度过低时，可补加热水或用预热炉加温。

③ 排除燃油系统的空气，直到出油为止。

④ 若 DLS 故障，应急时可人为顶死使其吸合。

⑤ 将超速停车装置手柄恢复到"运转"位。

⑥ 检查各缸供油齿条及调速器弹性连接杆传动臂和各销状态，消除卡滞及不良处所。

**4. 注意事项**

① 顶死 DLS 起机时，要随时注意操纵台机油压力是否正常，即柴油机某一转速与机油压力是否对应。

② 当主机油道压力低于 50 kPa 时，禁止短接 YK4 起机。

**故障 5　闭合辅助发电开关 AK5，辅发励磁接触器 FLC 不吸合**

**1. 原因**

① AK5 接触不良或接线松脱。

② 262A 与 200J 号线间 RBC 常开触指接触不良。

③ 261B 与 259 号线间 J10 常闭触指接触不良。

④ 259 与 263 号线间 GFC 常闭触指接触不良。

⑤ FLC 线圈故障、接线断或 D14 击穿。

**2. 判断**

① 用负灯试 C3/3，灯不亮说明 AK5 接触不良或接线松脱。

② 闭合固定发电开关 AK6，若固定发电接触器 GFC 不吸合，说明 RBC 常开触指接触不良。

③ 用负灯试 GFC 常闭触指的 259 和 263 号线，259 无电说明 J10 常闭触指虚接，259 有电而 263 无电说明 GFC 常闭触指虚接，263 也有电说明 FLC 线圈故障。

**3. 处理**

① RBC 常开触指接触不良时可短接。

② 闭合固定发电开关 AK6 使用固定发电维持运行。

③ 甩掉 D14 维持运行。

**故障 6　辅发励磁接触器 FLC 吸合，电压表显示 96 V，充放电流表显示放电**

**1. 原因**

① 充电保险 RD2 烧损。

② 辅发励磁脱扣开关 ZK2 在"分"位。

③ 二极管 D3 击穿短路。

④ 141 与 142 号线、143 与 144 号线间 FLC 主触头接触不良或调整电阻 Rdt 断路。

⑤ 电压调整器故障或插头脱落。

**2. 判断**

① 闭合空气压缩机开关 AK9，按下手动按钮 AN2，若风泵接触器吸合，风泵泵风，说明充电保险 RD2 烧损。

② 检查辅发励磁脱扣开关 ZK2 是否在"分"位。

③ 闭合固定发电开关 AK6 使用固定发电，若 QD 仍不发电，说明二极管 D3 击穿短路。

④ 用负灯试 FLC 两对主触头对应的 141、142 和 143、144 号线；一端灯亮而另一端灯不亮，说明该主触头接触不良。142 号线有电而 143 号线无电说明调整电阻 Rdt 断路。

⑤ 检查电压调整器插头是否牢固，若插接牢固则说明电压调整器故障。

**3. 处理**

① 更换充电保险 RD2。

② 将辅发励磁脱扣开关 ZK2 置"合"位。

③ 二极管 D3 击穿后可将 B2/11 的 144B 号线甩下。

④ 当 FLC 主触头接触不良时可短接。

⑤ 当电压调整器故障时，更换备用的电压调整器。

注意：当更换备用的电压调整器时，不得带电作业。

**故障 7　闭合空气压缩机开关 AK9，总风缸压力低于 750 kPa，空气压缩机接触器 YC1 不吸合**

**1. 原因**

① 空气压缩机脱扣开关 ZK13 在"分"位。

② 风压继电器 YK5 故障。

③ 中间继电器 J7 线圈烧损或 303 与 304 号线间 J7 常开触指接触不良。

④ 253 与 303 号线间 QBC 常闭触指接触不良。

⑤ YC1 线圈故障或其自身反联锁虚接。

**2. 判断**

① 检查空气压缩机脱扣开关 ZK13 是否在"分"位。

② 检查中间继电器 J7 是否吸合。若未吸合，用负灯试 B5/21，灯不亮说明 YK5 故障。灯亮说明中间继电器 J7 线圈烧损断路。

③ 用负灯试 J7 常开触指的 303、304 号线，303 号线无电说明 QBC 常闭触指虚接，303 号线有电而 304 号线无电说明 J7 常开触指接触不良。

④ 手托 YC1，松手后 YC1 不再释放，说明其自身反联锁虚接；松手后 YC1 又释放，说明 YC1 线圈故障或接线断路。

**3. 处理**

① 将空气压缩机脱扣开关 ZK13 置"合"位。

② 短接 QBC 常闭触指，或使用风泵手动按钮维持运行。

③ 若 YC1 线圈故障，应急时可闭合 AK10，使用Ⅱ泵维持运行。

**故障 8　风泵泵风时，空气压缩机一级接触器 YC1 吸合，空气压缩机二级接触器 YRC1 不吸合，"空压机"信号不灭**

**1. 故障原因**

① 305E 与 306 号线间 YC1 常开触指接触不良。

② YRC1 线圈故障或自身反联锁虚接。

③ 时间继电器 SJ2 延时过长或故障。

**2. 判断**

手托 YRC1，若松手后 YRC1 不再释放，说明 YRC1 自身反联锁虚接；若松手后 YRC1 释放，说明 YC1 常开触指接触不良或时间继电器 SJ2 故障。

**3. 处理**

当遇该故障时，应迅速断开空气压缩机开关 AK9，闭合 AK10，使用另一空气压缩机维持运行，以防风泵电阻发红着火。

**故障 9　闭合机控开关 AK2，将换向手柄置前进位或后进位，机车不换向（以前进方向为例）**

**1. 原因**

① 换向前进方向 4 号触指接触不良或插锁松脱。

② 203C 与 274 号线间 LLC 常闭触指接触不良。

③ 转换开关 HK1q、HK2q 机械犯卡或电空阀接线松脱。

④ AK2 开关不良或接线松脱。

**2. 判断**

① 将头灯近光灯转换开关 WHK4 置"自动"位，若头灯接触器 DC1 不吸合，说明 4 号触指接触不良。

② 用负灯试 LLC 常闭触指两端，若 203C 有电而 274 无电，说明该联锁接触不良；若 274 亦有电，则说明转换开关 HK1q、HK2q 本身故障。

**3. 处理**

① 检查修复不良处所。

② 可人为搬动转换开关，施行手动换向。

注意：手动换向时，转换开关的位置必须与司机控制器换向手柄位置相同。

**故障 10　机车换向良好，但牵引电空接触器 C1～C6 不吸合（以前进方向为例）**

**1. 原因**

① 牵引电动机故障开关 WHK6～WHK11 未在"运转"位。

② 203E—275—291D 号线间 HK1q 或 HK2q 常开触指接触不良。

③ 291C 与 292A 号线间 J2 常闭触指接触不良。

④ C1～C3 或 C4～C6 线圈故障或负线断路。

⑤ 291F—291E—191 号线间 ZFK2 或 ZFK5 常闭触指接触不良（DF$_{7B}$ 型车）。

**2. 判断**

① 检查 WHK6～WHK11 是否在"运转"位。

② 在停车状态将司机控制器换向手柄置"后进"位，若 C1～C6 吸合，说明 HK1q、HK2q 常开触指接触不良；若 C1～C6 仍不吸合，则说明 J2 常闭触指接触不良。

③ 若 C1～C3 和 C4～C6 某组电空阀不吸合，则说明该组电空阀负线断路。若单个接触器不吸合，则说明相应电空阀故障。

**3. 处理**

① 将 WHK6～WHK11 置"运转"位。

② 若 HK1q、HK2q 常开触指接触不良，可短接 A2/7～A2/25。当 J2 常闭触指接触不良时，可将之短接。

③ 若某主接触器不吸合，可将对应的故障开关置"故障"位。

**4. 注意事项**

① 某故障开关置"故障"位后，需将电子恒功控制箱上对应的电机空转开关置"切"位。

② 若甩两台电机运行，还须将"扣功"开关置"扣功"位。

**故障 11　提主手柄至"1"位，励磁接触器 LC 不吸合**

**1. 原因**

① 司机控制器 7 号触指接触不良。

② 216B 与 218C 号线间 J2 常闭触指接触不良。

③ C1～C6 任一常开触指接触不良。

④ LC 线圈中间抽头反联锁虚接或线圈故障、接线短路。

⑤ 司机控制器插销松动。

**2. 判断**

① 用负灯试 J2 常闭触指的两端：216B 号线无电说明司机控制器 7 号触指接触不良，216B 号线有电而 281C 号线无电说明 J2 常闭触指接触不良。

② 将故障开关 WHK6～WHK11 分别置"故障"位，当某故障开关置"故障"位时 LC 吸合，则说明该故障开关对应的主接触器的常开触指接触不良。

③ 若 WHK6～WHK11 均置"故障"位后 LC 仍不吸合，可手托 LC 使其人为吸合。松手后 LC 不释放说明线圈中间抽头反联锁虚接；松手后 LC 又释放，说明 LC 线圈故障或接线断路。

**3. 处理**

① 当司机控制器 7 号触指接触不良时，应修复打磨。

② 当 J2 常闭触指接触不良时，可短接。

③ 当 C1～C6 任一常开触指接触不良时，可将对应的故障开关置"故障"位。

④ 当 LC 中间抽头反联锁虚接时，应打磨触点；当线圈故障时，可人为顶起使其吸合。

**4. 注意事项**

① 某故障开关置"故障"位时，要将电子恒功控制箱上对应的电机空转开关置"切"位。

② 当 LC 线圈中间抽头反联锁虚接时，严禁使用短接线短接。

③ 若甩两台电机运行，还须将"扣功"开关置"扣功"位。

④ 人为使 LC 吸合时，应使其吸合牢固。

### 故障 12  提主手柄至"降""保""升"位，励磁机励磁接触器 LLC 不吸合

**1. 原因**

① 司机控制器 9 号触指接触不良。

② 总风缸压力低于 500 kPa 或风压继电器 YK3 故障。

③ 226B 与 227 号线间 LJ 常闭触指、227 与 228 号线间 DJ 常闭触指、228B 与 227 号线间 J1 常开触指、277 与 278 号线间 LC 常开触指任一接触不良。

④ LLC 线圈故障。

**2. 判断**

采用优先法将该电路分成三段，用试灯进行故障查线：

① 用负灯试 A2/8，灯不亮说明司机控制器 9 号触指或风压继电器 YK3 接触不良；再用负灯试 B3/18，灯不亮说明司机控制器 9 号触指接触不良，灯亮说明风压继电器 YK3 接触不良。

② 用负灯试 A2/8 灯亮，试 A2/9 灯不亮，说明 LJ 常闭触指或 DJ 常闭触指虚接。再用负灯试 DJ 常闭触指的 227 号线，灯不亮说明 LJ 常闭触指虚接，灯亮说明 DJ 常闭触指虚接。

③ 用负灯试 LC 常开触指两端，277 号线无电说明 J1 常开触指虚接，277 有电而 278 无电说明 LC 常开触指虚接，278 号线也有电则说明 LLC 线圈故障。

**3. 处理**

① 当司机控制器 9 号触指虚接时，可打磨；当风压继电器 YK3 故障时，可短接 B3/18

的 B3/27；当 LC 常开触指虚接时，可手托 LC 使其吸合，不可短接。

② 当 LJ 常闭触指、DJ 常闭触指、J1 常开触指虚接时，应打磨，应急时可短接。

③ 当 LLC 线圈故障时，应急处理措施是人为将其顶死。

**4. 注意事项**

① 使用短接线后，要时刻注意操纵台上"机组保护""过流""接地"信号灯的显示，发现问题立即使主手柄回"0"位。

② 人为顶死 LLC 后，若需换向，只能人工进行，但主手柄必须回"0"位，严禁带负荷换向，因为此时主手柄在"1"位就能走车。

③ 当人为使 LLC 吸合时，应使其吸合牢固；当线圈烧损时，应拆下接线，用胶布包好。

**故障 13　使用电子励磁时，C1～C6、LC、LLC 均吸合，但励磁电流表 A3 无显示，机车不走车**

**1. 原因**

① 电子励磁开关 AK11 未闭合或接线松脱。

② 电子励磁脱扣开关 ZK8、ZK9 在"分"位。

③ 励磁机励磁脱扣开关 ZK1 在"分"位。

④ 电子恒功箱上电源开关在"断"位或保险烧损。

⑤ 62A 与 64 号线间 GLC 常闭触指虚接。

⑥ LLC 主触头虚接。

**2. 判断**

① 闭合 AK11 并检查其接线。

② 检查 ZK8、ZK9、ZK1 是否在"分"位。

③ 检查电子恒功箱上的电源开关是否在"通"位，若指示灯不亮说明保险烧损。

④ 使用故障励磁时，励磁电流表显示有"GLC 常闭触指接"。若仍不走车，说明 LLC 主触头虚接。

**3. 应急处理**

① 闭合 AK11，将 ZK8、ZK9、ZK1 置"合"位。

② 将电子恒功箱电源开关置"通"位。若保险坏可更换 2 A 的保险。

③ 当 LLC 主触头虚接时，应打磨整修触头，应急时可短接。

④ 当 GLC 常闭触指虚接时，可使用故障励磁维持运行。

注意：短接 LLC 主触头时，主手柄在"1"位就能走车，主手柄回"0"位后励磁机仍有励磁电流，应注意安全。

**故障 14　运行中，主手柄在"降""保""升"位时，速度已达到过渡点，机车不过渡**

**1. 原因**

① 机车速度表内部故障，不能控制 J4 线圈。

② J4 线圈故障或 287E 与 288 号线间 J4 常开触指虚接。

③ 磁场削弱接触器线圈 XC1、XC2 烧损或负线断路。

**2. 判断**

① 闭合手动过渡开关 AK8，若 XC1、XC2 吸合，说明机车速度表内部故障。

② 若使用手动过渡后 J4 仍不吸合，说明 J4 线圈故障。

③ J4 吸合后，用负灯试其常开触指，若 287E 号线有电而 288 号线无电，说明 J4 常开触指虚接。若 288 号线也有电则说明 XC1、XC2 负线断路。

**3. 处理**

① 若机车速度表内部故障，可使用手动过渡。

② 若 J4 线圈故障，待达到过渡点时可人为使其吸合。

③ 若 J4 常开触指虚接或 XC1、XC2 负线断路时，均可人为使 XC1、XC2 吸合。

**注意：** 机车过渡点速度为 53 km/h，调车工况时因速度限制可不做处理。

## 故障 15 运行中接地继电器 DJ 动作，"接地"信号灯亮，柴油机卸载

**1. 原因**

① 主电路瞬间接地或 DJ 误动作。

② 主电路直流侧正端接地。

③ 主电路直流侧负端接地。

④ 主电路 C1～C6 主触头前至交流侧电路有接地处所。

**2. 判断**

① 主手柄回"1"位，人为解锁 DJ，重新加负荷，若 DJ 不再动作，说明主电路瞬间接地或 DJ 误动作。

② 若 DJ 仍动作，主手柄回"1"位解锁 DJ，将接地开关 WHK1 置"＋"位提手柄，若此时 DJ 仍动作，说明主电路直流侧正端接地。

③ 若 WHK1 在"＋"位时 DJ 不动作，将 WHK1 置"－"位提手柄，若 DJ 又动作，说明主电路直流侧负端接地。

④ 若 WHK1 在"＋""－"位时 DJ 均不动作，只在"运转"位时动作，说明主电路中 C1～C6 主触头前至交流侧电路有接地处所。

**3. 处理**

① 主电路瞬间接地或 DJ 误动作可不做处理，维持运行。

② 当主电路直流侧正端接地时，应将 WHK1 置"＋"位，将故障开关 WHK6～WHK11 逐一置"故障"位，逐次试加负荷，直到 DJ 不再动作，此故障开关对应的电机正端接地，可甩掉该电机维持运行，此时 WHK1 仍放在"＋"位。

③ 主电路直流侧负端接地时，可将 WHK1 置"＋"位，低速维持运行。

④ C1～C6 主触头前至交流侧电路有接地处所时，应检查主发电机内部、主整流柜 ZL1 的接线及输出大线，消除接地处所。若确认为一点接地，可将 WHK1 置"＋"位维持运行，回段报修。

**4. 注意事项**

甩掉电机后，应将电子恒功箱上对应的电机空转开关置"切"位；若甩掉两台电机运行，

应将电子恒功箱上的工况开关置"扣功"位。

**故障 16　运行中过流继电器 LJ 动作，"过流"信号灯亮，柴油机卸载**

**1. 原因**

① 转换开关、主接触器、牵引电动机及大线烧损短路。

② 主整流柜 ZL1 整流二极管击穿短路。

③ 牵引电动机环火。

**2. 判断**

① 运行中 LJ 动作后，应立即将主手柄回"0"位，检查 C1～C6 接触器、转换开关、主发电机、大线及 ZL1 整流元件外观，若有短路烧损，应急速处理。

② 若检查后无异状，可解锁 LJ，主手柄提"保"位观察仪表，若主发输出电流表有显示，而电压表无显示，说明 ZL1 中有整流元件击穿短路。

③ 若直流输出电流、电压表显示正常，但分流表中某个电机的电流过大，则说明该电机故障。电机环火时往往造成 LJ 动作的同时 DJ 也动作。

**3. 处理**

① 当 ZL1 中某个整流元件击穿时，手柄回"0"位。若其接线已变色，可拆除该整流二极管。若元件连接导线已熔断，则可适当清理而不必拆除。

② 某电机故障后，可将该电机切除，维持运行。

**4. 注意事项**

① 拆除整流元件时，每桥臂只准拆除 1 个，并适当减小主发的电流。

② 甩电机后，应将电子恒功箱上对应的电机空转开关置"切"位。

【考核评价】

**1. 自我评价**

① 自我考核：东风$_{4B}$型、东风$_{7C}$型内燃机车电气设备安装位置、电气试验操作程序以及电气故障的判断与处理描述。

② 自我评价（见表 6-2）。

表 6-2　自我评价（每项满分为 10 分）

| 序号 | 评价内容 | 得分 | 亮点 |
| --- | --- | --- | --- |
| 1 | 课前知识查阅、调研完成情况 | | |
| 2 | 课前、课中与人协作沟通表现 | | |
| 3 | 东风$_{4B}$型、东风$_{7C}$型内燃机车电气试验与电气故障判断处理掌握情况 | | |
| 4 | 课前、课中学习态度表现 | | |

## 2. 小组评价（见表 6–3）

表 6–3　小组评价（每项满分为 10 分）

| 序号 | 评价内容 | 得分 | 亮点 |
|---|---|---|---|
| 1 | 课中学习态度表现 | | |
| 2 | 课前、课中与人协作沟通表现 | | |
| 3 | 东风$_{4B}$型、东风$_{7C}$型内燃机车电气试验与电气故障判断处理掌握情况 | | |

## 3. 教师评价（见表 6–4）

表 6–4　教师评价（每项满分为 10 分）

| 序号 | 评价内容 | 得分 | 亮点 |
|---|---|---|---|
| 1 | 课前知识查阅、调研完成情况 | | |
| 2 | 课中参与及协作情况 | | |
| 3 | 掌握东风$_{4B}$型、东风$_{7C}$型内燃机车电气试验与电气故障判断处理方法的效果 | | |

【教师建议】

掌握东风$_{4B}$型、东风$_{7C}$型内燃机车电气试验程序及常见故障处理方法，为今后从事内燃机车检修相关工作打好基础。

# 任务6.2　交流传动内燃机车电气操作程序与电气故障判断处理（以 HX$_N$5 型内燃机车为例）

【任务描述】

实训教学中，需要提供一台 HX$_N$5 型内燃机车或完整的电气试验台。为了使学生掌握 HX$_N$5 型内燃机车电气试验情况，可以将学生分成若干学习小组，以小组为单位，结合有关理论知识，对照实物，分别对内燃机车的电气柜、司机室操纵台各个部分进行观察、分析，使学生熟悉司机室操纵台、电气柜内各设备的安装位置，熟悉电气试验操作流程，掌握电路通断情况，并展开针对性的讨论。

【学习目标】

| | |
|---|---|
| 知识目标 | 了解 $HX_N5$ 型内燃机车的电气设备，掌握 $HX_N5$ 型内燃机车电气故障产生的原因和处理办法 |
| 能力目标 | 掌握 $HX_N5$ 型内燃机车电气操作程序，能对常见故障进行排查处理 |
| 素质目标 | 养成细致、认真的工作作风，养成独立分析问题的良好习惯，能够比较自如地与他人沟通、协作完成工作 |

## 活动 6.2.1　$HX_N5$ 型内燃机车司机操纵台电气设备与控制电路认知

【活动要点】：① 司机操纵台电气设备。

② 基本控制电路。

**1. $HX_N5$ 型内燃机车司机操纵台电气设备**

1）司机主操纵台

司机主操纵台的机车牵引设备布置如图 6-7 所示。

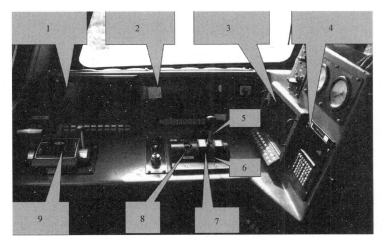

1—主操纵台智能主显示屏；2—主操纵台 LKJ 显示屏；3—主操纵台智能副显示屏；4—主操纵台
CIR 无线通信设备；5—电阻制动；6—牵引；7—主手柄；8—换向手柄；9—电空制动机。

图 6-7　司机主操纵台的机车牵引设备布置

2）司机控制器

司机控制器简称司控器，包括主手柄和换向手柄。

主手柄也称挡位手柄，如图 6-8 所示。

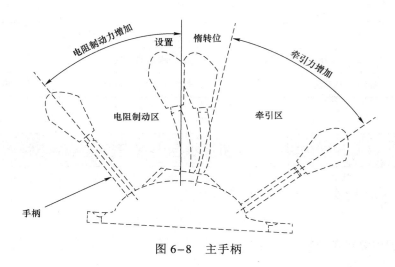

图 6-8　主手柄

换向手柄如图 6-9 所示。

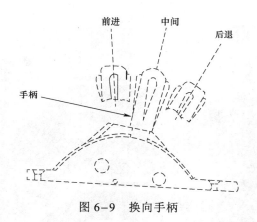

图 6-9　换向手柄

换向手柄是解锁和锁定换向器的钥匙。取出该手柄后，司控器锁定，主手柄无法从惰转位移开。以下描述了换向手柄和主手柄的互锁及操作。

① 换向手柄必须在主手柄移出惰转位前插入。

② 换向手柄只能在主手柄处于惰转位时移到前进或后退位置。

③ 主手柄不在惰转位时，换向手柄无法移到前进或后退位置。

④ 主手柄可以在换向手柄处于任何设置时移入各挡位。

⑤ 主手柄只能在换向手柄处于前进或后退位置时移入电阻制动区。换向手柄处于中间位置时，挡位手柄不能移入电阻制动区。

3）主操纵台下部右侧断路器开关

主操纵台下部右侧断路器开关如图 6-10 所示。

1—主发励磁断路器；2—主控断路器；3—电阻制动断路器；4—LKJ 切出开关；5—空调开关。

图 6-10　主操纵台下部右侧断路器开关

### 2. HX$_N$5 型内燃机车牵引电路

1）机车牵引电气原理图

机车牵引电气原理图如图 6-11 所示。由图中可见，整流器由 3 个二极管整流桥臂构成，分别是 RMA、RMB、RMC。逆变器一共有 6 台，分别是 INV1、INV2、INV3、INV4、INV5 和 INV6，它们的电气结构完全一致。TM1～TM6 为牵引电动机。TA 为牵引交流发电机。

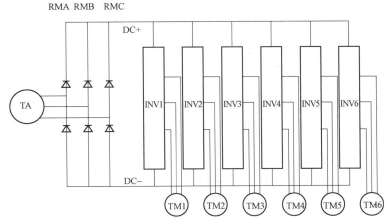

图 6-11　机车牵引电气原理图

2）牵引系统接地故障检测电路

牵引系统接地故障检测电路主要负责以下几部分电路的接地检测：

① 主发电机中的接地故障。

② 电源转换、整流和配电装置中的接地故障。

③ 电阻制动电路中的接地故障。

④ 逆变器和牵引电动机电路中的接地故障。

在机车发生接地故障时，HX$_N$5 型内燃机车将根据接地故障的严重程度采取相应的保护措施。

3）辅助电气系统

（1）辅助交流发电机起动

控制系统决定辅助交流发电机何时起动。辅助交流发电机的起动，必须同时满足以下三个条件：

① 柴油机转速在 400 r/min 与 1 050 r/min 之间，并至少持续 20 s。

② 所有辅助柜的柜门关闭并锁好，DIS1～DIS4 触点闭合。

③ 智能显示器的第 2 级开关显示屏上的辅助发电机 AA 输入输出（in/out）开关必须打到"in"位。

除此之外，机车上的集中控制体系结构可以检测到这些条件并做出反应。

（2）辅助交流发电机的蓄电池供电励磁电路

辅助交流发电机的蓄电池供电励磁电路如图 6-12 所示。

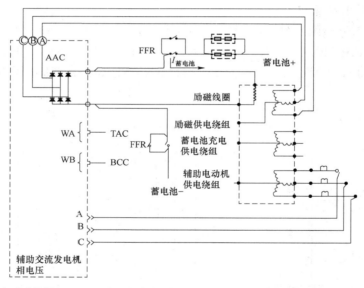

AAC—辅助发电机励磁控制器；TAC—牵引交流发电机控制器；BCC—蓄电池充电控制器；FFR—励磁继电器；

WA，WB，A，B，C—辅助交流发电机相电压。

图 6-12　辅助交流发电机的蓄电池供电励磁电路

（3）辅助交流发电机的励磁电路

辅助交流发电机有三套输出绕组，其中一套为励磁供电绕组。该套绕组输出的交流电经励磁控制器转换为直流电提供给牵引交流发电机和辅助交流发电机的励磁绕组。牵引交流发电机和辅助交流发电机输出的交流电分别供给牵引回路和辅助回路。图 6-13 为牵引交流发电机和辅助交流发电机励磁电路。

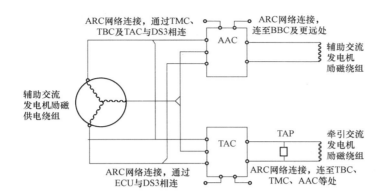

AAC—辅助发电机励磁控制器；ECU—柴油机控制单元；TAP—牵引交流发电机保护板；TBC—牵引充电控制器；
TMC—牵引电动机控制器；TAC—牵引交流发电机控制器；DS3—智能显示器；BBC—蓄电池充电控制器。

图6-13 牵引交流发电机和辅助交流发电机励磁电路

（4）蓄电池充电电路

辅助交流发电机三个输出绕组中的第二个是蓄电池充电供电绕组。在起动柴油机后，该绕组可给蓄电池充电。同时，蓄电池充电电路也为其他的低压电气设备，如加热器、空调、逻辑电路等供电。蓄电池充电电路如图6-14所示。

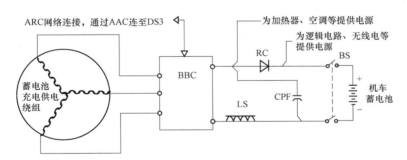

BBC—蓄电池充电控制器；RC—逆流二极管；LS—起动/蓄电池充电电感器；
CPF—控制电源滤波器；BS—蓄电池开关。

图6-14 蓄电池充电电路

4）柴油机控制相关电路

$HX_N5$型内燃机车主辅交流发电机共用一个转子，这个转子直接连接到柴油机的曲轴上。通过给6个逆变器中的1个供直流电使其产生交流电来驱动交流发电机，从而拖动柴油机旋转，达到起动柴油机的目的。

$HX_N5$型内燃机车的集中控制体系结构控制柴油机起动并将其设定在惰转状态。牵引系统的某些部分提供起动所需动力。其构成的拖动系统用以驱动曲轴并使柴油机达到点火转速。当然，也包括为柴油机起动和运行提供燃油的燃油控制电路。柴油机起动系统主要包括以下几个电路。

（1）集中控制体系结构（CCA）电路

智能显示器 3（DS3）是机车的大脑，其他的设备，诸如集成式输入输出控制板（CIO）、牵引电动机控制器（TMC）和柴油机控制单元（ECU）均受其控制。图 6-15 是负责柴油机起动的 CCA 电路中的装置。

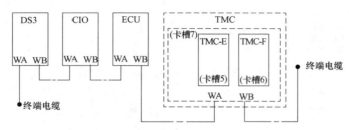

图 6-15　负责柴油机起动的 CCA 电路中的装置

（2）起动控制电路

$HX_N5$ 型内燃机车使用逆变器来起动柴油机，有两个逆变器，一个为主逆变器，另一个为辅助逆变器，以便提供一定的故障冗余。与柴油机起动有关的控制电路如图 6-16 所示。在实际运用中，选择逆变器 6 作为主逆变器。在通常情况下逆变器 2 和逆变器 5 比其他逆变器工作的时间要短，所以将其中一个设为辅助逆变器。由于牵引交流发电机的电缆布置与牵引电动机 5 的电缆布置趋于同一方向，所以选择逆变器 5 作为辅助逆变器。柴油机起动转换开关（CTS）用于选择主、辅助逆变器。

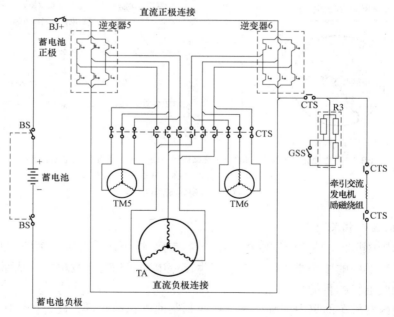

CTS—柴油机起动转换开关；BS—蓄电池开关；BJ+—蓄电池移车正极接触器；GSS—柴油机起动程序接触器；
R3—起动电阻；TM—牵引电动机；TA—牵引交流发电机。

图 6-16　与柴油机起动有关的控制电路

## 活动 6.2.2 HX<sub>N</sub>5 型内燃机车司机电气操作程序

**【活动要点】:** ① 蓄电池移车操作程序。
② 换台操作程序。
③ 动车操作程序。

**1. 蓄电池移车操作程序**

在蓄电池移车时,为确保电子空气制动(EAB)运行正常,应检查总风缸是否达到最低风压(414 kPa)。动车前,必须试闸,并将机车设置为"本务",否则会导致无法停车并造成严重的人身伤害。蓄电池移车操作程序如下:

① 将换向手柄置于居中位。
② 将柴油机控制面板上的柴油机控制开关置"移车"位。
③ 闭合操纵台下方主发励磁断路器。
④ 向机车移动方向推动换向手柄。
⑤ 按下蓄电池移车按钮移动机车。
⑥ 松开蓄电池移车按钮停止移车。

**2. 换台操作程序**

1)切除操纵台操作

① 停车,单阀手柄置全制动位。
② 主手柄置惰转位,将换向手柄从中间位取出。
③ 自阀手柄置重联位并定位,单阀手柄置运转位。
④ 断开主发励磁断路器、电阻制动断路器,但主操纵台上的控制断路器必须保持接通。
⑤ 将断路器面板上的操纵台选择开关置于需要的位置,上为主台,下为辅台。

2)切入操纵台操作

① 插入换向手柄。
② 单阀手柄置全制动位,自阀手柄置抑制位 1 s 以上回运转位。

**3. 动车操作程序**

① 再次确认电空制动设置为"本务、货车、非保压"状态。
② 确认均衡风缸、制动管压力达到定压,总风缸压力在规定范围内。
③ 确认停放制动塞门处"缓解"位,确认指示灯灭。
④ 柴油机控制开关置"运行"位。
⑤ 闭合操纵台下方主发励磁断路器、电阻制动断路器。
⑥ 换向手柄置于所需的运行方向。
⑦ 缓解机车制动,移动主手柄使机车起动。

**注意:** 停车后须将主发励磁断路器断开。

## 活动 6.2.3　HX$_N$5 型内燃机车电气故障处理

🔥【活动要点】：5 种常见电气故障的原因及处理方法。

**故障 1　HX$_N$5 型内燃机车起动故障**

**1. 原因**

① DS1～DS3 显示屏通信中断，机车广播供电源 ESW、RPS 故障，或 ESW、RPS 线路故障。

② 起机相关的开关、断路器、手柄不在要求位置或闭合不良。

③ 柴油机控制开关不在"起动"位或闭合不良。

④ 起机不响铃，CIO 未接收到起机响铃反馈信号。

⑤ ECU 未接收到燃油泵电机断路器信号。

⑥ 操纵台顶部重联运行开关在"切除"位。

⑦ 第 5、6 电机被切除。

**2. 处理**

① 可依次甩屏起机排除。对故障的机车广播供电电源 ESW、RPS 进行更换。检查 ESW、RPS 线路，对出现松动、虚接的线路重新紧固安装。

② 对不在要求位置的起机相关的开关、断路器、手柄进行重置，对不良的开关、断路器、手柄进行更换。

③ 将柴油机控制开关置"起动"位，更换闭合不良的起动位柴油机控制、开关对应的触头。

④ 检查警铃接线状态，对松动的接线进行紧固。

⑤ 检查燃油泵电机断路器线路或更换断路器。

⑥ 将操纵台顶部重联运行开关置"运行"位。

⑦ 对第 5、6 电机进行检查，若电机无故障切除，则将其恢复。若电机确因故障切除，要查找并修复故障，或更换故障电机。

**故障 2　HX$_N$5 型内燃机车起机后辅发不发电**

**1. 原因**

① 各辅助电气柜柜门没有关闭到位，或门联锁闭合不良，或 FDCR1、FDCR2 放电继电器状态不良。

② 微机屏内辅助发电开关被切除。

③ FFR 辅助电机磁场继电器不动作。

④ 蓄电池亏电。

⑤ 空气压缩机接触器触头发生粘连或犯卡。

⑥ 辅助发电控制器 AAC 故障。

**2. 处理**

① 将各辅助电气柜柜门重新关闭。可参考显示屏事件日志故障提示，更换闭合不良的

门联锁或状态不良的 FDCR1、FDCR2 放电继电器。

②　将微机屏内辅助发电开关置"投入"位。

③　检查 FFR 辅助电机磁场继电器线圈接线状态，紧固松动的接线，若不起作用则更换继电器。

④　暂时切除不用的一切用电设备（含 EMB 排尘风机断路器），待发电后再将其投入。当严重亏电时，必须对蓄电池进行充电。

⑤　当空气压缩机接触器触头发生粘连或犯卡时，会造成辅助发电自动切除。若该触头发生粘连或犯卡，可对粘连或犯卡触头进行打磨处理。

⑥　更换辅助发电控制器 AAC。

### 故障 3　$HX_N5$ 型内燃机车牵引无效或牵引受限

**1. 原因**

①　柴油机水压过低。

②　油压没有达到最低标准。

③　IGBT 饱和与上升开关没有开启，电机自动切除。

④　TMC 本身问题或软件版本不匹配。

⑤　有模块电压衰减。

**2. 处理**

此故障原因较多，柴油机、电气线路、空气制动、软件都有可能引发此故障，可按"诊断功能"内"事件日志"里的提示检查处理。

①　检查水压传感器及线路状态，更换故障水压传感器，紧固松动的接线。

②　检查油压传感器及线路状态，更换故障油压传感器，紧固松动的接线。

③　查看电机大线是否磨破接地，有磨破现象要立即更换大线。查看 IGBT 光纤信号是否正常，若不正常，可检查线路及插头状态，更换破损的接线或不良插头。检查 GP 模块有无电源输出，输出电源为 140 V 左右交流电，若无输出则更换 GP 模块。

④　TMC 本身问题或软件版本不匹配，应及时更换 TMC 板卡或重新装载机车软件。

⑤　按照故障提报信息检查所报故障位的电压衰减模块，导通其线路。

### 故障 4　$HX_N5$ 型内燃机车牵引电动机接地

**1. 原因**

①　起动转换开关 CTS 故障。

②　牵引电动机电缆绝缘不良或电缆线的固定卡子松动、布线不合理。

③　牵引电动机接线盒内部线缆烧损。

**2. 处理**

下载机车数据，在事件记录中检查故障模式，找到有故障的牵引电动机及信息提示。如果牵引电动机接地，系统会切除牵引电动机且有报警提示。若同时有逆变器 IGBT 故障，也要按照 IGBT 故障处理方法查找故障。处理措施如下：

①　更换故障的起动转换开关 CTS。

② 及时更换绝缘不良的牵引电动机电缆，更换电缆线松动卡子，对布线进行调整。

③ 更换牵引电动机接线盒内部烧损线缆。

### 故障 5    HX$_N$5 型内燃机车电阻制动故障

**1. 原因**

① DB1A、DB2A 和 DB3A 接触器卡滞。

② 电阻制动接触器 DB1A+、DB2A+ 和 DB3A+ 烧损、卡滞。

③ 电阻制动通风机速度传感器及其接线不良。

④ 电压传感器 VMBTB1、VMBTB2、VMBTB3、VMBTB4、VMBTB5 和 VMBTB6 的插头或电气线路有烧损、虚接和接地故障。

⑤ 电阻制动栅烧损。

**2. 处理**

① 进入显示屏的二级菜单，检查事件记录中关于 DB1A、DB2A 和 DB3A 接触器卡滞信息，如果记录中有卡滞信息，按照信息提示更换 DB1A、DB2A 和 DB3A 接触器。

② 打开 CA4，检查电阻制动接触器 DB1A+、DB2A+ 和 DB3A+ 是否有烧损、卡滞等现象，对烧损、卡滞的接触器进行更换。

③ 检查电阻制动通风机速度传感器及其接线是否松动和破损，不要拆掉传感器，对松动的传感器进行紧固，破损的接线要更换。

④ 检查电压传感器 VMBTB1、VMBTB2、VMBTB3、VMBTB4、VMBTB5 和 VMBTB6 的插头或电气线路是否有烧损、虚接和接地故障，对烧损的插头进行更换，对虚接和接地的线路要进行重新接入和查找，清除接地故障。

⑤ 更换烧损的电阻制动栅。

【考核评价】

**1. 自我评价**

① 自我考核：HX$_N$5 型内燃机车电气设备安装位置、电气操作程序与电气故障判断处理方法描述。

② 自我评价（见表 6–5）。

表 6–5　自我评价（每项满分为 10 分）

| 序号 | 评价内容 | 得分 | 亮点 |
|------|----------|------|------|
| 1 | 课前知识查阅、调研完成情况 | | |
| 2 | 课前、课中与人协作沟通表现 | | |
| 3 | HX$_N$5 型内燃机车电气设备安装位置、电气操作程序与电气故障判断处理方法掌握情况 | | |
| 4 | 课前、课中学习态度表现 | | |

### 2. 小组评价（见表 6-6）

表 6-6　小组评价（每项满分为 10 分）

| 序号 | 评价内容 | 得分 | 亮点 |
|---|---|---|---|
| 1 | 课中学习态度表现 | | |
| 2 | 课前、课中与人协作沟通表现 | | |
| 3 | HX$_N$5 型内燃机车电气设备安装位置、电气操作程序与电气故障判断处理方法掌握情况 | | |

### 3. 教师评价（见表 6-7）

表 6-7　教师评价（每项满分为 10 分）

| 序号 | 评价内容 | 得分 | 亮点 |
|---|---|---|---|
| 1 | 课前知识查阅、调研完成情况 | | |
| 2 | 课中参与及协作情况 | | |
| 3 | 掌握 HX$_N$5 型内燃机车电气设备安装位置、电气操作程序与电气故障判断处理方法的效果 | | |

【教师建议】

　　掌握 HX$_N$5 型内燃机车电气设备安装位置、电气操作程序与常见电气故障判断处理方法，为今后从事内燃机车检修相关工作打好基础。

项目 **7**

# 内燃机车制动机试验检查
# 及故障处理技能训练

## 任务 7.1　JZ–7 型内燃机车制动机试验

【任务描述】

　　在实训教学中，需要提供一台 JZ–7 型制动机试验教学设备。为了增强学生对 JZ–7 型制动机的直观感性认识，可将学生分成若干小组，以小组为单位学习 JZ–7 型制动机的结构及总体布置情况、主要部件的控制关系，学习 JZ–7 型制动机"七步闸"检查步骤、检查内容及要求，并进行检查操作，熟练掌握 JZ–7 型制动机常见故障的分析、处理方法，并展开针对性的讨论。

【学习目标】

| 知识目标 | 了解 JZ–7 型制动机的主要性能参数，熟悉 JZ–7 型制动机"七步闸"检查步骤和检查内容要求 |
| --- | --- |
| 能力目标 | 会进行"七步闸"试验，能正确分析、处理常见故障 |
| 素质目标 | 养成细致、认真的二作作风；养成独立分析问题的良好习惯；能够比较自如地与他人沟通、协作完成工作 |

### 活动 7.1.1　JZ–7 型制动机认知

　　🔵【活动要点】：① JZ–7 型制动机单独制动性能表。
　　　　　　　　　　② JZ–7 型制动机自动制动性能表。

　　JZ–7 型制动机主要性能参数包括单独制动性能参数和自动制动性能参数，如表 7–1、表 7–2 所示。

表 7-1 单独制动性能参数

| 技术项目 | 技术要求 |
|---|---|
| 全制动位制动缸最高压力/kPa | 300 |
| 全制动位制动缸压力自 0 升到 280 kPa 的时间/s | 2~3 |
| 运转位制动缸压力自 300 kPa 降至 35 kPa 的时间/s | <4 |

表 7-2 自动制动性能表

| 技术项目 | 技术要求 |
|---|---|
| 分配阀工作风缸初充气压力自 0 上升到 480 kPa 的时间/s | 30~50 |
| 分配阀降压风缸初充气压力自 0 上升到 480 kPa 的时间/s | 50~70 |
| 列车管压力有效局减量/kPa | 25~35 |
| 常用全制动后阶段缓解次数（级）/次 | 5（客车位） |
| 均衡风缸压力自 500 kPa 常用全制动减压至 360 kPa 的时间/s | 4~7 |
| 常用全制动制动缸最高压力/kPa | 340~360 |
| 常用全制动制动缸升压时间/s | 5~7 |
| 制动缸自最高压力减至 0 的时间/s | 5~8 |
| 紧急制动列车管压力减至 0 的时间/s | <3 |
| 紧急制动后制动缸最高压力/kPa | 420~450 |
| 紧急制动后制动缸压力升至最高的时间/s | 4~7 |

## 活动 7.1.2  JZ-7 型制动机"七步闸"试验

🔥【活动要点】：① JZ-7 型制动机"七步闸"试验步骤。

② JZ-7 型制动机"七步闸"试验各步检查内容。

JZ-7 型制动机"七步闸"试验程序及检查内容如表 7-3 所示。

表7–3　JZ–7型制动机"七步闸"试验程序及检查内容

| 操作顺序 | 自阀 | | | | | | | | 单阀 | | | | 检查内容 |
|---|---|---|---|---|---|---|---|---|---|---|---|---|---|
| | 过充位 | 运转位 | 制动区 | | | 过减位 | 取柄位 | 紧急位 | 缓解位 | 运转位 | 制动区 | | |
| | | | 最小 | 最大 | | | | | | | 制动 | 全制 | |
| 1 | | | | | | | | | | | | | ① 确认压力表指示规定压力:总风缸压力为750～900 kPa,工作风缸、均衡风缸及列车管压力为500 kPa或600 kPa,制动缸压力为0。<br>② 列车管减压50 kPa,制动缸压力为100～125 kPa;制动管泄漏量每分钟不超过20 kPa。<br>③ 由②到③在制动区移动3～4次,观察阶段制动是否稳定,减压量与制动缸压力的比例是否正确,至最大减压位时,列车管减压量为140 kPa或170 kPa,制动缸压力应为350 kPa或420 kPa(装有切控阀的机车此值为120～140 kPa或140～170 kPa)。<br>④ 单阀缓解作用应良好,应能缓至50 kPa以下。<br>⑤ 复原弹簧应作用良好。<br>⑥ 自阀缓解作用应良好,工作风缸、均衡风缸及列车管应恢复定压;制动缸压力下降为0 |
| 2 | | | | | | | | | | | | | ⑦ 间隔10 s以上,待分配阀各气室充满风后再制动。<br>⑧ 制动管减压为140 kPa或170 kPa,制动缸压力由0升到350 kPa或420 kPa的时间为5～7 s或7～9 s。<br>⑨ 缓解作用应良好,制动缸压力由350 kPa降到35 kPa的时间为5～7 s。均衡风缸、制动管、工作风缸的压力恢复正常 |
| 3 | | | | | | | | | | | | | ⑩ 均衡风缸及制动管减压量为240～260 kPa,制动缸压力应为350～420 kPa,不得紧急制动。<br>⑪ 均衡风缸压力回升,而制动管压力保持不变,总风遮断阀作用应良好。<br>⑫ 缓解作用应良好,各表压力应恢复正常 |
| 4 | | | | | | | | | | | | | ⑬ 均衡风缸减压量应为240～260 kPa。<br>⑭ 过充压力应为30～40 kPa,过充风缸排风孔应排风。<br>⑮ 过充压力自动消除的时间不少于120 s,机车不应自然制动 |
| 5 | | | | | | | | | | | | | ⑯ 制动管压力在3 s内降到0。制动缸压力达到450 kPa,其升压时间为5～7 s。均衡风缸减压量为240～260 kPa,撒砂装置自动撒砂。<br>⑰ 单阀手柄置缓解位12～15 s,制动缸压力开始逐渐缓解到0。<br>⑱ 单阀复原作用应良好,制动缸压力不应回升。<br>⑲ 自阀缓解作用应良好,各压力表压力恢复正常。调压器作用检查:总风缸压力降到(750±20)kPa时空气压缩机开始泵风;总风缸压力升到900 kPa时,空气压缩机应停止泵风。空气压缩机泵风时间,从750 kPa升至900 kPa,双空气压缩机为30 s以内;单空气压缩机不超过60 s |
| 6 | | | | | | | | | | | | | ⑳ 单阀制动作用应良好。<br>㉑ 阶段制动应稳定,制动缸压力达300 kPa。<br>㉒ 阶段缓解作用应良好 |
| 7 | | | | | | | | | | | | | ㉓ 制动缸压力由0上升到300 kPa的时间应在3 s以内。检查制动缸活塞行程,应符合规定。<br>㉔ 制动缸压力由300 kPa降到35 kPa以下的时间应在4 s以内 |

## 活动 7.1.3　JZ-7 型制动机检查方法中常见故障及原因分析

◈【活动要点】：36 种故障现象及原因。

JZ-7 型制动机检查方法中常见故障及原因如表 7-4 所示。

表 7-4　JZ-7 型制动机检查方法中常见故障及原因

| 序号 | 故障现象 | 故障原因 |
|---|---|---|
| 1 | 均衡风缸压力、列车管定压、工作风缸压力均为 0 | 单独缓解表管堵塞 |
| 2 | 均衡风缸、列车管、工作风缸压力均为 0 | 自阀调整阀弹簧取出或未装 |
| 3 | 均衡风缸、列车管、工作风缸压力与总风缸压力一致 | 自阀调整阀缩堵滞塞，并且膜板破裂 |
| 4 | 均衡风缸、列车管、工作风缸压力均为 100～300 kPa | 自阀调整阀手轮全松 |
| 5 | 均衡风缸、列车管、工作风缸压力与总风压力接近 | （1）自阀调整阀全紧。<br>（2）自阀调整阀膜板右侧缩口风堵被堵 |
| 6 | 均衡风缸、列车管、工作风缸压力均为 0 | 总风缸管堵堵塞 |
| 7 | 列车管压力下降每分钟超过 20 kPa | 列车管漏泄 |
| 8 | 均衡风缸压力不降，自阀排风口不排风 | 自阀调整阀压板螺母排风孔被堵 |
| 9 | 均衡风缸、列车管减压正常，机车不制动，单阀正常 | （1）分配阀列车管塞门关闭。<br>（2）变向阀卡死在分配阀侧 |
| 10 | 自阀、单阀都不能制动 | 作用阀 14# 管被堵 |
| 11 | 制动缸压力不按比例上升，但不保压（自缓），工作风缸压力表针先下降，制动缸压力跟着下降 | 工作风缸及其管系漏泄 |
| 12 | 制动缸增压正常，但不保压（自缓），工作风缸与制动缸压力同时下降 | 降压风缸及其管系漏泄 |
| 13 | 制动缸表针忽上忽下 | 作用风缸堵塞 |
| 14 | 制动缸压力上升与操作不成比例，拉单缓时工作风缸压力下降快，制动缸缓解慢 | 工作风缸堵塞 |
| 15 | 制动缸压力仅上升至常用限压阀限制压力 | （1）主阀供气阀漏。<br>（2）主阀小膜板上方缩孔堵塞 |
| 16 | 常用减压起非常 | 均衡风缸堵 |
| 17 | 制动缸压力低于或高于 340～360 kPa | 常用限压阀调整压力高于或低于规定压力 20 kPa 以上 |
| 18 | 拉单缓，单阀柱塞排风口不排风，机车不缓解，工作风缸无压力 | 单缓管堵塞 |
| 19 | 拉单缓，单阀手柄不能自动回到运转位 | 单阀复原弹簧未装或取出 |
| 20 | 均衡风缸压力不降，列车管压力仅下降 240～260 kPa | 自阀管座均衡风缸与列车管表管倒装 |
| 21 | 自阀手柄在取柄位时，列车管压力下降，其他位置列车管减压正常 | 中均管泄漏 |
| 22 | 过充位没有过充压力，过充压力缩口风堵不排风 | 过充管靠自阀侧堵塞 |
| 23 | 过充位没有过充压力，过充压力缩口风堵排风 | 中继阀过充管堵塞 |

| 序号 | 故障现象 | 故障原因 |
|---|---|---|
| 24 | 过充压力不能消除，过充风缸缩口不排风 | （1）过充风缸堵塞。<br>（2）过充风缸缩口风堵被堵 |
| 25 | 制动缸压力仅上升到 340～360 kPa | 紧急限压阀弹簧未装或取出 |
| 26 | 制动缸压力高于或低于 450 kPa | 紧急限压阀调整压力高于或低于规定压力 20 kPa |
| 27 | 不能自动撒砂 | 6#管（撒砂管）堵塞 |
| 28 | 单独制动时，制动缸压力只有 100～150 kPa | 单阀手轮全松 |
| 29 | 单独制动时，制动缸压力低于或高于 300 kPa | 单阀调整阀调整压力低于或高于规定压力 20 kPa 以上 |
| 30 | 单独制动时，不制动 | （1）单独作用管堵塞。<br>（2）单阀调整阀弹簧取出 |
| 31 | 制动缸压力超过 650 kPa | 单阀调整阀手轮全紧 |
| 32 | 拉单缓，单缓柱塞排风口不排风；"全制"位时，机车制动缸无压力 | 单阀坐垫反装 |
| 33 | 自阀从过减位移回最小减压位，列车管压力跟随均衡风缸上升，但自阀在过充位时列车管没有过充压力 | 自阀前端盖总风通路堵塞 |
| 34 | 自阀制动时，制动缸压力按 1:2.5 的比例上升，但不保压，最大减压量达 400 kPa 以上；过减位时压力达 600 kPa 以上，非常位时压力追总风缸压力 | （1）紧急限压阀止阀弹簧取出或未装。<br>（2）紧急限压阀柱塞第 2 道 O 形圈破损 |
| 35 | 自阀最大减压量为 180～200 kPa，过减位时减压量为 240～260 kPa，非常位正常，缓解不稳定，制动缸有时不完全缓解 | 常用限压阀弹簧未装或取出 |

## 活动 7.1.4  JZ-7 型机车制动机运用中常见故障分析处理

🔥【活动要点】：JZ-7 型制动机运用中常见故障的表现、原因及处理方法。

## 故障 1

故障现象：总风遮断阀口关闭不良。

故障原因：遮断阀胶垫不平整、阀口损伤、有异物，或阀体直径为 2 mm 的通气孔堵塞且阀套 O 形圈密封不良。

## 故障 2

故障现象：自阀手柄在前两位时正常，但在后五位时主阀排气口排气不止。

故障原因：主阀空心阀杆上端 O 形圈密封不良。

## 故障 3

**故障现象：**工作风缸最大增压时间超过 60 s。

**故障原因：**工作风缸充气止回阀充气限制堵堵塞。充气限制堵孔径为 1.2 mm，堵塞后将会影响工作风缸增压速度，使工作风缸压力由 0 增至 480 kPa 的时间超过 60 s。

## 故障 4

**故障名称：**均衡风缸泄漏。

**故障现象：**

① 均衡风缸大漏时，均衡风缸和制动管均无压力。

② 均衡风缸小漏时，自阀手柄在前两位时均衡风缸和制动管增压慢。

③ 自阀手柄在制动区时，均衡风缸降压快。

④ 客货车转换阀置货车位时，制动管降压快，且大于均衡风缸减压量，但制动管保压良好（减压量大时制动管压力可降至 0，甚至使机车产生紧急制动作用）。

自阀手柄在取柄位时，均衡风缸排气时间小于 4 s，制动管压力正常。

## 故障 5

**故障名称：**中均管泄漏。

**故障现象：**自阀手柄在前五位时，与均衡风缸泄漏表现相同；自阀手柄在取柄位时，均衡风缸排风速度正常，制动管压力逐渐下降。

## 故障 6

**故障名称：**制动管泄漏。

**故障现象：**

① 当自阀手柄在前两位时，均衡风缸增压正常，制动管增压缓慢。

② 当客货车转换阀在货车位时，自阀手柄在制动区和过减位时均衡风缸排气速度正常，但制动管不保压。

③ 当自阀手柄在取柄位时，不论客货车转换阀在哪个位置，制动管均不保压。

## 故障 7

**故障名称：**均衡风缸、制动管、中均管大漏。

故障原因：

① 自阀手柄在运转位时均衡风缸压力正常，但制动管无压力，说明制动管大漏。

② 自阀手柄在运转位、制动区、过减位时，均衡风缸和制动管都无压力；自阀手柄在取柄位时，均衡风缸压力正常，制动管仍无压力，说明中均管大漏。

③ 自阀手柄无论在哪个位置均衡风缸和制动管都无压力，且拧紧调整阀手轮也不起作用，说明均衡风缸及其管路大漏。

## 故障 8

**故障名称：**中继阀排风口排风不止。

**故障原因：**双阀口式中继阀的供气部分漏泄或排气部分漏泄，都会使排气口排气不止。

将自阀手柄置运转位，将调整阀手轮全部松开，若制动管追随均衡风缸压力降至 0 后即停止排气，说明排气部分漏泄；如果压力降为 0 后仍然排气不止，说明供气部分漏泄。

## 故障 9

**故障名称：**总风遮断阀管 8 或通路 8a 半堵。

**故障现象：**自阀制动后手柄移回运转位，均衡风缸立即正常增压，但制动管须过一会儿待遮断阀口开启后才能正常增压。

**故障原因：**将自阀手柄置制动区，将客货车转换阀置客车位，若二位柱塞阀尾端排气，说明通路 8a 半堵；若排气缓慢则说明总风遮断阀管 8 半堵。

## 故障 10

**故障名称：**工作风缸内漏和外漏。

**故障原因：**自阀制动后，工作风缸内漏和外漏，都会使机车不制动或制动后自然缓解。若工作风缸压力降至与制动管压力相同便不再下降，说明工作风缸内漏；若降至压力相同后工作风缸与制动管压力仍继续同时下降，则说明工作风缸外漏。

**注意：**外漏指工作风缸及其管路泄漏，将压力空气漏至大气。内漏有两种情况：① 当工作风缸充气止回阀胶垫不平整、阀口有损伤、有异物，将工作风缸压力空气漏入制动管；当副阀柱塞或阀套尾端 O 形圈密封不良时，将工作风缸压力空气漏入降压风缸。

## 故障 11

**故障名称：** 作用阀排风口排风不止。

**故障原因：** 当作用阀中供气阀橡胶底面不平整，或阀座有异物、伤痕时，会造成供气部分漏泄；当空心阀杆顶面有伤痕、异物或阀杆上部 O 形圈密封不良时，会造成排气部分漏泄。供气或排气部分泄漏，都会使作用阀排气口排风不止。

将单阀手柄置运转位，自阀手柄在各位置时都会使作用阀排风口均排风不止，说明供气部分泄漏；自阀在前两位时正常，仅在后五位时排风不止，说明排气部分泄漏。

## 故障 12

**故障名称：** 单阀调整阀盖下方缺口排气不止。

**故障原因：** 单阀调整阀供气或排气部分泄漏，均会使阀盖下方缺口排风不止。若单阀手柄在各个位置时都排气不止，说明供气部分泄漏；若单阀手柄仅在制动区时才排气不止，说明排气部分泄漏。

## 故障 13

**故障名称：** 分配阀与作用阀故障。

**故障原因：**

① 使用自阀操纵时，机车制动、缓解不良，但使用单阀制动时一切正常，说明分配阀故障。

② 使用单阀、自阀操纵，机车制动、缓解均不良，说明作用阀故障。

## 故障 14

**故障名称：** 变向阀柱塞 O 形圈密封不良。

**故障原因：**

① 自阀制动时，操纵端单阀调整阀盖下方缺口排风不止；单阀制动时，主阀排风口排风不止，说明分配阀变向阀柱塞 O 形圈密封不良。

② 自阀操纵正常，但单阀制动时非操纵端单阀调整阀盖下方缺口排风不止，说明单作管变向阀柱塞 O 形圈密封不良。

## 故障 15

**故障名称：** 变向阀柱塞卡滞。

**故障原因：**

① 自阀制动有效，但单阀制动无效，说明分配阀变向阀柱塞卡滞在单作管侧。

② 单阀制动有效，自阀制动无效，但自阀制动后移回运转位时，主阀排气口排气正常，说明柱塞卡滞在作用风缸管侧。

③ 自阀制动有效，单阀一端制动有效，另一端制动无效，说明单作管变向阀柱塞卡滞。

**处理方法：** 将制动阀手柄移至制动无效时的作用位置，然后轻轻敲击故障变向阀体，一般情况下故障便能自行消失。

## 故障 16

**故障名称：** 作用风缸、管堵塞。

**故障原因：**

① 当作用风缸、管均堵塞时，单阀制动正常，自阀制动开始时工作风缸表针上下摆动，主阀排风口间断排风。

② 仅作用风缸堵塞时，机车能产生制动作用，机车制动缸表针也会上下摆动，作用阀排风口间断排风。

③ 当通往分配阀变向阀的作用风缸支管堵塞时，机车不能制动，作用阀排风口不排风，仅工作风缸表针上下摆动，主阀排气口间断排风。

## 故障 17

**故障名称：** 限压阀泄漏。

**故障原因：** 当常用限压阀柱塞 O 形圈密封不良或紧急限压阀止阀关闭不良时，均会造成限压阀泄漏。当制动管减压量小于常用限压阀所限制的压力范围时，无故障现象；当制动管减压量和机车制动缸增压量均大于常用限压阀所限制的压力范围时，限压阀虽在限压位，但机车制动缸却仍可继续增压，最高可增至与总风缸压力相同。

## 故障 18

**故障名称：** 制动管与作用风缸间 O 形圈密封不良。

**故障现象：**

① 当自阀手柄在前两位时，制动管增压缓慢，主阀排气口排气不止。

② 当自阀手柄在制动区时，制动管压力漏入作用风缸，使制动管压力逐渐下降，制动缸压力上升，两者压力平衡时制动管停止降压，制动缸压力停止上升。

③ 当自阀手柄在紧急制动位时，作用风缸压力漏入制动管，使自阀凸轮盒排风口排风不良。

## 故障 19

**故障名称：** 副阀部充气阀排风口排风不止。

**故障原因：**

① 当自阀手柄在前两位时排风不止，说明副阀柱塞或阀套端部第一道 O 形圈密封不良，将制动管压力空气漏入局减室所致。

② 当自阀手柄在后五位时，充气阀仅在作用位时其排风口才排风不止，说明充气阀柱塞或阀套端部第一道 O 形圈密封不良，将局减室压力空气漏入排风口所致。

## 故障 20

**故障名称：** 工作风缸与制动管泄漏。

**故障原因：** 自阀手柄在前两位时，若工作风缸与制动管泄漏，会使制动管增压缓慢。自阀制动后，若制动管泄漏，则工作风缸压力正常，制动缸压力随制动管泄漏而逐渐增高；若工作风缸泄漏，其压力会逐渐下降，机车自然缓解。

## 故障 21

**故障名称：** 降压风缸泄漏。

**判断依据：** 自阀制动正常，保压一段时间后机车突然自行阶段缓解，工作风缸压力阶段下降，制动缸压力降至 0 后，制动管和工作风缸压力同时下降。

## 故障 22

**故障名称：** 主阀供气阀泄漏。

**判断依据：** 当自阀手柄在前四位时，主阀排气口排气不止；当自阀手柄在后三位时，若机车制动缸压力增至限压阀所限制的压力，则主阀排气口停止排气。

## 故障 23

**故障名称：** 自阀手柄在制动区时机车紧急制动。

**故障原因：**

① 均衡风缸管堵塞。此原因会使均衡风缸容积大大缩小，这可通过检查均衡风缸的排风速度来断定。

② 分配阀的紧急放风阀第一排风堵与第二排风堵装错或堵塞。

③ 紧急放风阀充气限制堵被污物堵塞。

## 故障 24

**故障名称：** 过充压力消除过快引起自然制动。

**故障原因：**

制动管最小减压量理论计算值为 41.5 kPa，其假设前提如下：

① 制动缸缓解弹簧的阻力是按制动缸活塞最大行程 200 mm 时取值 35 kPa 计算的，实际上初压缩阶段阻力达不到 35 kPa，制动缸活塞行程也远小于 200 mm。

② 副风缸与制动缸容积比按 3.25 计算，但实际值要大于 3.25。

③ 目前使用的三通阀具有局部减压作用，这一特点在确定最小减压量时也未考虑。

因此，实际最小减压量小于 40 kPa。根据试验，制动管减压 20 kPa 以上时，列车就能产生制动作用。所以，当制动管内过充压力消除过快（实际减压量超过 20 kPa）时，就会产生自然制动。

**注意：** 以上分析旨在阐述过充压力消除过快产生自然制动的原因，并不证明最小减压量理论计算值有任何错误，实际操作中绝对不允许随意降低最小减压量。

## 故障 25

**故障现象：** 自阀手柄在制动区，客货车转换阀在货车位，自阀手柄向运转位方向移动（未达到运转位）过程中制动管压力仍能上升。

**故障原因：**

① 缓解柱塞阀组装尺寸不正确，使总风缸管与通路 8a 不能全部沟通或不通（柱塞尾部到套端面的距离为 7.5 mm）。

② 阀体内的 8a 通路堵塞或铸造通路清砂不净。

③ 凸轮盒内胶垫挤死。

④ 客货车转换阀柱塞组装尺寸不正确（柱塞尾端到体端面距离为 8.55 mm）。

## 故障 26

**故障名称：** 自阀调整阀盖下方缺口排风不止。

**故障原因：** 当调整阀柱塞 O 形圈密封不良、供气阀座损伤（关闭不良）或供气阀弹簧卡滞、过软时，均会造成供气部分泄漏。当膜板破裂、压紧螺母松动、排气阀座损伤（关闭不良）或排气阀弹簧卡滞、过硬时，均会造成排气部分泄漏。供气部分和排气部分泄漏，均会使自阀调整阀盖下方缺口排气不止。（均衡风缸使用 1.5 级压力表，其灵敏度低于自阀调整阀的压力表灵敏度，故压力表指针一般不会上下摆动。）

**判别方法：**自阀手柄移至取柄位，使用调整手轮将调整弹簧全部松开，均衡风缸压力降至 0，若缺口停止排气，说明排气部分泄漏；若均衡风缸压力不能降至 0，或降至 0 后缺口仍然排气不止，说明供气部分泄漏。

## 故障 27

**故障现象：**正向连挂列车后，自阀手柄移至取柄位，换端后移回运转位，制动管不充风。

**故障原因：**自阀手柄由运转位直接移至取柄位后换端操纵，是一种不正确的操纵方法。连挂列车后这样换端，再将手柄由取柄位移回运转位时，机车分配阀中紧急放风阀将自动开启。此时若将制动软管连接妥当，并恰好开放列车和机车制动管折角塞门，则制动管容积立即增大，制动管充风速度降低，不能强行将紧急放风阀口关闭，因为关闭该阀口会造成空气压缩机泵风不止，制动管由中继阀充风的同时，又由紧急放风阀口直接将所充气体排向大气，致使制动管始终不能增压。

**处理方法：**自阀手柄移至紧急制动位，待紧急放风阀口自行关闭后，再将自阀手柄移回运转位。

## 故障 28

**故障名称：**施行紧急制动时，自阀的放风口卡住。

**故障原因：**因自阀制动管上未装设管道滤尘器，施行紧急制动时制动管内的煤渣等异物便向自阀的放风阀运动。当异物的当量直径与放风阀口开度大致相同，并运动至放风阀口时，便会将放风阀口卡住，造成放风阀口不能关闭。

**处理方法：**可将自阀手柄在过充位及紧急位之间反复移动几次，同时轻轻敲击放风阀体。若仍不能使异物自行排出，可将司机室地板下方自阀制动管上的塞门关闭后换端操纵，或解体清扫自阀的放风阀。

## 故障 29

**故障名称：**非操纵端自阀手柄误置运转位。

**故障现象：**操纵端自阀施行制动时，均衡风缸减压正常，但制动管压力下降，操纵端中继阀排风口排风不止。

**处理方法：**非操纵端自阀手柄移离运转位。

## 故障 30

**故障名称：**自阀制动后，机车压力单缓至 0，制动管泄漏增加。

**故障原因：**自阀制动后，副阀由制动位自动转至保压位。机车压力单缓至 0，副阀仍处保压位，但充气阀由作用位自动转至缓解位，副阀部形成了这样一条通路：制动管—副阀—局减止回阀—充气阀排风口，所以使制动管泄漏增加。另外，若单阀将工作风缸压力排至低于制动管压力时，制动管将经工作风缸充气止回阀向工作风缸补风，制动管泄漏更大。

## 故障 31

**故障名称：**均衡风缸减压 240 kPa 的排风时间大于 7 s。

**故障原因：**

① 排气阀开度不足。调整阀柱塞组装尺寸过短［原形为（61.1+0.3）mm）］、脏物堵塞使其动作不灵活、排气阀弹簧力较弱，均会使排气阀开度不足。

② 均衡风缸排气缓慢。

③ 膜板螺母孔径小于 1.3 mm。

**注意：**均衡风缸排气时间过长，会增加机车空走时间，延长制动距离，易发生行车事故，运行中遇此故障，必要时应及时施行紧急制动。

## 故障 32

**故障名称：**均衡风缸最大减压量排风时间小于 4 s。

**故障原因：**当均衡风缸内积水过多、有泄漏处所，或膜板螺母孔径大于 1.3 mm 时，均会使均衡风缸排气速度过高，排气时间过短。

**注意：**均衡风缸排气速度过高，会使制动管排气速度同样增高，当制动管排风速度大于 650～750 kPa/s 时，常用制动就会产生紧急制动作用。

## 【考核评价】

**1. 自我评价**

① 自我考核：JZ-7 型制动机"七步闸"试验步骤、检查内容及常见故障的表现、原因分析、处理方法描述。

② 自我评价（见表 7-5）。

表 7-5　自我评价（每项满分为 10 分）

| 序号 | 评价内容 | 得分 | 亮点 |
|---|---|---|---|
| 1 | 课前知识查阅、调研完成情况 | | |
| 2 | 课前、课中与人协作沟通表现 | | |
| 3 | JJZ-7 型制动机"七步闸"试验步骤、检查内容及常见故障分析、处理方法掌握情况 | | |
| 4 | 课前、课中学习态度表现 | | |

## 2. 小组评价（见表 7-6）

表 7-6　小组评价（每项满分为 10 分）

| 序号 | 评价内容 | 得分 | 亮点 |
|---|---|---|---|
| 1 | 课中学习态度表现 | | |
| 2 | 课前、课中与人协作沟通表现 | | |
| 3 | JZ-7 型制动机"七步闸"试验步骤、检查内容及常见故障分析、处理方法掌握情况 | | |

## 3. 教师评价（见表 7-7）

表 7-7　教师评价（每项满分为 10 分）

| 序号 | 评价内容 | 得分 | 亮点 |
|---|---|---|---|
| 1 | 课前知识查阅、调研完成情况 | | |
| 2 | 课中参与及协作情况 | | |
| 3 | 掌握 JZ-7 型制动机"七步闸"试验步骤、检查内容及常见故障分析、处理方法的效果 | | |

【教师建议】

在按规定对 JZ-7 型制动机进行"七步闸"试验方法的基础上，能进行 JZ-7 型制动机常见故障分析处理，为今后从事相关工作打好基础。

# 任务 7.2　CCBⅡ型内燃机车制动机试验

## 【任务描述】

在实训教学中，需要提供一台 CCBⅡ型制动机试验教学设备。为了增强学生对 CCBⅡ型制动机的直观感性认识，可将学生分成若干小组，以小组为单位学习 CCBⅡ型制动机的结构及总体布置情况、主要部件的控制关系，学习 CCBⅡ型制动机"五步闸"检查步骤、检查内容要求并进行检查操作，熟练掌握 CCBⅡ型制动机常见故障的分析、处理方法，并展开针对性的讨论。

## 【学习目标】

| 知识目标 | 了解 CCBⅡ型制动机的主要性能参数，熟悉 CCBⅡ型制动机"五步闸"检查步骤和检查内容要求 |
| --- | --- |
| 能力目标 | 会进行"五步闸"试验，能正确分析、处理常见故障 |
| 素质目标 | 养成细致、认真的工作作风；养成独立分析问题的良好习惯；能够比较自如地与他人沟通、协作完成工作 |

## 活动 7.2.1　CCBII 型制动机"五步闸"试验

🔥【活动要点】：① CCBⅡ型制动机"五步闸"试验步骤。
　　　　　　　　② CCBⅡ型制动机"五步闸"试验各步检查内容。

**1. 试验前的准备工作**

① 制动显示屏初始化正常，模式设置为本务、货车、不补风，管压为 500 kPa（客车为 600 kPa）。

② 确认总风缸压力为 750～900 kPa，均衡风缸、制动管压力为 500 kPa，制动缸压力为 0。

③ 缓解停放制动，确认停放制动指示灯熄灭。

④ 电子制动阀（EBV）自动制动手柄、单独制动手柄放置在运转位。

**2."五步闸"试验程序、检查方法及内容**

"五步闸"试验程序及检查内容如表 7-8 所示。

表 7-8　"五步闸"试验程序及检查内容（以 500 kPa 为例）

| 步骤 | 设置 | 自动制动手柄 | | | | | | | 单独制动手柄 | | | | 检查内容 |
|---|---|---|---|---|---|---|---|---|---|---|---|---|---|
| | | 运转 | 初制 | 制动 | 全制 | 抑制 | 重联 | 紧急 | 侧缓 | 运转 | 制动 | 全制 | |
| 1 | 本机/不补风 | 1 | | | | | | 2 | | 3 | | 4 | ① 总风缸压力为 750～900 kPa，制动缸压力为 0，均衡风缸压力为 500 kPa，列车管压力为 500 kPa。<br>② 列车管压力在 3 s 内降为 0，制动缸压力在 3～5 s 内升至 200 kPa，并继续增压至 450 kPa，均衡风缸压力降为 0，紧急制动倒计时 60 s 开始。<br>③ 制动缸压力下降为 0，手柄复位后制动缸压力恢复。<br>④ 60 s 倒计时结束后操作，列车管、均衡风缸、制动缸压力不变 |
| 2 | 本机/不补风 | 5　6　10 | | | 7　8 | 9 | | | | | | | ⑤ 均衡风缸增压至 500 kPa，列车管增压至 480 kPa 的时间不大于 9 s，制动缸压力下降为 0。<br>⑥ 等 60 s 使系统各风缸充满风。<br>⑦ 均衡风缸在 5～7 s 内减压到 360 kPa，列车管减压到均衡风缸压力±10 kPa，制动缸在 6～8 s 增压到 360 kPa。<br>⑧ 保压 1 min，均衡风缸压力泄漏不大于 7 kPa，列车管压力泄漏不大于 10 kPa，制动缸压力变化不大于 25 kPa。<br>⑨ 各压力无变化。<br>⑩ 均衡风缸增压至 500 kPa，列车管增压至 500 kPa，制动缸压力下降为 0 |
| 3 | 本机/不补风 | 14 | 11 | 13 | | | | | 12 | | | | ⑪ 充满风后，均衡风缸减压 50 kPa，列车管减压到均衡风缸压力的±10 kPa，制动缸增压到 70～110 kPa。<br>⑫ 制动缸压力下降为 0，手柄复位后制动缸压力不恢复。<br>⑬ 均衡风缸以常月制动速率减压为 0，列车管减压至 55～85 kPa 后保持，制动缸增压至 450 kPa。<br>⑭ 均衡风缸增压至 500 kPa，列车管增压至 500 kPa，制动缸压力下降为 0 |
| 4 | 本机/不补风 | 19 | | | | | | | | 16　18 | 15　17 | | ⑮ 阶段制动，制动缸压力阶段上升，全制动时制动缸压力为 300 kPa。<br>⑯ 阶段缓解，制动缸压力阶段下降，运转位时制动缸压力下降为 0。<br>⑰ 制动缸压力在 2～3 s 上升到 280 kPa，最终为（300±15）kPa。<br>⑱ 制动缸压力在 3～5 s 降到 35 kPa 以下。<br>⑲ 均衡风缸减压 100 kPa，列车管减压到均衡风缸压力的±10 kPa，制动缸增压到 230～250 kPa |
| 5 | 单机 | 22 | | | 20 | | | | 21　24 | | | 23 | ⑳ 均衡风缸减压 140 kPa，列车管压力保持不变，制动缸压力保持不变。<br>㉑ 制动缸压力下降为 0，手柄复位后制动缸压力不恢复。<br>㉒ 均衡风缸增压至 500 kPa，列车管压力保持不变，制动缸压力保持不变。<br>㉓ 制动缸压力在 2～3 s 上升到 280 kPa，最终为 300 kPa。<br>㉔ 制动缸压力在 3～5 s 降到 35 kPa 以下 |

注：试验完毕，机车恢复本机/不补风状态设置。

## 活动 7.2.2 CCBⅡ型制动机常见故障处理

◆【**活动要点**】：① 了解与 CCBⅡ型内燃机车制动机电子空气制动（EAB）操作有关的机车故障症状及处理方法。

② 了解 IPM 故障/诊断代码的含义及处理措施。

**1. 与 EAB 操作有关的机车故障**

与 CCBⅡ型内燃机车制动机电子空气制动（EAB）操作有关的机车故障症状如表 7-9 所示。

表 7-9　与 CCBⅡ型内燃机车制动机电子空气制动（EAB）操作有关的机车故障症状

| 症状 | 故障排除步骤 |
| --- | --- |
| 空气制动故障<br>（air brake fault） | 显示器将显示一个 3 位数故障代码，在代码后显示提示文字。记下这个 3 位数故障代码，并查阅 IPM 故障/诊断代码表，寻找改正措施 |
| 系统不自检 | 显示器将显示一个 4 位数故障代码，在代码后显示故障提示信息。记下这个 4 位数故障代码，并查阅 "EAB 自检故障代码"，寻找改正措施 |
| 动力切除开关（PCS）不能清除或不能缓解制动 | （1）放置自动制动手柄在抑制位并等待处罚清除。如果 "Penalty Source Still Present（处罚来源仍存在）" 信息出现，将有必要复位处罚来源。处罚来源被复位后，移动自动制动手柄到运转位。检查并确认 ER 和 EP 两个压力是否都升高。如果 ER 压力升高而 BP 压力不升高，见症状 "不能给制动管充风"。如果 ER 压力和 EP 压力确实升高，或者如果二者都不升高，到步骤（2）。<br>（2）保证司机控制器主手柄在隔离位而换向手柄在中间位。放置自动制动手柄在抑制位并监测诊断追踪信息。给微处理器模块（IPM）加动力周期。检查并确认在 IPM 上电过程中 "PCS Negated" 信息是否出现。如果 "PCS Negated" 出现在追踪信息中，但是机车 PCS 灯仍亮着，须更换 IPM。如果问题还存在，则更换继电器接口模块（RIM），并从 IPM 经 RIM 到机车 PCS 检查接线的连续性。如果 "PCS Negated" 没有出现在追踪信息中，说明一个 "紧急" 或 "处罚" 来源是活动的，必须将其清除 |
| 不能给制动管充风 | （1）保证机车设置是 "牵引车接入"。移动自动制动手柄到运转位。保证 ER 充风到缓解设置（60～110 psi）。如果 ER 不充风，见症状 "动力切除（PCS）开关不能清除或不能缓解制动"。<br>（2）隔离机车（关闭端角塞门）并重复步骤（1）。如果 BP 现在充风但以前不充风，检查列车是否漏泄，或没有连接。<br>（3）至少 10 次 "急剧地" 放置电子制动阀（EBV）自动制动手柄到紧急位，复位紧急制动，并移动自动制动手柄到运转位。如果 BP 压力升高，说明问题由 EBV 上 21 放风阀卡住引起。<br>（4）如果 BP 压力向 ER 压力升高，但是达不到 ER 压力（在 EPCU 听到空气吹动之声），则更换 BPCP（可能是继电器脏）。如果 BP 压力根本不升高，则更换 IPM（可能是二进制输出故障） |
| 在机车上自动制动不能被单独缓解 | （1）保证平均管塞门是关闭的。<br>（2）运行 CCBⅡ自检。如果自检通过，则更换 EBV（可能是单独缓解开关/总线故障）。如果自检未通过，报告故障代码，寻找改正措施 |
| 当有电阻制动时，自动制动不单独缓解 | 把机车放在电阻制动位置 1，并保证 DBI 阀接线盒在 BC 部分有电压。测量空气制动接线盒端子 47 和 48（电缓解）的电压。如果电压为零，问题不在空气制动系统。如果电压不为零，则须更换制动缸控制部分（可能是 DBI 电磁阀故障） |
| 不能建立制动缸压力 | （1）保证机车被设置到 "本机投入"，保证转向架制动缸是接入的。<br>（2）用自动制动手柄进行制动作用，注意制动管压力是否降低。<br>（3）在制动缸控制部分检查是否有空气吹动之声，如果没有，从 EPCU 总管到转向架制动缸检查机车管路的完整性 |
| 不能进入空气制动远程对话（自检、标定、事件记录等） | 保证主手柄位于隔离位 |
| LCDM 变黄，LED 显示管闪烁 | LCDM 重新启动。如果不能解决问题，则更换 LCDM |

## 2. IPM 故障/诊断代码（见表 7-10）

表7-10　IPM 故障/诊断代码

| 故障代码 | 描述 | 被……探测 | 故障原因 | 改正措施 | 若问题尚存，请尝试： |
|---|---|---|---|---|---|
| 001 | ERCN 故障 | IPM | ERCN 脉冲损失4 s | 可以在备份模式下作为牵引机车使用，直到进车间，运行中应保证 ERCP 模块的 LON 电缆安装牢固。断电恢复 | 检查 ER 控制节点上的黄灯，如果黄灯稳定或闪烁，则重装程序或更换 ERCP。如果动力重起后红灯仍亮，则更换 ERCP |
| 002 | ERCP AW4 故障 | ERCP | ER>825 或在 10 s 内压力不在 −35～35 kPa 范围内 | 可以在备份模式下作为牵引机车使用，直到进车间。进行 ER 自检。如果自检通过，断电恢复来清除备份模式；如果失败，则更换 ERCP | 检查管路柜后部的软管和风缸 |
| 003 | ERT 故障 | ERCP | 传感器输出电压大于 4.5 V 或小于 0.5 V | 可以在备份模式下作为牵引机车使用，直到进车间。断电恢复 | 更换 ERCP |
| 004 | MRT 故障 | ERCP | 传感器输出电压大于 4.5 V 或小于 0.5 V，或者 IPM 探测传感器信号被停止发送 15 s | 可以在备份模式下作为牵引机车使用，直到进车间。断电恢复 | 更换 ERCP |
| 006 | MVER 失电关闭 | ERCP | 输出反馈显示失电 | 可以在备份模式下作为牵引机车使用，直到进车间。进车间后更换 ERCP | |
| 008 | MRT 故障 2（MRT 备份） | BPCP | 传感器输出电压大于 4.5 V 或小于 0.5 V，或者 IPM 探测传感器信号被停止发送 15 s | 系统可不带流量指示操作。在下次进车间时更换 BPCP | |
| 009 | FLT 故障 | BPCP | 传感器输出电压大于 4.5 V 或小于 0.5 V | 系统可不带流量指示操作。在下次进车间时更换 BPCP | |
| 010 | BPT 故障 | BPCP | 传感器输出电压大于 4.5 V 或小于 0.5 V，或者 IPM 探测传感器信号被停止发送 15 s | 系统将用备份传感器操作。如果故障仍然存在，断电恢复后，在下一次进车间时更换 BPCP | |
| 014 | MV53 失电打开 | BPCP | 连续性损失 | ① 设置制动系统为断电状态，以气动备份状态把机车作为拖车使用。② 更换 BPCP | |
| 016 | BPCN 故障（BP 通信丢失） | IPM | BPCN 损失脉冲信号 4 s | AB 系统断电恢复 | 检查 BP 控制节点上的黄灯，如果黄灯稳定或闪烁，则重装程序或更换 BPCP。如果断电恢复后红灯仍亮，则更换 BPCP |
| 017 | MVEM 得电，打开 | BPCP | 输出反馈显示得电 | 如果系统持续处于紧急制动状态，则设置系统断电，以气动备份状态把机车作为拖车使用，直到下次进车间。进车间后更换 BPCP | |

| 故障代码 | 描述 | 被……探测 | 故障原因 | 改正措施 | 若问题尚存，请尝试： |
|---|---|---|---|---|---|
| 018 | MVEM 失电关闭 | BPCP | 输出反馈显示失电 | 产生紧急情况的备份模块失效。机车可操作，直到进车间。进车间后更换 BPCP | |
| 025 | MV13S 得电打开 | 13CP | 输出反馈显示得电 | 检查机车是否正被单独缓解。如果是，设置系统断电，并以气动备份状态把机车作为拖车使用。如果不是，机车可以作为牵引机车使用，直到下次进车间。进车间后更换 13CP | |
| 026 | MV13S 失电关闭 | 13CP | 输出反馈显示失电 | 按拖车使用，直到进车间。紧急情况的单缓和单缓的备用模式失效时更换 13CP | |
| 027 | MV13E 得电关闭 | 13CP | 输出反馈显示得电 | | |
| 028 | MV13E 失电打开 | 13CP | 输出反馈显示失电 | | |
| 031 | 13CN 故障（13 通信丢失） | IPM | 13CN 丢失脉冲信号 10 s | 按拖车使用，直到进车间。紧急情况的单缓和单缓的备用模式失效时更换 13CP | 检查 13 控制节点上的黄灯，如果黄灯稳定或闪烁，则重装程序或更换 LRU。如果断电恢复后红灯仍亮，则更换 13CP |
| 032 | MVERBU 得电打开 | 16CP | 输出反馈显示得电 | 可以在备份模式作为牵引机车使用，直到进车间。若断电恢复后故障仍存在，则更换 16CP | 更换 13CP。如果故障在更换 16CP 和 13CP 后仍存在，检查 LON 电缆 |
| 033 | MVERBU 失电关闭 | 16CP | 输出反馈显示失电 | 可以在备份模式作为牵引机车使用，直到进车间。若断电恢复后故障仍存在，则更换 16CP | 更换 13CP。如果故障在更换 16CP 和 13CP 后仍存在，检查 LON 电缆 |
| 036 | 16CP AW4 故障（AW4-16 故障） | 16CP | 16 号管压大于 690 kPa 或在 10 s 内压力不在 −35 ～ 35 kPa 范围内 | 可以在备份模式作为牵引机车使用，直到进车间。若断电恢复后故障仍存在，则更换 16CP | 检查制动柜后部的软管和风缸 |
| 037 | 16T 故障 | 16CP | 传感器输出电压大于 4.5 V 或小于 0.5 V，或者 IPM 探测传感器信号被停止发送 15 s | 可以在备份模式作为牵引机车使用，直到进车间。进车间后更换 16CP | |
| 038 | MV16 得电打开 | 16CP | 输出反馈显示得电 | 可以在备份模式作为牵引机车使用，直到进车间。若断电恢复后故障仍存在，则更换 16CP | |
| 039 | MPV16 失电关闭 | 16CP | 输出反馈显示失电 | 可以在备份模式作为牵引机车使用，直到进车间后更换 16CP | |
| 048 | BPT 故障 2（BPT 备份） | 16CP | 传感器输出电压大于 4.5 V 或小于 0.5 V，或者 IPM 探测传感器信号被停止发送 15 s | 可以在备份模式作为牵引机车使用，直到进车间。若断电恢复后故障仍存在，则更换 16CP | |

续表

| 故障代码 | 描述 | 被……探测 | 故障原因 | 改正措施 | 若问题尚存, 请尝试: |
|---|---|---|---|---|---|
| 049 | BCT 故障 | 16CP | 传感器输出电压大于 4.5 V 或小于 0.5 V | 机车可以不带 BC 表使用。建议按补机或无动力使用, 直到进车间。进车间后更换 16CP | |
| 052 | 16CN 故障 (16 通信丢失) | IPM | 16CN 丢失脉冲信号 4 s | 机车可以不带 BC 表使用在备份模式。建议按补机或无动力使用, 直到进车间。更换 16CP, 保证 LON 电缆安装牢固。断电恢复 | 检查 16 控制节点上的黄灯, 如果黄灯稳定或闪烁, 则重装程序或更换 16CP。如果断电恢复后红灯仍亮, 则更换 16CP |
| 055 | 20CP AW4 故障 (AW-4-20 故障) | 20CP | 在 10 s 内压力不在规定值 -35 ~ 35 kPa 范围内 | 进行 20 自检。如果自检通过, 通过断电恢复来清除备份模式。如果自检不能通过, 设置到"补车"模式。进车间后更换 20CP | 检查制动柜后部的软管和风缸 |
| 056 | 20T 故障 (20T/拖车故障) | 20CP | 传感器输出电压大于 4.5 V 或小于 0.5 V | 设置到补机模式, 若单独制动压力有轻微漏泄, 则在进车间后更换 20CP | |
| 057 | MVLT 得电打开 | 20CP | 输出反馈显示得电 | 可以在备份模式作为牵引机车使用, 直到进车间。若断电恢复后故障仍存在, 则更换 20CP | |
| 058 | MVLT 失电关闭 | 20CP | 输出反馈显示失电 | 设置到补机模式, 进车间后更换 20CP | |
| 062 | 20CN 故障 | IPM | 20CN 丢失脉冲信号 4 s | 保证 LON 电缆安装牢固, 断电恢复。如果故障还存在, 设置为补机模式以气动备份状态使用 | 检查 20 控制节点上的黄灯, 如果黄灯稳定或闪烁, 则重装程序或更换 20CP。如果断电恢复后红灯仍亮, 则更换 20CP |
| 075 | 自动制动手柄失效 | EBV | 电位计输出电压小于最小值 | 设置到补机模式, 更换 EBV | |
| 076 | 单独制动手柄失效 | EBV | 电位计输出电压小于最小值 | 设置到补机模式, 更换 EBV | |
| 077 | 限位开关打开 | EBV | 自动制动手柄或单独制动手柄故障 | 将手柄移离故障位置, 再将手柄移回 | 更换 EBV |
| 085 | EBVCN 故障 | IPM | EBVCN 丢失脉冲信号 6 s | 保证 LON 电缆牢固安装在 EBV 连接器和 PSJB、J100 上。断电恢复 | 检查 EBV 控制节点上的黄灯, 如果黄灯稳定或闪烁, 则重装程序或更换 EBV。如果断电恢复后红灯仍亮, 则更换 EBV |
| 090 | IPMCN 故障 (LON 通信丢失) | IPM | LON 网信息丢失达 1.5 s | 断电恢复 | 从 IPM 到 RIM 到 PSJB 检查电缆。如果电缆良好, 则更换 IPM |
| 098 | BPT 和 BPT2 故障 | IPM | BPT 和 BPT2 备份故障 | 断电恢复。如果故障仍存在, 设置系统断电, 并按补机方式以空气动备份状态使用 | 检查 BP 控制节点上的黄灯, 如果黄灯稳定或闪烁, 则重装程序或更换涉及的 LRU。检查 LON 电缆连接。如有必要, 更换 BPCP 和 16CP |
| 099 | 故障 20TL (20T/本机车故障) | 20CP | 传感器输出电压大于 4.5 V 或小于 0.5 V | 断电恢复。如果故障还存在, 设置到补机模式, 使系统断电。进车间后更换 20CP | |
| 100 | ER 备份并伴有代码 036、051、052 | 16CP | ER 备份, 并且 036、037、052 故障 | 设置到补机模式 | |

## 【考核评价】

### 1. 自我评价

① 自我考核：CCBⅡ型制动机"五步闸"试验步骤、检查内容及常见故障分析、处理方法描述。

② 自我评价（见表7-11）。

表7-11　自我评价（每项满分为10分）

| 序号 | 评价内容 | 得分 | 亮点 |
|---|---|---|---|
| 1 | 课前知识查阅、调研完成情况 | | |
| 2 | 课前、课中与人协作沟通表现 | | |
| 3 | CCBⅡ型制动机"五步闸"试验步骤、检查内容及常见故障分析、处理掌握情况 | | |
| 4 | 课前、课中学习态度表现 | | |

### 2. 小组评价（见表7-12）

表7-12　小组评价（每项满分为10分）

| 序号 | 评价内容 | 得分 | 亮点 |
|---|---|---|---|
| 1 | 课中学习态度表现 | | |
| 2 | 课前、课中与人协作沟通表现 | | |
| 3 | CCBⅡ型制动机"五步闸"试验步骤、检查内容及常见故障的分析、处理掌握情况 | | |

### 3. 教师评价（见表7-13）

表7-13　教师评价（每项满分为10分）

| 序号 | 评价内容 | 得分 | 亮点 |
|---|---|---|---|
| 1 | 课前知识查阅、调研完成情况 | | |
| 2 | 课中参与及协作情况 | | |
| 3 | 掌握CCBⅡ型制动机"五步闸"试验步骤、检查内容及常见故障分析、处理方法的效果 | | |

## 【教师建议】

在掌握 CCBⅡ型制动机"五步闸"试验步骤及检查内容的基础上，能进行 CCBⅡ型制动机常见故障分析、处理，为今后从事相关工作打好基础。

# 项目 8

# 一次乘务作业技能训练

## 任务 8.1　机车乘务员出勤作业程序认知

【任务描述】

　　机车乘务员是铁路运输的主要技术工种，担负着驾驶机车，维护列车安全、正点的责任。为使机车乘务员操纵列车规范化、标准化，必须遵循《铁路机车运用管理规程》《铁路机车操作规程》《机务行车安全管理规则》的有关规定和要求。为强化学习效果，可将学生分成若干小组，以小组为单位进行演练，并展开针对性的讨论。

【学习目标】

| 知识目标 | 了解机车乘务员出勤作业程序，掌握出勤作业中各个环节的工作要点、注意事项 |
| --- | --- |
| 能力目标 | 做到出勤顺序不错、不漏，作业项点执行到位，IC 卡核对、LKJ 输入正确无误 |
| 素质目标 | 养成细致、认真的工作作风；养成独立分析问题的良好习惯；能够比较自如地与他人沟通、协作完成工作 |

## 活动 8.1.1　出勤准备

　◆【活动要点】：出勤准备要点。

　　① 担当夜间乘务工作（22:00—5:00 开车）的机车乘务员，必须执行出勤前待乘休息制度。

　　② 凡出勤待乘的人员，执行待乘打卡（指纹仪）确认制度，打卡入寓后立即进入规定房间，10 分钟内必须卧床休息。待乘休息须关闭手机或将手机集中存放，不得做其他事情。待乘卧床休息不少于 4 小时。

　　③ 严格遵守待乘室（公寓）待乘休息管理制度。

　　④ 机车乘务员出乘前必须充分休息，严禁饮酒，保持精神状态良好。

## 活动 8.1.2　出勤（早、阅、订、听、联）

🔥【活动要点】：机车乘务员出乘过程及出乘要点。

**1. 早**

按规定出勤时间提前到达派班室。执行标准如下：

① 出勤时必须按规定整洁着装，持工作证、驾驶证、岗位培训合格证（鉴定期间段职教科出具书面证明），按规定时间提前 10 min 到达出勤派班室。

② 机班全员均须接受出勤调度员指纹影像识别、酒精含量测试，领取司机手册、添乘指导簿、列车运行时刻表、车机联控信息卡、司机报单、交付揭示、列车无线调度通信设备手持台（含 GSM-R 手持终端）和录音笔。录音笔应全程开机，不得擅自关闭。

**2. 阅**

机班全员对照交付揭示详细阅读揭示栏担当区段内运行揭示命令，将揭示命令号码记入司机手册，并在司机手册对应的车站站名处以"△"注明限速值。执行标准如下：

① 机班全员必须对照交付揭示详细阅读揭示栏担当区段内运行揭示命令，逐项核对无误。

② 遇有信联闭停用及改变列车运行径路的施工，机班应领取《施工行车安全明示图》，必须清楚行车办法和注意事项。

③ 当交付司机的运行揭示为打印揭示时，司机可不全文抄写，但必须将揭示命令号记入司机手册，并在司机手册对应的车站站名处及交付揭示上使用红笔以"△"注明限速值，二人核对签字。因特殊原因未打印交付揭示时，司机必须在司机手册中进行全文抄写。

**3. 订**

开好小组会，结合人、车、天、地、图，订出保证安全正点的针对性措施。执行标准如下：

① 机班全员开好出勤小组会，要结合岗位安全风险，针对季节特点、天气情况、担当任务、关键区段、线路施工及非正常行车办法、昼夜及配班等情况，有针对性地订出执乘安全防范措施，并在司机手册中做好记录。

② 遇有施工时，必须根据运行揭示命令研究行车明示图，清楚行车办法、设备变化、LKJ 使用及操纵注意事项。

**4. 听**

按规定时间准时出勤，听取调度员传达运行揭示命令，IC 卡交调度员录入值乘交路的 LKJ 临时数据文件，将司机驾驶证交调度员审核，司机手册交调度员审核签章。听取出勤指导人员指导、传达事故通报及运行注意事项等。执行标准如下：

① 机班全员立正，认真听取出勤调度员传达运行揭示命令、施工期间行车办法。

② 司机将运行揭示命令、施工期间行车办法、设备变化及安全措施向出勤调度员进行复诵，做到清楚无误。司机将运行揭示命令号码与交付揭示认真核对，确认无误后在《交付运行揭示命令互控登记本》上签字。

③ 司机将司机手册与交付揭示一并交出勤调度员进行签章，交付揭示与司机手册必须

压缝盖章。

④ 出勤调度员、机班全员利用双屏幕写卡设备共同确认 LKJ 临时数据内容完整、条数齐全后，出勤调度员将 IC 卡递交司机，司机上机核验 LKJ 临时数据文件无误后，在《机务派班室 IC 卡数据录入登记簿》上签字。做到"四核对"：交付揭示与公布揭示核对；IC 卡的数据文件条数和命令号与交付揭示核对；抄录揭示与出勤调度员核对后，双方签认；上车载入 LKJ 后，核对载入的 LKJ 临时数据文件条数和命令号。

⑤ 遇所担当交路有信联闭停用、变更列车径路的运行揭示，出勤机班领取《施工行车安全明示图》，必须在模拟机上进行模拟操作，正确掌握 LKJ 操作方法，确认写入 LKJ 临时数据路票、绿色许可证或特定引导的控制数据正确并登记。

⑥ 听取出勤指导人员对本次任务提出的具体要求和传达的重点注意事项、段（车间）安全措施，正确回答出勤试问内容和试题。对于记名式传达，要清楚传达的内容和要求，并签字。

⑦ 担当专运、军运及重点列车时，必须听取车间主任或值班主任、调度长传达指示和要求。

**5. 联**

司机与调度员联系，了解担当列车运行要求和注意事项，做到心中有数。执行标准如下：加强与调度员的联系，明确接班地点、机车型号、担当车次和机车出段径路。

## 【考核评价】

### 1. 自我评价

① 自我考核：整理出勤作业程序，描述关键作业环节的要点。

② 自我评价（见表 8-1）。

表 8-1　自我评价（每项满分为 10 分）

| 序号 | 评价内容 | 得分 | 亮点 |
|---|---|---|---|
| 1 | 课前知识查阅、调研完成情况 | | |
| 2 | 课前、课中与人协作沟通表现 | | |
| 3 | 出勤作业程序掌握情况 | | |
| 4 | 课前、课中学习态度表现 | | |

### 2. 小组评价（见表 8-2）

表 8-2　小组评价（每项满分为 10 分）

| 序号 | 评价内容 | 得分 | 亮点 |
|---|---|---|---|
| 1 | 课中学习态度表现 | | |
| 2 | 课前、课中与人协作沟通表现 | | |
| 3 | 出勤作业程序掌握情况 | | |

### 3. 教师评价（见表 8-3）

表 8-3　教师评价（每项满分为 10 分）

| 序号 | 评价内容 | 得分 | 亮点 |
|---|---|---|---|
| 1 | 课前知识查阅、调研完成情况 | | |
| 2 | 课中参与及协作情况 | | |
| 3 | 掌握出勤作业程序的效果 | | |

【教师建议】

整理清楚出勤顺序，确保不错、不漏。总结出勤作业关键项点、出勤前的准备工作，认真完成调度命令的核对、IC 卡数据的核对、司机手册的填写，小组会上根据担当任务做好关键作业环节预想，为今后从事相关工作打好基础。

# 任务 8.2　接车及出库挂车

【任务描述】

在实训教学中，将学生分成若干小组，模拟接车及出库挂车作业过程。以小组为单位，对每一个作业环节的工作要点及安全作业事项进行学习、练习，并展开针对性的讨论，使学生掌握各作业环节的工作重点，顺利完成工作任务。

【学习目标】

| 知识目标 | 了解库内接车或车站继乘作业过程、机车出库作业、挂车作业的各项要求 |
|---|---|
| 能力目标 | 能够理清接车及出库挂车作业顺序，掌握各个工作环节的作业技能 |
| 素质目标 | 树立良好的职业道德，养成规范化、标准化的工作作风，培养互控型班组建设意识，协作完成乘务工作 |

## 活动 8.2.1　接车（摸、检、验）

🔥【活动要点】：摸、检、验三个工作环节的执行标准。

**1. 摸**

对口交接并查看《机车运行日志》，摸清机车运行的质量状态、故障部件的处理和故障隐患，做到情况明、底数清。接车后，机班人员共同确认 LKJ、机车信号、机车综合无线通信设备（CIR）等行车安全装备合格证齐全、符合规定。执行标准如下：

① 出勤后，机班全员必须同行，走固定线路，横过线路时要"一站、二看、三指、四

通过"，确保人身安全。

② 查看《机车运行日志》，摸清机车运用情况、机车故障处所及修复情况，确认燃料、耗电及工具备品，查验并确认铅封完整齐全，在《机车运行日志》中签字。

③ 按机车司机室定置管理要求摆放物品，保持驾驶室清洁、整齐，提高文明程度。

④ 中途继乘站换班应实行对口交接。接班乘务员提前 20 min 到达继乘站值班员处签到并办理有关事宜，服从继乘站值班员的管理。

⑤ 操纵司机进行列车制动机试验。

**2. 检**

按规定检查机车，保证机车出段前符合规定的运用状态。执行标准如下：

① 上车后，机班将 LKJ 临时数据载入 LKJ，共同与交付揭示核对，确认无误后在司机手册中"上车载入 LKJ 后的 LKJ 临时数据互控章"处正确填写。

② 根据使用机型，按《铁路机车操作规程》有关规定对走行部、基础制动装置、牵引装置、制动机、电气控制系统、柴油机等进行重点检查。

③ 对机车检查发现的问题，及时联系有关人员修复，或采取有效措施予以解决。

**3. 验**

按规定做好机车各项机能试验，确认各部性能良好。执行标准如下：

① 确认有关人员处于安全位置后，方可进行机车各项机能试验。

② 内燃机车进行电气试验时，副司机（非操纵司机）在电气间处进行监护，二人必须密切配合，严格按标准用语执行确认呼唤（应答）制度。内燃机车起机前，二人做好互控。起机时，副司机（非操纵司机）必须在柴油机调速器处进行监控。试验柴油机转数时，单独制动阀必须在全制动位，做好安全防范措施。

③ 认真核查机车综合无线通信设备（CIR）、LKJ、机车自动信号等行车安全装备的检测合格证符合规定，铅封（封印）良好，而且检测合格证必须在规定位置存放。机班全员共同确认安全装备质量状态。

## 活动 8.2.2　出库挂车（确、停、挂）

🔥【活动要点】：确、停、挂三个工作环节的执行标准。

**1. 确**

确保按规定正点出库。机车乘务员接车时间：在库内整备场接车时，及时到达接车地点；中间继乘站接车时，距所接车次（开车）到达时间不少于 15 min 到达接车地点。

执行标准：

① 出库前确认油、水、砂，检查内燃机车在起机状态，确认：防溜铁鞋撤除；机车走行部配备的铁鞋牢固插入铁鞋座，且连接钢丝绳安全状态良好；机车人力制动机（停放制动装置）缓解状态良好；天窗加锁。

② 库内动车时，司机和副司机必须严格执行交替后部瞭望制度。确认机车两侧人员及设施均处于安全状态，并应注意临线机车、车辆的移动情况。

③ 严格落实"三盯、一严、六禁止"制度。即：盯住信号、道岔、脱轨器，严守运行速度，禁止闲谈聊天、让烟点烟、沏茶倒水、做饭吃饭、东张西望、接打手机等与行车无关的工作。

④ 出库前必须开放机车安全装备及安全保护装置，确认状态良好。

⑤ 认真执行要道还道及呼唤应答制度。对调车信号、道岔、脱轨器必须由近及远逐个进行指认、确认、呼唤，正确操作 LKJ。

⑥ 机车出库走行，严格按规定速度运行。进入尽头线前必须一度停车，再以不超过 5 km/h 的速度进入，并应留有 10 m 的安全距离，遇特殊情况必须近于 10 m 时，应严格控制速度。

⑦ 出入库第一架调车信号机前及返岔子第一架调车信号机前必须一度停车，认真执行车调联控，在规定进行车调联控的地点和作业环节必须做到"不联控不动车"。同侧严格落实瞭望、确认、呼唤应答、手比确认制度。对调车信号、道岔、脱轨器要由近及远依次确认呼唤。机车司机室双开窗，副司机（非操纵司机）起立。机车转线距回头调车信号机的距离应不少于 10 m（线路条件不具备时下车确认信号），遇返高柱回头信号机时距离应不少于 30 m。单机转线时，在没有阻挡信号机的情况下，机车必须越过返回头信号的调车信号机方准停车。

⑧ 机车换端操纵，必须按规定程序作业，确保在换端过程中机车保持制动状态。对于安装双套 LKJ 主机的机车，非操纵端 LKJ 主机必须关闭。

**2. 停**

执行标准如下：

① 必须严格执行"进入有车线一度停车、距脱轨器（被挂车辆）10 m 前停车"的规定，以及副司机（非操纵司机）引导挂车的"两停一挂"制度，并严格遵守"十、五、三"车的距离速度。

② 严格执行脱轨器、禁挂标志外方停车确认制度，停车距脱轨器、禁挂标志、被挂车列不得少于 10 m。因接软管试风及机车后部压信号机等原因，距脱轨器、禁挂标志必须近于 10 m 时，以 5 km/h 以下速度前移。

③ 因防护装置未撤除而导致机车在脱轨器、禁挂标志外方停留时，司机单阀置全制动位，自阀置保压位，换向手柄取出。

**3. 挂**

确认脱轨器、防护信号撤除后，平稳进行连挂。挂车后必须试拉。执行标准如下：

① 副司机（非操纵司机）手持信号旗（灯）下车检查被连挂车辆，确认车钩状态良好后正确显示连挂信号，引导机车以不超过 5 km/h 的速度平稳连挂。连挂时，根据需要适当撒砂。连挂后，进行试拉。副司机（非操纵司机）连接好制动软管后负责穿好车钩锁闭销。

② 挂车后，单阀制动，执乘司机负责检查并确认机车与第一辆车的车钩、防跳穿销、制动软管、供风软管连接状态和折角塞门状态。

③ 重联机车连挂后，相邻机车的连挂状态，由相邻机车司机与机务机车司机共同负责实行双确认。重联机车司机按规定对制动阀位置、制动机塞门、停放制动等操作完毕，具备重联运行条件后，通知本务机车司机进行检查试验。

④ 连挂后，副司机（非操纵司机）负责非操纵端的门窗锁闭，并把各种开关置规定位置。

## 【考核评价】

### 1. 自我评价
① 自我考核：描述接车作业程序及安全注意事项、出库挂车关键作业环节及卡控措施。
② 自我评价（见表 8-4）。

表 8-4　自我评价（每项满分为 10 分）

| 序号 | 评价内容 | 得分 | 亮点 |
|------|----------|------|------|
| 1 | 课前知识查阅、调研完成情况 | | |
| 2 | 课前、课中与人协作沟通表现 | | |
| 3 | 接车作业程序及出库挂车关键作业环节掌握情况 | | |
| 4 | 课前、课中学习态度表现 | | |

### 2. 小组评价（见表 8-5）

表 8-5　小组评价（每项满分为 10 分）

| 序号 | 评价内容 | 得分 | 亮点 |
|------|----------|------|------|
| 1 | 课中学习态度表现 | | |
| 2 | 课前、课中与人协作沟通表现 | | |
| 3 | 接车作业程序及出库挂车关键作业环节掌握情况 | | |

### 3. 教师评价（见表 8-6）

表 8-6　教师评价（每项满分为 10 分）

| 序号 | 评价内容 | 得分 | 亮点 |
|------|----------|------|------|
| 1 | 课前知识查阅、调研完成情况 | | |
| 2 | 课中参与及协作情况 | | |
| 3 | 掌握接车作业程序及出库挂车关键作业环节的效果 | | |

## 【教师建议】

　　总结接车及出库挂车作业步骤，分析各个工作环节的作业要点，以及违反作业制度产生的危害，查找相关事故案例，为以后从事相关工作打好基础。

# 任务 8.3  发车作业

## 【任务描述】

在实训教学中，将学生分成若干小组，模拟发车作业过程。以小组为单位对每一个作业环节的工作要点及安全作业事项进行学习、练习，并展开针对性的讨论，使学生掌握各作业环节的工作重点，顺利完成工作任务。

## 【学习目标】

| 知识目标 | 了解发车作业过程，以及安全装备设定、列车制动机试验、发车准备及列车出发的各项要求 |
| --- | --- |
| 能力目标 | 能够理清发车作业顺序，掌握安全装备设定、列车制动机试验、发车准备及列车出发各个工作环节的作业技能 |
| 素质目标 | 树立良好的职业道德，养成规范化、标准化的工作作风，培养互控型班组建设意识，协作完成乘务工作 |

## 活动　发车（设、试、准、发）

**【活动要点】：** 设、试、准、发四个工作环节的执行标准。

**1. 设**

机班全员按规定设定 LKJ、机车综合无线通信设备（CIR）；使用列尾的区段，须设定列尾主机 ID 号；采用微机控制制动系统的机车，须核对制动机设定的列车种类。执行标准如下：

① 挂车后认真核对列车编组等情况，按规定执行"接收货票签字"制度，妥善保管好货运票据，操纵司机负责 LKJ 设定，输入列车车次、编组等信息，确认机车信号开关位置与运行方向一致，副司机（非操纵司机）监督确认。

② 根据车站提供的列尾主机 ID 号，正确输入并核对。

③ 根据列车运行区段，正确选择机车综合无线通信设备（CIR）工作模式。G 网区段应确认车次是否注册成功，并使用 GSM-R 手持终端进行注册，离开 G 网区段时注销。

④ 对于采用微机控制的制动机，须正确设定制动机参数。

**2. 试**

按规定进行列车制动机试验，主动向车站值班员了解列车编组等事项。执行标准如下：

① 挂车后认真核对列车编组等情况，按规定接收列车编组通知单。

② 制动主管达到定压后，司机按规定进行制动机试验。司机应确认并在司机手册上记录充排风起止时间，检查制动主管压力变化，并作为本次列车操纵和制动机使用的参考依据。对于装有列尾装置的列车，须进行列尾风压查询，确认本务机车与列尾装置主机已形成"一

对一"关系。对于装有防折关装置的制动机，应注意观察其状态。对于装有微机控制装置的制动机，应注意观察显示屏充风流量信息，并与列车充排风时间表进行核对。制动机试验完毕后，司机必须使列车处于保压状态，信号开放后，方可缓解列车制动。

③ 当进行制动机试验时，在制动保压状态下，列车制动主管压力 1 min 内的泄漏量不得超过 20 kPa。

④ 当制动关门车辆数超过规定时，发车前应持有制动效能证明书。司机接到制动效能证明书后，应核对每百吨列车重量换算闸瓦压力，若不符合技规及本区段的规定，应向车站值班员报告。

⑤ 对于制动主管压力由 600 kPa 改为 500 kPa 的货物列车，开车前进行制动机试验时，须实施最大减压量，保压 1 min 后，确认缓解状态正常，防止车辆抱闸。

**3. 准**

做好发车准备。执行标准如下：

① 列车制动机试验完毕后，司机应使列车制动保压 100 kPa 以上，信号开放前不得缓解列车制动。始发站发车前，缓解机车制动，下车检查机车缓解情况及一位车钩、风管及折角塞门的状态，副司机（非操纵司机）在机车上进行同侧监护。

② 开车前，副司机（非操纵司机）检查机械间，确认油压、油水温度及各仪表显示是否符合规定。

③ 确认机车开关位置正确，各仪表显示正常。

④ 当有添乘人员时，执行"车下验证、车上汇报"制度。汇报用语按"领导检查工作汇报用语标准"执行，添乘人员原则上不得超过 2 人。

**4. 发**

正点发车。执行标准如下：

① 起动列车前，机班全员共同确认出站（进路）信号机开放、行车凭证已交付、进路表示器显示正确后，司机缓解列车制动，使用列尾装置检查尾部制动主管压力是否与机车制动主管压力基本一致，按规定进行车机联控。如果试风后时间超过 20 min，司机应重新试风，并记录充排风时间。

② 对于通信记录装置良好的车站，列车根据车站使用的无线调度通信设备的通知发车；当通信记录装置不良时，机班全员确认发车手信号显示三圈以上（或发车表示器白灯显示）后鸣笛起动列车（限鸣区除外），由司机使用电台向车站报告"××次列车起动"，检查并确认制动机手柄位置正确及各仪表显示状态正常，司机和副司机二人交替进行后部瞭望，确认列车起动正常，做到起车稳、加速快、防止空转。

③ 当内燃机车提手柄时，应使柴油机转速及牵引电流稳定上升。当列车起动困难时，可适当压缩车钩，但不应超过总辆数的三分之二。压缩车钩后，在机车加载前，不得缓解机车制动。对于具有功率自动调节控制功能的和谐型机车，当运行在困难区段出现空转时，不得盲目退回手柄。

④ 在规定地点按压 LKJ 开车键，确认 LKJ 进入正常控车状态。出站后迅速将列车速度提高到规定速度。

## 【考核评价】

### 1. 自我评价

① 自我考核：描述发车作业顺序，掌握安全装备设定、列车制动机试验、发车准备及列车出发各个工作环节的作业要点。

② 自我评价（见表 8-7）。

表 8-7 自我评价（每项满分为 10 分）

| 序号 | 评价内容 | 得分 | 亮点 |
|---|---|---|---|
| 1 | 课前知识查阅、调研完成情况 | | |
| 2 | 课前、课中与人协作沟通表现 | | |
| 3 | 发车作业顺序及关键作业环节掌握情况 | | |
| 4 | 课前、课中学习态度表现 | | |

### 2. 小组评价（见表 8-8）

表 8-8 小组评价（每项满分为 10 分）

| 序号 | 评价内容 | 得分 | 亮点 |
|---|---|---|---|
| 1 | 课中学习态度表现 | | |
| 2 | 课前、课中与人协作沟通表现 | | |
| 3 | 发车作业顺序及关键作业环节掌握情况 | | |

### 3. 教师评价（见表 8-9）

表 8-9 教师评价（每项满分为 10 分）

| 序号 | 评价内容 | 得分 | 亮点 |
|---|---|---|---|
| 1 | 课前知识查阅、调研完成情况 | | |
| 2 | 课中参与及协作情况 | | |
| 3 | 掌握发车作业顺序及关键作业环节的效果 | | |

## 【教师建议】

总结发车作业过程，分析各个工作环节的作业要点，以及违反作业制度产生的危害，查找相关事故案例，为以后从事相关工作打好基础。

# 任务 8.4 列车运行

## 【任务描述】

在实训教学中，将学生分成若干小组，模拟列车运行作业过程。以小组为单位，对每一个作业环节的工作要点及安全作业事项进行学习、练习，并展开针对性的讨论，使学生掌握各作业环节的工作重点，顺利完成工作任务。

【学习目标】

| 知识目标 | 了解列车运行作业过程，以及列车起动、列车运行、运行中机车检查等作业要求，以及列尾装置的使用 |
| --- | --- |
| 能力目标 | 能够理清列车运行作业顺序，掌握列车起动、列车运行、运行中机车检查等作业技能，以及列尾装置的使用方法 |
| 素质目标 | 树立良好的职业道德，养成规范化、标准化的工作作风，培养互控型班组建设意识，协作完成乘务工作 |

## 活动 8.4.1　列车运行（防、盯、勤、稳、呼）

【活动要点】：防、盯、勤、稳、呼五个作业环节的执行标准。

**1. 防**

防折角塞门关闭、防空转、防过流，做到起动稳、加速快。执行标准如下：

① 列车起动时，适当撒砂。内燃机车提手柄时，应使柴油机转数逐步上升。防止机车空转打伤钢轨和列车尾部超速。对于具有功率自动调节控制功能的和谐型机车；当运行在困难区段出现空转时，不得盲目退回手柄。

② 列车起动困难时，应进行减压判断，防止折角塞门关闭或拉断车钩。

③ 列车开车后，对于使用列尾装置的列车，司机应按规定进行列尾风压查询。

④ 列车出站后，司机应选择适当时机进行贯通试验，确认列车管贯通状态。自阀减压50 kPa 以上，司机确认制动主管排风结束、列车速度下降方可缓解，同时司机应注意风表压力及列车充、排风时间；对于装有列尾装置的列车，还应使用列尾装置查询列车尾部制动主管风压。列车贯通试验结果正常后，应及时将列车提至规定速度运行，严格按图行车。

⑤ 运行途中，当司机发现列车制动力不足危及行车安全时，应立即通报车站，请求开通前方进路。司机应采取一切有效措施使列车立即停车（立即投入机车动力制动，使用紧急制动阀、列尾装置主机排风制动），严禁盲目运行。

**2. 盯**

严格执行"一盯住，二确认，三监督，四呼唤"的制度，做到瞭望不间断、按规定呼唤、看准再喊、听不清就问，看不清就停。执行标准如下：

① 盯住信号、线路、接触网、桥梁、道口、隧道及各类标志，加强会车时的瞭望，二人手指确认信号，按规定进行呼唤应答。

② 司机运行中按规定鸣笛示警（限鸣区段除外）。会车时执行副司机（非操纵司机）起立制度（双司机配班单执乘区段除外）。

③ 列车运行通过施工慢行地段前，副司机（非操纵司机）起立，打开机车头灯，按规定鸣笛，通过施工地段后，在交付揭示命令号码上及时销号。

④ 运行中遇临时交付调度命令必须恢复双人值乘时，司机将命令内容与车站值班员或

列车调度员复诵并记入司机手册；列车调度员使用无线传输设备向列车发布书面调度命令时，司机应及时签收，对命令内容有疑问时，及时与列车调度员联系。接收的调度命令实行二人核对制度。

⑤ 单机挂车必须凭调度命令。所挂车辆自动制动机必须作用良好，发车前按规定进行制动机简略试验，司机确认编组顺序表和货运单据。在区间被迫停车后，做好防护工作，开车前应确认附挂辆数和贯通状态。单机挂车的辆数，线路坡度不超过 12‰ 的区段，以 10 辆为限；超过 12‰ 的区段，以 5 辆为限。

⑥ 在列车运行中遇有危及行车或人身安全时，应立即采取减速或停车措施，并及时向列车调度员和机务段机车调度室汇报实际情况。使用紧急制动时，应迅速将自阀手柄推向紧急制动位，并立即解除机车牵引力。开车前，司机必须检查试验列车制动主管的贯通状态。

⑦ 遇接触网停电或弓网故障、紧急制动、防止路外伤亡、自动闭塞区间通过信号机显示红色灯光停车、行车设备故障、机车故障、安全装备故障、区间停车、线路有行人或异物等，以及发生所有影响列车正常运行情况，司机必须第一时间立即向车站值班员、列车调度员和机务段机车调度室汇报实际情况。

**3. 勤**

勤检查、盯关键。执行标准如下：

① 副司机（非操纵司机）按照规定地点出站后对机械间或走廊进行检查、巡视，做好 LKJ 的巡视打点记录，并按规定向司机汇报，司机应认真核对各仪表。

② 内燃机车机械间或走廊巡视检查，由非操纵司机或副司机负责，应按下列要求执行：

a）始发列车出站后适当区间；

b）列车运行中一般每 30 min 进行一次；

c）发生异音、异状时。

其他机械间及走廊巡视检查时机由运用车间根据担当区段乘务员配班方式和实际情况确定。

③ 内燃机车检查项目：电气间、柴油机、增压器、牵引发电机、辅助传动装置、空气压缩机、辅助发电机、牵引电动机的通风机等状态是否正常；有无电气绝缘烧损气味，油水管路有无漏泄；水箱水位和各仪表显示是否正常。

④ 列车运行途中遇机车发生故障，应尽量维持到前方站停车处理，严禁操纵司机运行中离开操纵岗位。遇列车区间被迫停车的，停车后司机必须第一时间报告车站值班员或列车调度员；当机车故障后 10 min 内不能恢复运行时，司机应迅速请求救援，并详细汇报故障原因及列车车次、机车型号、牵引辆数、吨数、计长、关系人姓名、是否为直供电和双管供风列车，以及列车前后部的准确停留位置（该位置应以地面线路标志为准），并通报后续列车。电气化区段机车停于接触网分相内时，还应汇报机车前部无电区长度。请求救援后，应及时了解救援机车的开来方向，并立即前往来车方向不少于 300 m 处放置响墩，并在规定的地点显示手信号进行防护。

⑤ 站内停车后，应使制动主管追加减压至 100 kPa 以上，列车处于制动保压状态，内燃机车不准停止柴油机，保持空气压缩机工作状态，换向手柄置中立位。有条件时，必须检查机车走行部及机车与第一位车辆连接状态。检查走行部要做到一人检查一人监护。停车超过

20 min 再开时，司机必须进行制动机简略试验。夜间等会列车时，应将头灯灯光减弱或熄灭。机车乘务员必须坚守岗位，不准擅自离开机车。

⑥　自动闭塞区间遇通过信号机显示停车信号（包括显示不明或灯光熄灭时），列车必须在该信号机前停车。严格按照《技规》及有关规定执行。

⑦　进站停车时，严守进站速度，正确掌握制动时机，防止 LKJ 动作排风。

**4. 稳**

平稳操纵，达速运行。执行标准如下：

①　司机在运行中应按照本线作业指导书操纵列车，严格执行"机车乘务员确认呼唤（应答）标准"和车机联控制度，做到"彻底瞭望、确认信号、手比眼看、准确呼唤"，按规定鸣笛。

②　严格遵守列车每百吨列车重量换算闸瓦压力限制速度，列车限制速度，线路、桥隧、信号容许速度，机车车辆最高运行速度，道岔、曲线及各种临时限制速度，以及 LKJ 速度控制模式设定的限制速度的规定。

③　第一停车站司机提前试闸。进入长大下坡道区段，应提早控速，防止超速。

④　在确保安全正点的同时，应做到运行平稳、停车准确。站内停车时，提前确认 LKJ 显示距离与地面信号机位置是否一致，准确掌握制动时机、制动距离和减压量，根据接车线有效长度掌握一次稳、准停妥。在有列检接车的线路，按列检指定的位置停车。关键站停车需要使用 LKJ 特殊前行功能时，要严格控制速度和距离，应采取保压停车措施。

⑤　列车运行中，应根据线路纵断面及限速要求，尽可能不中断机车牵引力。在起伏坡道区段或较小的下坡道运行时，应采用低手柄位或低转速的牵引，尽量避免惰力运行。

⑥　列车在长大下坡道运行中，应采用空气、动力制动配合使用的操纵方法，做到：

a）列车进入下坡道时，投用动力制动，待列车继续增速的同时，再逐步增加制动电流；

b）当动力制动不能满足控制列车运行速度的要求时，采用空气制动调整列车运行速度；

c）缓解列车制动时，应在缓解空气制动后，再逐步解除动力制动。

⑦　在规定地点进行机车综合无线通信设备的变频转换（CIR 设备可自动转频的除外）。

⑧　列车运行途中，当 LKJ 警惕功能发出"进站确认"提示或"120 秒周期报警"（$HX_D3B\backslash2B$ 机车为"60 秒周期警惕"）显示屏弹出"警惕"提示或发出报警声时，司机须及时按压警惕按钮一次。遇警惕按钮故障时，可通过按 LKJ 显示器"定标"键等方式来完成。

⑨　对于安装列尾装置的列车，司机在下列情况应进行尾部风压确认：

a）列车起动后越过出站信号机；

b）列车在区间停车再开（开车前、后）；

c）列车进入长大下坡道前；

d）列车运行中进行制动试验后（制动排风后、制动缓解后）；

e）列车进站停车前（含机外停车）（制动调速前）；

f）列车进站前。

⑩　调速、停车时，操纵应平稳，制动时早减压、少减压；遇危及行车安全等情况实施紧急制动时，车不停稳严禁缓解列车制动。

⑪　站内停车要做到一次停妥，军运、专运列车按车站值班员指定地点停车。

⑫ 内燃机车提、回手柄应逐位进行，使牵引电流、柴油机转速稳定变化。负载运行中，当柴油机发生喘振、共振时，司机应及时调整主手柄位置。退回手柄时，主手柄回至"1"位需稍做停留再退回"0"位。在主手柄退回的过程中，若柴油机转速不下降，为防止柴油机"飞车"，禁止手柄回"0"位，应立即采取停止燃油泵工作、打开燃油系统排气阀、按下紧急停车按钮等措施。

⑬ 施行常用制动时，应考虑列车速度、线路坡道、牵引辆数和吨数、车辆种类以及闸瓦压力等条件，保持列车均匀减速，防止列车冲动，不应使用单阀制动停车，并遵守以下规定：

a）初次减压量不得少于 50 kPa。长大下坡道应适当增加初次减压量；

b）追加减压一般不应超过两次；一次追加减压量不得超过初次减压量；

c）累计减压量不应超过最大有效减压量；

d）单阀缓解量，每次不得超过 30 kPa（CCBⅡ、法维莱型制动机除外）；

e）减压时，自阀排风未止不应追加、停车或缓解列车制动；

f）禁止在制动保压后，将自阀手柄由中立位推向缓解、运转、保持位后，又移回中立位（牵引装有阶段缓解装置的列车除外）；

g）少量减压停车后，应追加减压至 100 kPa 及以上；

h）当站停超过 20 min 时，开车前应进行列车制动机简略试验。

⑭ 当施行紧急制动时，应迅速将自阀手柄推向紧急制动位，并立即解除机车牵引力，期间柴油机不得停机。列车未停稳，严禁移动自阀、单阀手柄（投入动力制动时，单阀除外）。无自动撒砂装置或自动撒砂装置失效时，停车前应适当撒砂。

⑮ 列车运行中，发现制动主管压力急剧下降、波动，空气压缩机不工作或长时间泵风不止，列尾装置发出制动主管压力不正常报警等异常情况时，应迅速停止向制动主管充风，解除机车牵引力，及时采取停车措施。

⑯ 列车停车再开车后，应选择适当地点进行贯通试验。司机确认制动主管排风结束、列车速度下降方可缓解，同时司机应注意风表压力及列车充、排风时间。对于装有列尾装置的列车，还应使用列尾装置查询列车尾部制动主管风压。

⑰ 机车附挂运行中，换向器的方向应与列车运行方向相同，主接触器在断开位，禁止进行电气动作试验。

⑱ 机车各安全保护装置和监督、计量器具不得盲目切（拆）除及任意调整其动作参数。机车各保护电器（油压、水温、接地、过流、柴油机超速、超压等保护装置）动作后，在未判明原因前，不得强迫起动柴油机及切除各保护装置。机车保护装置切除后，应密切注视机车各仪表的显示，加强机械间的巡视。机械间巡视，遇临时限速慢行和非正常行车区段时，可提前或延后。

⑲ 列车运行中，应随时注意机车各仪表的显示。若发现机车故障处所和非正常情况，要迅速判明原因并及时处理，须将故障现象及处理情况填记《机车运行日志》。

⑳ 遇天气恶劣，应加强瞭望和鸣笛，当信号机显示距离不足 200 m 时，应立即报告车站值班员或列车调度员。

㉑ 列车运行中的安全注意事项如下：

a）不得超越机车限界进行作业，电气化区段严禁攀登机车、车辆顶部，途中停车检查时，身体不得侵入临线限界。

b）严禁向机车外部抛撒火种，机械间严禁吸烟。

c）列车在区间被迫停车后不能继续运行时，司机应在第一时间立即使用列车无线调度通信设备通知两端站、列车调度员，报告停车原因和停车位置，根据需要迅速请求救援并按规定设置防护。机车故障后 10 min 内不能恢复运行时，司机应迅速请求救援。

d）列车运行途中若突发难以抵抗的身体急症，要立即报告列车调度员或车站值班员，不能维持驾驶操纵的要立即采取停车措施。

㉒ 多机牵引时应遵守下列规定：

a）机车重联后，应检查制动阀位置、制动机塞门状态、停放制动状态及相邻机车之间连接状态，由相邻机车乘务员实行双确认，共同负责；

b）机车操纵应由行进方向的前部机车负责，重联机车必须服从前部机车的指挥，并执行有关鸣笛及应答回示的规定。

㉓ 单机（包括双机、专列回送的机车，下同）在自动闭塞区间紧急制动停车后，若具备移动条件，司机须立即将机车移动不少于 15 m，再按照先防护后报告的原则，在轨道电路调谐区外使用短路铜线短接轨道电路，然后向就近车站值班员或列车调度员报告停车位置和原因。

当单机被迫停在调谐区内不能移动时，司机须立即在调谐区外使用短路铜线短接轨道电路，然后向就近车站值班员或列车调度员报告停车位置和原因。

**5. 呼**

严格执行车机联控制度，做到主动呼叫、用语标准、通话简洁、记录准确。执行标准如下：

① 在规定地点进行车机联控，做到联控用语准确、听不清就问、问明再答，严禁臆测联控及用电台谈论与行车无关的事情，并正确填写信息卡。

② 列车运行中，机车自动信号、机车综合无线通信设备、LKJ、音视频设备必须作用良好，全程运转，严禁擅自关机。

③ 列车通过车站后，操纵司机检查并确认显示屏及各仪表的显示状况，以及单阀、自阀手柄位置，并在司机手册上记点。

## 活动 8.4.2 列车运行中的风压查询

🔥【活动要点】：① 列尾装置查询时机。
② 列尾装置故障时风压核对方法。

**1. 司机主动查询列车尾部风压**

发车前和列车出站后，司机要及时通过列尾装置确认列车尾部风压。以下情况司机应主动查询列车尾部风压：

① 列车起动后越过出站信号机。

② 列车在区间停车再开。

③ 列车进入长大下坡道前。

④ 列车运行中进行制动试验后。

⑤ 列车进站停车前（含机外停车）。

⑥ 列车进站前。

**2. 列尾装置故障时的列尾风压核对办法**

列尾装置故障时，车辆乘务员应按下列规定与司机核对列车尾部风压：

① 列车在始发站出发前，必须按规定对列车制动机进行机能试验。列尾装置故障时，司机应呼叫车辆乘务员核对风压。联控用语如下：

列车司机："××（次）车辆乘务员，核对尾部风压。"

车辆乘务员："××（次）尾部风压××千帕。"

列车司机："××（次）尾部风压××千帕，司机明白。"

② 列尾装置故障时，列车在停车站进站前，司机应呼叫车辆乘务员核对风压。联控用语同上。

③ 列车在停车站出站后，司机要选择合理时机减压 50 kPa 施行列车制动主管的贯通试验，并通过列尾装置确认列车尾部风压。列尾装置故障时，贯通试验由司机与车辆乘务员共同负责，联控用语如下：

列车司机："××（次）车辆乘务员，贯通试验。"

车辆乘务员："××（次）车辆乘务员明白。"

在司机减压制动后，车辆乘务员："××（次）尾部风压××千帕。"

列车司机："××（次）尾部风压××千帕，司机明白。"

【考核评价】

**1. 自我评价**

① 自我考核：描述列车运行中防、盯、勤、稳、呼的作业内容。

② 自我评价（见表 8-10）。

表 8-10  自我评价（每项满分为 10 分）

| 序号 | 评价内容 | 得分 | 亮点 |
|------|----------|------|------|
| 1 | 课前知识查阅、调研完成情况 | | |
| 2 | 课前、课中与人协作沟通表现 | | |
| 3 | 列车运行作业掌握情况 | | |
| 4 | 课前、课中学习态度表现 | | |

**2. 小组评价（见表 8-11）**

表 8-11　小组评价（每项满分为 10 分）

| 序号 | 评价内容 | 得分 | 亮点 |
|---|---|---|---|
| 1 | 课中学习态度表现 | | |
| 2 | 课前、课中与人协作沟通表现 | | |
| 3 | 列车运行作业掌握情况 | | |

**3. 教师评价（见表 8-12）**

表 8-12　教师评价（每项满分为 10 分）

| 序号 | 评价内容 | 得分 | 亮点 |
|---|---|---|---|
| 1 | 课前知识查阅、调研完成情况 | | |
| 2 | 课中参与及协作情况 | | |
| 3 | 掌握列车运行作业的效果 | | |

【教师建议】

　　列车运行安全作业项点较多，要总结每一个作业环节的步骤和工作重点，并结合一次出乘作业标准化呼唤进行项点卡控，为以后从事相关工作打好基础。

# 任务 8.5　调车作业

【任务描述】

　　在实训教学中，将学生分成若干小组，模拟调车作业过程。以小组为单位，对每一个作业环节的工作要点及安全作业事项进行学习、练习，并展开针对性的讨论，使学生掌握各作业环节的工作重点，顺利完成工作任务。

【学习目标】

| 知识目标 | 了解调车作业过程、灯显设备使用、调车作业计划核对、调车作业速度、调车信号确认等要求 |
|---|---|
| 能力目标 | 掌握调车作业程序，能正确使用灯显设备、核对调车作业计划、控制调车作业速度、确认调车信号 |
| 素质目标 | 树立良好的职业道德，养成规范化、标准化的工作作风，培养互控型班组建设意识，协作完成乘务工作 |

## 活动 8.5.1  调机调车作业（试、清、盯、稳、熟、专、待）

🔥【活动要点】：各作业环节的工作重点。

**1. 试**

进行调车灯显设备试验，确认灯显调车设备的信号显示、语音提示正常，并与调车长进行通话试验，按规定执行车调联控。

**2. 清**

接到调车作业通知单后，机班全员与调车指挥人核对计划，做到"看清、问清、传达清"。调车作业时做到"唱一钩，干一钩，记一钩，划一钩"，计划不清不动车。变更计划时，必须停车传达（专用线变更计划可口头传达，司机记入手账，并向副司机传达）。对站场设备要清。

**3. 盯**

严格落实瞭望、确认、呼唤应答制度。动车前，坚持机班全员确认起动信号（信令）；调车过程中，要时刻盯住调车信号、灯显信号、道岔标志、径路、脱轨器、车挡、停留车位置。执行标准如下：

① 在非集中区调车作业时，必须执行要道还道制度，对手信号、道岔做到"四确认、一严守"。即确认扳道员显示的股道信号、开通信号、道岔标志、道岔开通正确，严守速度。

② 未得到扳道员还道信号或调车信号未开放时，距警冲标或调车信号 50 m 必须停车，不足 50 m 不准动车。

③ 在集中区调车作业时，机车车辆必须越过调车信号机的绝缘。若遇特殊情况必须压信号机绝缘原路返回时，必须由调车长领车（使用无线调车灯显设备时，调车长连续两次发出"起动"信令）至前方能显示的调车信号机前，再凭调车信号机的显示作业。

④ 天气不良瞭望距离不足 100 m 时，调车注意事项如下：

a）平面调车只限单钩溜放，变更计划时须停轮传达。

b）专用线取送调车作业时，无论牵引还是推进运行，均应全部接通制动软管，并适当掌握速度，保证遇到障碍能及时停车。越区作业在未了解情况以前不准实行溜放调车。

c）向特定线路及尽头线取送车时，必须在距停留车或车挡 50 m 处停车，再以不超过 3 km/h 的速度进行作业。

d）连挂车辆时，应在距被挂车辆 50 m 处停车，停车后再以不超过 5 km/h 的速度连挂。

⑤ 调车作业距回头调车信号机不得近于 10 m（高柱信号不得近于 30 m），并认真确认信号及道岔密贴状态（条件不具备时除外）。

⑥ 对信号、道岔由近及远逐个确认、呼唤，严格执行车调联控制度，正确、及时地执行信号显示（作业指令）的要求，没有信号（指令）不准动车，信号（指令）不清立即停车。

⑦ 调车作业中，必须根据信号显示要求严守速度，连续连挂要精神集中，盯住灯显信令；当灯显设备发出"一车或减速"的语音提示后，应将速度控制到 5 km/h 以下，并随时准备停车。

**4. 稳**

平稳连挂车辆，严守速度。执行标准如下：

① 连挂车辆要平稳，转场作业第一钩或停留车位置不清时按堵门车办理，进入转场的线路股道应确认、呼唤（稳）。

② 调车指挥人员显示十、五、三车信号时，应及时确认回示，按信号（信令）要求控制速度。显示三车信号后，必须一度停车，再以 5 km/h 以下速度进行连挂。

③ 平稳连挂无冲动。转场作业或专用线取送车时，在动车前必须进行制动机试验，距调车信号或停车牌 50 m 前停车，确认信号开放后再动车，信号不开放不准缓解车列制动。

④ 通过轨道衡、缓解停车器时，确认并呼唤其状态。在装有减速顶的线路上走行时，严守《站细》规定速度。

⑤ 推上驼峰解散车辆时，严格按驼峰信号显示的要求进行作业，对信号显示及要求的限制速度进行确认呼唤。遇信号显示不明、辨认不清时，立即停车。

⑥ 牵引车列向牵出线运行时，要坚持连接制动主管制度（接管数量按有关《站细》或安全协议执行），充满风，简略试验正常，并鸣笛回示，严守速度。距车挡（尽头站台）50 m 必须一度停车，再以不超过 5 km/h 以下的速度作业。距车挡必须保持 10 m 以上的安全距离，如需近于 10 m 时，按《站细》的规定作业。

⑦ 空线推进时，要严格按灯显设备发出指令要求的速度作业。

**5. 熟**

熟悉站场设备、熟悉道口位置、熟悉各专用线限制速度。执行标准如下：

① 对调车组人员和站场、线路、信号、道岔、道口、防溜鞋、各专用线限制速度等情况要熟悉。

② 熟悉道口位置，经过道口要适当降低速度，发现危及行车和人身安全时要及时停车。单机及牵引作业进出专用线大门前执行一度停车制度（在大门区往返作业时除外）。

**6. 专**

进入专用线作业，道口前必须一度停车。单机及牵引作业进出专用线大门前执行一度停车制度（在大门区往返作业时除外）。进入专用线作业时要加强瞭望，特别是对线路、道岔、线路两侧货物堆放状态等认真确认并呼唤；发现险情，立即停车。执行标准如下：

① 坚持非集中区要道还道制度，加强瞭望，对信号、道岔要做到"四确认、一严守"，并由近到远逐个手指确认呼唤。

② 严格遵守《站细》规定的限速，机车进入专用线要确认、呼唤限速。

③ 加强瞭望，特别是对线路、道岔、铁路边货物堆放状态等认真确认并呼唤；发现险情，立即停车。

**7. 待**

一批作业完毕间歇等待时，单阀置全制动位，自阀置制动区，断开机控，换向手柄回中立位，并对主要部件进行检查。机班全员应坚守岗位，不准同时离开机车。

## 活动 8.5.2　中间站临时利用本务机车调车作业

🔥【**活动要点**】：利用本务机车进行临时调车作业的作业重点。

① 中间站临时利用本务机车调车作业，必须凭附有车站线路示意图的调车作业通知单和调度命令作业。认真执行车调联控。调车作业执行"唱一钩，干一钩，记一钩，划一钩"的制度。

② 调车作业前，必须试验平面灯显调车设备。利用本务机车进行调车时，必须全部接通制动主管并进行制动机简略试验。

③ 调车作业时，做到计划清、变更停、精神好、信号盯、速度准、位置明。变更计划时，要根据交付重新填写的新调车作业示意图（专用线内变更计划，司机必须记在手账上）调车，没有变更计划不准作业。

④ 调车指挥人员显示十、五、三车信号时，应及时鸣笛回示，按显示要求控制速度。计划不清不准动车，信号不清立即停车。

## 【考核评价】

### 1. 自我评价

① 自我考核：描述调车作业中"试、清、盯、稳、熟、专、待"主要内容。

② 自我评价（见表 8–13）。

表 8–13　自我评价（每项满分为 10 分）

| 序号 | 评价内容 | 得分 | 亮点 |
|---|---|---|---|
| 1 | 课前知识查阅、调研完成情况 | | |
| 2 | 课前、课中与人协作沟通表现 | | |
| 3 | 调车作业掌握情况 | | |
| 4 | 课前、课中学习态度表现 | | |

### 2. 小组评价（见表 8–14）

表 8–14　小组评价（每项满分为 10 分）

| 序号 | 评价内容 | 得分 | 亮点 |
|---|---|---|---|
| 1 | 课中学习态度表现 | | |
| 2 | 课前、课中与人协作沟通表现 | | |
| 3 | 调车作业掌握情况 | | |

**3. 教师评价（见表 8–15）**

表 8–15　教师评价（每项满分为 10 分）

| 序号 | 评价内容 | 得分 | 亮点 |
|------|----------|------|------|
| 1 | 课前知识查阅、调研完成情况 | | |
| 2 | 课中参与及协作情况 | | |
| 3 | 掌握调车作业的效果 | | |

**【教师建议】**

　　总结调车作业步骤，掌握灯显信号含义，读懂调车作业计划，熟悉调车作业的各项规定和作业要求，为以后从事相关工作打好基础。

# 任务 8.6　列车到达及入库作业

**【任务描述】**

　　在实训教学中，将学生分成若干小组，模拟列车到达及入库作业过程。以小组为单位，对每一个作业环节的工作要点及安全作业事项进行学习、练习，并展开针对性的讨论，使学生掌握各作业环节的工作重点，顺利完成工作任务。

**【学习目标】**

| 知识目标 | 了解列车到达及入库作业过程，以及安全装备使用，道岔、信号确认要求，入库作业速度要求 |
|----------|------|
| 能力目标 | 掌握列车到达及入库作业程序，能正确使用安全装备，确认道岔开通位置、信号显示正确，完成列车到达及入库作业 |
| 素质目标 | 树立良好的职业道德，养成规范化、标准化的工作作风，培养互控型班组建设意识，协作完成乘务工作 |

## 活动 8.6.1　列车到达作业

　　🔥 **【活动要点】**：① 列车到达后安全装备的操作。
　　　　　　　　　　　② 列车摘解程序。

　　列车到达停妥后，副司机手触检查轴箱、牵引电动机等的轴承温度，司机按列检要求试验列车制动机，具体作业过程如下：

　　① 列车到达停妥后，司机应将自阀实施最大有效减压量，单阀置全制动位，各手柄、开关置规定位。及时将 LKJ 转入"调车"模式，对装有列尾装置的列车进行列尾销号，在使

用 G 网通信的区段进行车次销号作业。按列检人员或副司机（非操纵司机）显示的信号动车。司机在摘解机车前，不得缓解列车制动。

② 无列检作业的列车，机车乘务员摘车时，按照"一关前、二关后、三摘风管、四提钩、五带堵"的程序作业。摘开机车后，等待入库或车站换班。

③ 与车站人员办理货票交接手续，站换列车货票交予接班司机。

④ 检查机车时，不得侵入邻线，必须执行"一人作业，一人监护"的规定，注意邻线过往车辆，保证人身安全。

## 活动 8.6.2　入库作业（入、严）

◇【活动要点】：各作业环节的执行标准。

**1. 入**

入库或转线时，按规定更换司机室，坚持二人确认信号、线路、道岔后再动车，并注意邻线机车车辆的状态。执行标准如下：

① 机班全员确认入库信号或股道信号、道岔开通信号、道岔标志显示正确，执行车调联控、呼唤制度，鸣笛动车（限鸣区段除外）。认真执行"要道还道""三盯、一严、六禁止"的制度，要对所经过调车信号、道岔由近及远逐个进行确认。

② 入库转线时，认真执行确认呼唤（应答）制度，按规定程序进行换端作业。

**2. 严**

严守速度防松懈，严禁做其他工作，经过站段分界点签点入库。执行标准如下：

① 入库或转线时，严守速度，认真确认信号、道岔开通位置及标志。

② 在站段分界点处停车，将 LKJ 转入"入库"模式，在司机报单上记录入库时间（需签点时，按规定签点）。根据开放的信号或手信号显示动车入库。进入整备线后，按指定位置停车，做好机车防溜工作。

## 活动 8.6.3　交班作业（整、洁、良）

◇【活动要点】：各工作环节的执行标准。

**1. 整**

按站段交班机车检查范围整备机车，上足油、水、砂。执行标准如下：

① 列车到达换乘站停车后，应使列车保持制动状态，主手柄置"0"位，换向手柄置中立位。办理下列相关事宜：

a）将机车运用状态和燃油消耗量或耗电量填入《机车运行日志》，办理交接手续。

b）副司机（非操纵司机）检查机车行车安全装备，办理工具备品等交接。

c）交班司机转储 LKJ 运行记录数据。

② 机车入库（外整备点）整备作业时，应做好防溜工作再停机（降弓），按规定进行机车检查，在规定地点补齐机车油、水、砂及各项备品。将机车运行动态质量信息及时填写进

《机车运行日志》，并与地勤人员办理好交接。

③ 配合检测人员做好机车行车安全装备检测工作，对于运行中发生的设备不良现象，应及时向检测人员说明，检测合格后互相签章。

④ 将本班 LKJ 运行记录文件全部转入司机 IC 卡。

⑤ 轮乘制机车，乘务员向整备司机详细介绍机车运用状态，填写《机车行车日志》《交接班记录》等，办理工具备品、燃油消耗、耗电量交接手续，补齐防护用品。

⑥ 包乘制机车，交班机车乘务员按规定进行机车检查和清洁保养，与接班司机对口交接。

**2. 洁**

按司机室文明要求，做好司机室清洁工作。执行标准如下：

① 司机室各物品按定置摆放，操纵台、地面保持清洁。

② 包乘制机车，按照"一检、二修、三给油、四擦车"的顺序，做好机车保养、清洁工作，在规定地点排放机车污油、水，放置脏棉丝。登顶作业时，系好安全带，注意人身安全。接触网下严禁登顶作业（隔离开关区域断电时除外）。

**3. 良**

机车整备状态良好。执行标准如下：

① 机车整备完毕后动车前，必须严格执行交替后部瞭望制度，确认机车两侧人员及设施处于安全状态后，将机车移出地沟，至停放地点。下车前，按规定将各开关、按钮置于规定位，取出换向手柄，断开蓄电池闸刀，关闭门窗，做好防溜。冬季与有关人员做好机车防寒交接工作。

② 机车在外局、外段停留时，应执行所在段《段细》防溜规定，做好防溜措施。

③ 按规定做好机车钥匙交接工作。

## 【考核评价】

**1. 自我评价**

① 自我考核：描述列车到达后安全装备的操作及"三盯、一严、六禁止"内容。

② 自我评价（见表 8-16）。

表 8-16 自我评价（每项满分为 10 分）

| 序号 | 评价内容 | 得分 | 亮点 |
|------|----------|------|------|
| 1 | 课前知识查阅、调研完成情况 | | |
| 2 | 课前、课中与人协作沟通表现 | | |
| 3 | 列车到达及入库作业掌握情况 | | |
| 4 | 课前、课中学习态度表现 | | |

### 2. 小组评价（见表 8-17）

表 8-17　小组评价（每项满分为 10 分）

| 序号 | 评价内容 | 得分 | 亮点 |
|---|---|---|---|
| 1 | 课中学习态度表现 | | |
| 2 | 课前、课中与人协作沟通表现 | | |
| 3 | 列车到达及入库作业掌握情况 | | |

### 3. 教师评价（见表 8-18）

表 8-18　教师评价（每项满分为 10 分）

| 序号 | 评价内容 | 得分 | 亮点 |
|---|---|---|---|
| 1 | 课前知识查阅、调研完成情况 | | |
| 2 | 课中参与及协作情况 | | |
| 3 | 掌握列车到达及入库作业的效果 | | |

## 【教师建议】

总结列车到达及入库作业工作程序，找出作业中的关键项点，查找相关事故案例并分析，为以后从事相关工作打好基础。

# 任务 8.7　退勤作业

## 【任务描述】

在实训教学中，将学生分成若干小组，模拟退勤作业过程。以小组为单位，对每一个作业环节的工作要点及安全作业事项进行学习、练习，展开针对性的讨论，使学生掌握各作业环节的工作重点，顺利完成工作任务。

## 【学习目标】

| 知识目标 | 了解退勤作业过程，以及司机报单、车机联控信息卡、"机调-10"、退勤小组会的内容 |
|---|---|
| 能力目标 | 能正确填写司机报单、车机联控信息卡、"机调-10"；　掌握退勤作业程序 |
| 素质目标 | 树立良好的职业道德，养成规范化、标准化的工作作风，培养互控型班组建设意识，协作完成乘务工作 |

活动　退勤作业（填、分、签）

🔥【活动要点】：① 退勤作业程序。
　　　　　　　　② 司机报单填写。

**1. 填**

退勤前，按规定填写司机报单、车机联控信息卡、"机调 –10"等。对本次列车的早、晚点情况进行记录。执行标准如下：

① 认真填写司机报单规定内容。

② 对运行中发生的非正常情况按规定填写"机调 –10"，并向退勤调度员汇报清楚。

**2. 分**

分析本趟任务完成情况，对 LKJ、录音笔检索分析的问题及超劳、运缓等情况做出说明。执行标准如下：

① 开好退勤小组会，认真总结安全、质量、操纵、保养和乘务作业中标准化落实情况，核算本趟车燃油、电消耗情况。

② 进行酒精测试后，向退勤调度员办理 IC 卡转储手续，汇报本次列车安全及运行情况，对 LKJ、录音笔检索分析的问题及超劳、运缓等情况做出说明。

**3. 签**

签章退勤。执行标准如下：

机班全员需同时办理退勤手续，向调度员汇报本次乘务工作情况，司机将司机报单、交付揭示、书面行车凭证、调度命令、录音笔及各种信息单（卡）交回派班室，退勤调度员签章同意后方可退勤。

**【考核评价】**

**1. 自我评价**

① 自我考核：完成司机报单填写。

② 自我评价（见表 8–19）。

表 8–19　自我评价（每项满分为 10 分）

| 序号 | 评价内容 | 得分 | 亮点 |
|---|---|---|---|
| 1 | 课前知识查阅、调研完成情况 | | |
| 2 | 课前、课中与人协作沟通表现 | | |
| 3 | 退勤作业程序掌握情况 | | |
| 4 | 课前、课中学习态度表现 | | |

**2. 小组评价（见表 8–20）**

表 8–20　小组评价（每项满分为 10 分）

| 序号 | 评价内容 | 得分 | 亮点 |
|---|---|---|---|
| 1 | 课中学习态度表现 | | |
| 2 | 课前、课中与人协作沟通表现 | | |
| 3 | 退勤作业程序掌握情况 | | |

**3. 教师评价（见表 8–21）**

表 8–21　教师评价（每项满分为 10 分）

| 序号 | 评价内容 | 得分 | 亮点 |
|---|---|---|---|
| 1 | 课前知识查阅、调研完成情况 | | |
| 2 | 课中参与及协作情况 | | |
| 3 | 掌握退勤作业程序的效果 | | |

【教师建议】

　　总结退勤作业步骤，正确填写司机报单、车机联控信息卡、"机调–10"，分析出乘作业全过程存在的问题和解决方法，为以后从事相关工作打好基础。

# 任务 8.8　机车乘务员呼唤应答标准

【任务描述】

　　在实训教学中，模拟机车乘务员一次乘务作业过程，可将学生分成若干小组，分组对每一个作业环节的工作要点及安全作业事项进行讨论，掌握各作业环节的工作重点，顺利完成工作任务。

【学习目标】

| 知识目标 | 了解机车乘务员呼唤应答用语标准，掌握一次乘务作业各环节的作业标准及确认呼唤内容 |
|---|---|
| 能力目标 | 能正确执行机车乘务员呼唤应答标准，分析重点作业环节、掌握呼唤时机、准确呼唤，确认关键作业环节 |
| 素质目标 | 树立良好的职业道德，养成规范化、标准化的工作作风，培养互控型班组建设意识，协作完成乘务工作 |

## 活动 8.8.1　出段至发车

　　🔥【活动要点】：① 机车出入库、调车作业呼唤标准。
　　　　　　　　　　② 遇非正常行车呼唤标准。

出段至发车机车乘务员双岗值乘确认呼唤（应答）标准用语如表 8-22 所示。

表 8-22　出段至发车机车乘务员双岗值乘确认呼唤（应答）标准用语

| 序号 | 呼唤时机 | 呼唤 | | 应答 | | 复诵 | |
|---|---|---|---|---|---|---|---|
| | | 呼唤者 | 标准用语 | 应答者 | 标准用语 | 复诵者 | 标准用语 |
| 1 | LKJ 开机输入 | 操纵司机 | 闭合电源 | 副司机 非操纵司机 | 监控输入 | 操纵司机 | 监控输入 |
| 2 | 内燃机车 电器试验前 | 操纵司机 | 电器试验 | 副司机 非操纵司机 | 电器试验 | | |
| 3 | 柴油机起机前 | 操纵司机 | 起机 | 副司机 非操纵司机 | 起机 | 操纵司机 | 注意检查、防护 |
| 4 | 电力机车升弓 | 操纵司机 | 升弓 | 副司机 非操纵司机 | 升弓注意 | 操纵司机 | 升弓好了 |
| 5 | 电力机车高、低压试验前 | 操纵司机 | 低（高）压试验 | 副司机 非操纵司机 | 低（高）压试验 | 操纵司机 | 注意检查 |
| 6 | 机车制动机 试验前 | 操纵司机 | 制动机试验 | 副司机 非操纵司机 | 制动机试验 | | |
| 7 | 机车安全装备 | 操纵司机 | 安全装备 | 副司机 非操纵司机 | 开放好了 | | |
| 8 | 防电锁 | 操纵司机 | 防电锁 | 副司机 非操纵司机 | 已锁闭 | | |
| 9 | 止轮器 | 操纵司机 | 止轮器 | 副司机 非操纵司机 | 撤除好了 | | |
| 10 | 整备完毕，人员就岗 | 副司机 非操纵司机 | 出段准备 | 操纵司机 | 准备好了 | | |
| 11 | 出段前 | 副司机 非操纵司机 | 还道信号 出段信号（非集中操纵道岔呼唤内容） | 操纵司机 | ×道 出段手信号好了 | 副司机 非操纵司机 | ×道 出段手信号好了 |
| 12 | | 副司机 非操纵司机 | 出段信号 | 操纵司机 | 白（绿）灯 蓝（红）灯停车 | 副司机 非操纵司机 | 白（绿）灯 蓝（红）灯停车 |
| 13 | 经过非集中操纵道岔前 | 副司机 非操纵司机 | 道岔注意 | 操纵司机 | 道岔开通正确 | 副司机 非操纵司机 | 道岔开通正确 |
| 14 | 经过其他要道 还道地点前 | 副司机 非操纵司机 | 一度停车 还道信号 | 操纵司机 | 一度停车 ×道 | 副司机 非操纵司机 | ×道 |
| | | | 道岔开通信号 | | 手信号好了 | | 手信号好了 |
| 15 | 行至站段分界点（或一度停车牌） | 副司机 非操纵司机 | 一度停车 | 操纵司机 | 一度停车 | | |
| 16 | 调车信号前 | 副司机 非操纵司机 | 调车信号 | 操纵司机 | 白灯、蓝（红）灯停车 | 副司机 非操纵司机 | 白灯、蓝（红）灯停车 |
| 17 | 调车复示信号前 | 副司机 非操纵司机 | 复示信号 | 操纵司机 | 白灯 注意信号 | 副司机 非操纵司机 | 白灯 注意信号 |
| 18 | 换端作业时 | 副司机 非操纵司机 | 注意防溜 | 操纵司机 | 注意防溜 | | |

| 序号 | 呼唤时机 | 呼唤 | | 应答 | | 复诵 | |
|---|---|---|---|---|---|---|---|
| | | 呼唤者 | 标准用语 | 应答者 | 标准用语 | 复诵者 | 标准用语 |
| 19 | 进入挂车线 | 副司机 非操纵司机 | 脱轨器注意 | 操纵司机 | 撤除好了 （红灯、红牌）停车 | 副司机 非操纵司机 | 撤除好了 （红灯、红牌）停车 |
| 20 | 连挂车时 | 副司机 非操纵司机 | 十辆、五辆、三辆、停车 | 操纵司机 | 十辆、五辆、三辆、停车 | | |
| 21 | | 副司机 非操纵司机 | 防护信号 | 操纵司机 | 撤除好了 注意信号 | 副司机 非操纵司机 | 好了 注意 |
| 22 | 列车制动机试验时（装有列尾装置） | 司机 | 简略试验 | 非操纵（副）司机 | 简略试验 | | |
| | | 司机 | 减压100千帕排风好了 | 非操纵（副）司机 | 风压查询 | | |
| | | 司机 | 尾部风压××千帕缓解 | 非操纵（副）司机 | 保压1分钟 | | |
| | | 司机 | 尾部风压××千帕正常 | 非操纵（副）司机 | 风压查询 | | |
| | 列车制动机试验时（未装有列尾装置） | 司机 | 简略试验 | 非操纵（副）司机 | 简略试验 | | |
| | | 司机 | 制动减压100千帕，保压1分钟正常 | 非操纵（副）司机 | 减压100千帕，保压1分钟；保压完毕 | | |
| | | 司机 | 缓解，列车管压力600（500）千帕 | 非操纵（副）司机 | 缓解，列车管压力600（500）千帕 | | |
| 23 | 发车前 | 司机 | 监控装置输入：车次××次区段号××号车站代码××车速等级××吨数××辆数××计长××始发站名×××，开车、有权、客（货）本（补）、A（B）机 | 非操纵（副）司机 | 监控装置输入：车次××次区段号××号车站代码××车速等级××吨数××辆数××计长××始发站名×××，开车、有权、客（货）本（补）、A（B）机 | 司机 | 监控装置输入好了 |
| | | 司机 | 揭示查询：调度命令××号，限速××公里有效揭示××条，齐全 | 非操纵（副）司机 | 揭示查询：调度命令××号，限速××公里有效揭示××条，齐全 | | |
| | | 司机 | 列尾ID号输入 | 非操纵（副）司机 | ID号输入确认连接状态 | 司机 | ID号输入正确连接状态正常 |
| | | 副司机 非操纵司机 | 确认通信装置 | 操纵司机 | CIR（或通信装置）设置好了 | 副司机 非操纵司机 | CIR（或通信装置）设置好了 |
| | | | 确认机车信号 | | 机车信号确认好了 | | 机车信号确认好了 |

续表

| 序号 | 呼唤时机 | 呼唤 | | 应答 | | 复诵 | |
|---|---|---|---|---|---|---|---|
| | | 呼唤者 | 标准用语 | 应答者 | 标准用语 | 复诵者 | 标准用语 |
| 24 | 发车前 | 副司机非操纵司机 | 出站（发车进路）信号 | 操纵司机 | 绿灯，出站（发车进路）好了 | 副司机非操纵司机 | 绿灯，出站（发车进路）好了 |
| | | | | | 双绿灯，×（线、站）方向出站好了 | | 双绿灯，×（线、站）方向出站好了 |
| | | | | | 绿黄灯，出站（发车进路）好了 | | 绿黄灯，出站（发车进路）好了 |
| | | | | | 黄灯，出站（发车进路）好了 | | 黄灯，出站（发车进路）好了 |
| 25 | | 副司机非操纵司机 | 确认路票 | 操纵司机 | 路票正确 | 副司机非操纵司机 | 路票正确 |
| | | | 确认绿色许可证 | | 绿色许可证正确 | | 绿色许可证正确 |
| | | | 确认红色许可证 | | 红色许可证正确 | | 红色许可证正确 |
| | | | 确认调度命令 | | 调度命令正确 | | 调度命令正确 |
| 26 | | 副司机非操纵司机 | 进路表示器 | 操纵司机 | ×（线、站）方向好了 | 副司机非操纵司机 | ×（线、站）方向好了 |
| | | | | | 正、反方向好了 | | 正、反方向好了 |
| 27 | | 副司机非操纵司机 | 发车信号 | 操纵司机 | 一圈、两圈、三圈，发车信号好了，联控发车好了 | 副司机非操纵司机 | 一圈、两圈、三圈，发车信号好了，联控发车好了 |
| 28 | | 副司机非操纵司机 | 发车表示器 | 操纵司机 | 发车表示器白灯 | 副司机非操纵司机 | 发车表示器白灯 |
| 29 | 起动列车后 | 副司机非操纵司机 | 确认开车时刻 | 操纵司机 | 正点（或晚点×分）开车 | 副司机非操纵司机 | 好了 |
| 30 | | 副司机非操纵司机 | 注意对标 | 操纵司机 | 对标好了道岔限速×公里 | 副司机非操纵司机 | 好了道岔限速×公里 |
| 31 | | 副司机非操纵司机 | 后部注意 | 操纵司机 | 后部好了 | 副司机非操纵司机 | 后部好了 |
| 32 | 出站后 | 副司机非操纵司机 | 仪表注意 | 操纵司机 | 各仪表（网压）显示正常 | | |

## 活动 8.8.2　途中运行

途中运行机车乘务员双岗值乘确认呼唤（应答）标准用语如表 8-23 所示。

表 8-23　途中运行机车乘务员双岗值乘确认呼唤（应答）标准用语

| 序号 | 呼唤时机 | 呼唤 | | 应答 | | 复诵 | |
|---|---|---|---|---|---|---|---|
| | | 呼唤者 | 标准用语 | 应答者 | 标准用语 | 复诵者 | 标准用语 |
| 1 | 机械间巡视及巡视后 | 副司机非操纵司机 | 机械间检查各部正常 | 操纵司机 | 注意安全好了 | 副司机非操纵司机 | 加强瞭望 |

续表

| 序号 | 呼唤时机 | 呼唤 | | 应答 | | 复诵 | |
|---|---|---|---|---|---|---|---|
| | | 呼唤者 | 标准用语 | 应答者 | 标准用语 | 复诵者 | 标准用语 |
| 2 | 贯通试验或试闸点 | 副司机非操纵司机 | 贯通试验<br>试闸 | 操纵司机 | 贯通试验好了<br>试闸好了 | 副司机非操纵司机 | 好了 |
| 3 | 查询列尾时 | 副司机非操纵司机 | 列尾查询 | 操纵司机 | 尾部风压××千帕 | 副司机非操纵司机 | 好了 |
| 4 | 接近慢行地段限速标 | 副司机非操纵司机 | 慢行注意 | 操纵司机 | 限速××公里 | 副司机非操纵司机 | 限速××公里 |
| 5 | 慢行减速地点（始端）标 | 副司机非操纵司机 | 慢行开始 | 操纵司机 | 慢行开始 | | |
| 6 | 慢行减速地点（终端）标 | 副司机非操纵司机 | 严守速度 | 操纵司机 | 严守速度 | | |
| 7 | 越过减速防护地段终端信号标 | 副司机非操纵司机 | 慢行结束 | 操纵司机 | 慢行结束 | | |
| 8 | 乘降所 | 副司机非操纵司机 | ××乘降所 | 操纵司机 | 停车 | 副司机非操纵司机 | 停车 |
| 9 | 接近分相前 | 副司机非操纵司机 | 过分相注意 | 操纵司机 | 注意 | 副司机非操纵司机 | 注意 |
| | 当LKJ进行第二次语音提示后（距分相500米） | | 通过分相最低速度××公里 | | 注意控速 | | |
| 10 | 禁止双弓标前 | 副司机非操纵司机 | 禁止双弓 | 操纵司机 | 单弓好了 | 副司机非操纵司机 | 好了 |
| 11 | 断电标（T断标）前 | 副司机非操纵司机 | 断电控制电压××伏 | 操纵司机 | 断电好了控制电压××伏 | 副司机非操纵司机 | 好了 |
| 12 | 越过合电标后 | 副司机非操纵司机 | 闭合；控制电压110伏 | 操纵司机 | 闭合好了；控制电压110伏 | 副司机非操纵司机 | 好了 |
| 13 | 准备降弓标前 | 副司机非操纵司机 | 准备降弓 | 操纵司机 | 准备降弓 | | |
| 14 | 降弓标前 | 副司机非操纵司机 | 降弓 | 操纵司机 | 降弓好了 | 副司机非操纵司机 | 好了 |
| 15 | 越过升弓标后 | 副司机非操纵司机 | 升弓 | 操纵司机 | 升弓好了 | 副司机非操纵司机 | 好了 |
| 16 | 遮断信号前 | 副司机非操纵司机 | 遮断信号 | 操纵司机 | 红灯停车；无显示 | 副司机非操纵司机 | 红灯停车；无显示 |
| 17 | 半自动闭塞区段进站（进路）信号机处；自动闭塞区段进站信号前一架通过信号机、进站（进路）信号机处 | 副司机非操纵司机 | 确认车位 | 操纵司机 | 车位正确<br>校正好了 | 副司机非操纵司机 | 车位正确<br>好了 |

续表

| 序号 | 呼唤时机 | 呼唤 | | 应答 | | 复诵 | |
|---|---|---|---|---|---|---|---|
| | | 呼唤者 | 标准用语 | 应答者 | 标准用语 | 复诵者 | 标准用语 |
| 18 | 进站、接车进路复示信号前 | 副司机非操纵司机 | 复示信号 | 操纵司机 | 直向、侧向或注意信号 | 副司机非操纵司机 | 直向、侧向或注意信号 |
| 19 | 出站、发车进路复示信号前 | 副司机非操纵司机 | 复示信号 | 操纵司机 | 复示好了，注意信号 | 副司机非操纵司机 | 复示好了，注意信号 |
| 20 | 通过手信号 | 副司机非操纵司机 | 通过手信号 | 操纵司机 | 手信号好了，站内停车 | 副司机非操纵司机 | 手信号好了，站内停车 |
| 21 | 防护信号前 | 副司机非操纵司机 | 防护信号 | 操纵司机 | 红灯（红旗）停车 | 副司机非操纵司机 | 红灯（红旗）停车 |
| | | | | | 火炬停车 | | 火炬停车 |
| | | | | | 撤除好了 | | 撤除好了 |
| 22 | 预告信号前 | 副司机非操纵司机 | 预告信号 | 操纵司机 | 预告好了，注意信号 | 副司机非操纵司机 | 预告好了，注意信号 |
| 23 | CIR接收接车进路预告信息时 | 副司机非操纵司机 | 确认进路预告信息 | 操纵司机 | ×站（线路所）×道通过（停车） | 副司机非操纵司机 | ×站（线路所）×道通过（停车） |
| | | | | | 机外停车 | | 机外停车 |
| 24 | 接收临时调度命令时 | 副司机非操纵司机 | 确认调度命令 | 操纵司机 | 调度命令确认好了 | 副司机非操纵司机 | 调度命令确认好了 |
| 25 | 通信模式转换时 | 副司机非操纵司机 | 通信转换注意 | 操纵司机 | 转换好了 | 副司机非操纵司机 | 好了 |
| 26 | 转换机车信号时 | 副司机非操纵司机 | 机车信号转换注意 | 操纵司机 | 转换好了 | 副司机非操纵司机 | 好了 |
| 27 | 接近信号前 | 副司机非操纵司机 | 接近信号 | 操纵司机 | 绿灯 | 副司机非操纵司机 | 绿灯 |
| | | | | | 绿黄灯 | | 绿黄灯 |
| | | | | | 黄灯减速 | | 黄灯减速 |
| 28 | 进站（接车进路）信号前 | 副司机非操纵司机 | 进站（进路）信号 | 操纵司机 | 绿灯，正线通过 | 副司机非操纵司机 | 绿灯，正线通过 |
| | | | | | 绿黄灯，正线通过，注意运行 | | 绿黄灯，正线通过，注意运行 |
| | | | | | 黄灯，正线 | | 黄灯，正线 |
| | | | | | 双黄灯，侧线，限速××公里 | | 双黄灯，侧线，限速××公里 |
| | | | | | 黄闪黄，侧线，限速××公里 | | 黄闪黄，侧线，限速××公里 |
| | | | | | 红灯，机外停车 | | 红灯，机外停车 |
| 29 | | 副司机非操纵司机 | 引导信号 | 操纵司机 | 一红一白，引导信号好了 | 副司机非操纵司机 | 一红一白，引导信号好了 |
| | | | 引导手信号 | | 黄旗、黄灯，引导手信号好了 | | 黄旗、黄灯，引导手信号好了 |
| | | | 特定引导手信号 | | 绿旗、绿灯，特定引导手信号好了 | | 绿旗、绿灯，特定引导手信号好了 |
| | | | 机外停车 | | 机外停车 | | 机外停车 |

227

| 序号 | 呼唤时机 | 呼唤 | | 应答 | | 复诵 | |
|---|---|---|---|---|---|---|---|
| | | 呼唤者 | 标准用语 | 应答者 | 标准用语 | 复诵者 | 标准用语 |
| 30 | 出站（发车进路）信号前 | 副司机非操纵司机 | 出站（发车进路）信号 | 操纵司机 | 绿灯，出站（发车进路）好了 | 副司机非操纵司机 | 绿灯，出站（发车进路）好了 |
| | | | | | 双绿灯，××（线、站）方向出站好了 | | 双绿灯，××（线、站）方向出站好了 |
| | | | | | 绿黄灯，出站（发车进路）好了 | | 绿黄灯，出站（发车进路）好了 |
| | | | | | 黄灯，出站（发车进路）好了 | | 黄灯，出站（发车进路）好了 |
| | | | | | 红灯，停车 | | 红灯，停车 |
| | | 副司机非操纵司机 | 确认路票 | 操纵司机 | 路票正确 | 副司机非操纵司机 | 路票正确 |
| | | | 确认绿色许可证 | | 绿色许可证正确 | | 绿色许可证正确 |
| | | | 确认红色许可证 | | 红色许可证正确 | | 红色许可证正确 |
| | | | 确认调度命令 | | 调度命令正确 | | 调度命令正确 |
| 31 | 进路表示器前 | 副司机非操纵司机 | 进路表示器 | 操纵司机 | ××（线、站）方向好了 | 副司机非操纵司机 | ××（线、站）方向好了 |
| | | | | | 正、反方向好了 | | 正、反方向好了 |
| 32 | 确认仪表时 | 副司机非操纵司机 | 仪表注意 | 操纵司机 | 各仪表（网压）显示正常 | | |
| 33 | 自动闭塞区段闭塞分区通过信号前 | 副司机非操纵司机 | 通过信号 | 操纵司机 | 绿灯 | 副司机非操纵司机 | 绿灯 |
| | | | | | 绿黄灯 | | 绿黄灯 |
| | | | | | 黄灯减速 | | 黄灯减速 |
| | | | | | 红灯停车 | | 红灯停车 |
| 34 | 线路所通过信号机前 | 副司机非操纵司机 | 通过信号 | 操纵司机 | 绿灯，××方向好了 | 副司机非操纵司机 | 绿灯，××方向好了 |
| | | | | | 绿黄灯，××方向好了 | | 绿黄灯，××方向好了 |
| | | | | | 黄灯减速，××方向好了 | | 黄灯减速，××方向好了 |
| | | | | | 侧线限速××公里，××方向好了 | | 侧线限速××公里，××方向好了 |
| | | | | | 机外停车 | | 机外停车 |
| | | | 确认行车凭证 | | 线路所凭证正确 | | 线路所凭证正确 |

续表

| 序号 | 呼唤时机 | 呼唤 | | 应答 | | 复诵 | |
|---|---|---|---|---|---|---|---|
| | | 呼唤者 | 标准用语 | 应答者 | 标准用语 | 复诵者 | 标准用语 |
| 35 | 列车运行限制速度变速点前（由高速变低速） | 操纵司机 | 前方限速××公里 | 副司机非操纵司机 | 注意控速 | 操纵司机 | 注意控速 |
| 36 | 交会列车时 | 副司机非操纵司机 | 会车注意 | 操纵司机 | 注意 | | |
| 37 | 输入侧线股道号 | 副司机非操纵司机 | 输入侧线股道号 | 操纵司机 | ××道输入好了 | | |
| 38 | 输入支线号 | 副司机非操纵司机 | 输入支线号 | 操纵司机 | 支线号输入好了 | | |
| 39 | 接近限制鸣笛标前 | 副司机非操纵司机 | 进入限鸣区段 | 操纵司机 | 限制鸣笛 | 副司机非操纵司机 | 限制鸣笛 |
| 40 | 接近防洪地点标 | 副司机非操纵司机 | 进入防洪地点 | 操纵司机 | 注意运行 | 副司机非操纵司机 | 注意运行 |
| 41 | 接近道口前 | 副司机非操纵司机 | 道口注意 | 操纵司机 | 注意 | | |
| 42 | 途中换班时 | 接班司机 | 换班注意 | 交班司机 | 加强瞭望；前方有限速；注意安全 | 接班司机 | 明白 |

## 活动 8.8.3　到达至入段

到达至入段乘务员双岗值乘确认呼唤（应答）标准如表 8-24 所示。

表 8-24　到达至入段乘务员双岗值乘确认呼唤（应答）标准

| 序号 | 呼唤时机 | 呼唤 | | 应答 | | 复诵 | |
|---|---|---|---|---|---|---|---|
| | | 呼唤者 | 标准用语 | 应答者 | 标准用语 | 复诵者 | 标准用语 |
| 1 | 列车终到后 | 副司机非操纵司机 | 最大有效减压量140（170）千帕 | 操纵司机 | 最大有效减压量140（170）千帕 | | |
| | | | 进入调车 | | 调车好了 | | |
| | | | 解除列尾装置 | | 列尾装置解除好了 | | |
| 2 | 调车转线作业 | 副司机非操纵司机 | 调车信号 | 操纵司机 | 白灯、蓝（红）灯停车 | 副司机非操纵司机 | 白灯、蓝（红）灯停车 |
| 3 | 调车复示信号前 | 副司机非操纵司机 | 复示信号 | 操纵司机 | 白灯注意信号 | 副司机非操纵司机 | 白灯注意信号 |

续表

| 序号 | 呼唤时机 | 呼唤 | | 应答 | | 复诵 | |
|---|---|---|---|---|---|---|---|
| | | 呼唤者 | 标准用语 | 应答者 | 标准用语 | 复诵者 | 标准用语 |
| 4 | 行至站段分界点（或一度停车牌） | 副司机非操纵司机 | 一度停车 | 操纵司机 | 一度停车 | | |
| 5 | 入段前 | 副司机非操纵司机 | 还道信号 | 操纵司机 | ×道 | 副司机非操纵司机 | ×道 |
| | | | 入段信号（非集中操纵道岔呼唤内容） | | 入段手信号好了 | | 入段手信号好了 |
| 6 | 入段前 | 副司机非操纵司机 | 入段信号 | 操纵司机 | 白（绿）灯蓝（红）灯停车 | 副司机非操纵司机 | 白（绿）灯蓝（红）灯停车 |
| 7 | 经过非集中操纵道岔前 | 副司机非操纵司机 | 道岔注意 | 操纵司机 | 道岔开通正确 | 副司机非操纵司机 | 道岔开通正确 |
| 8 | 经过其他要道还道地点前 | 副司机非操纵司机 | 一度停车还道信号 | 操纵司机 | 一度停车××道 | 副司机非操纵司机 | ××道 |
| | | | 道岔开通信号 | | 手信号好了 | | 手信号好了 |
| 9 | 换端作业时 | 副司机非操纵司机 | 注意防溜 | 操纵司机 | 注意防溜 | | |
| 10 | 进入段内尽头线或有车线 | 副司机非操纵司机 | 十辆、五辆、三辆、停车 | 操纵司机 | 十辆、五辆、三辆、停车 | | |
| 11 | 整备线防护信号前 | 副司机非操纵司机 | 防护信号 | 操纵司机 | 撤除好了 | 副司机非操纵司机 | 撤除好了 |
| | | | | | （红灯、蓝灯、红旗、红牌）停车 | | （红灯、蓝灯、红旗、红牌）停车 |

## 活动 8.8.4　调车作业

调车作业乘务员双岗值乘确认应答（呼唤）标准如表 8-25 所示。

表 8-25　调车作业乘务员双岗值乘确认应答（呼唤）标准

| 序号 | 呼唤时机 | 呼唤 | | 应答 | | 复诵 | |
|---|---|---|---|---|---|---|---|
| | | 呼唤者 | 标准用语 | 应答者 | 标准用语 | 复诵者 | 标准用语 |
| 1 | 调车计划传达 | 操纵司机 | 核对计划 | 副司机非操纵司机 | 核对计划 | | |
| 2 | 调车计划执行 | 副司机非操纵司机 | ×道甩×辆 | 操纵司机 | ×道甩×辆 | | |
| | | | ×道挂×辆 | | ×道挂×辆 | | |

续表

| 序号 | 呼唤时机 | 呼唤 | | 应答 | | 复诵 | |
|---|---|---|---|---|---|---|---|
| | | 呼唤者 | 标准用语 | 应答者 | 标准用语 | 复诵者 | 标准用语 |
| 3 | 确认调车指挥信号 | 副司机非操纵司机 | 调车信号 | 操纵司机 | 白灯 | 副司机非操纵司机 | 白灯 |
| | | | | | 白闪 | | 白闪 |
| | | | | | 蓝（红）灯停车 | | 蓝（红）灯停车 |
| | | | | | 前进 | | 前进 |
| | | | 手信号 | | 后退 | | 后退 |
| | | | | | 连接 | | 连接 |
| | | | | | 溜放 | | 溜放 |
| 4 | 确认股道开通 | 副司机非操纵司机 | 要道 | 操纵司机 | 要道 | 副司机非操纵司机 | |
| | | | 股道信号 | | ×道 | | ×道 |
| | | | 开通信号 | | ×道开通 | | 开通好啦 |
| 5 | 进入尽头线前 | 副司机非操纵司机 | 尽头线 | 操纵司机 | 车挡注意 | 副司机非操纵司机 | 严守速度 |
| 6 | 进入到发线前 | 副司机非操纵司机 | 防护信号 | 操纵司机 | 红牌停车 | 副司机非操纵司机 | 停车 |
| 7 | 进入货物线前 | 副司机非操纵司机 | 红牌注意 | 操纵司机 | 红牌停车 | 副司机非操纵司机 | 停车 |
| 8 | 接触网终点标 | 副司机非操纵司机 | 终点标 | 操纵司机 | 准备停车 | 副司机非操纵司机 | 停车 |
| 9 | 厂矿专用线 | 副司机非操纵司机 | 大门注意 | 操纵司机 | 准备停车 | 副司机非操纵司机 | 停车 |
| 10 | 连挂车辆时 | 副司机非操纵司机 | 十车 | 操纵司机 | 十车 | | |
| | | | 五车 | | 五车 | | |
| | | | 三车 | | 三车 | | |
| | | | 连接注意 | | 连接注意 | | |
| 11 | 确认驼峰信号 | 副司机非操纵司机 | 绿闪 | 操纵司机 | 绿闪 | | |
| | | | 绿灯 | | 绿灯 | | |
| | | | 黄闪 | | 黄闪 | | |
| | | | 红灯停车 | | 红灯停车 | | |
| | | | 红闪 | | 红闪 | | |
| 12 | 确认驼峰辅助 | 副司机非操纵司机 | 预推信号 | 操纵司机 | 黄灯 | 副司机非操纵司机 | 黄灯 |

续表

| 序号 | 呼唤时机 | 呼唤 | | 应答 | | 复诵 | |
|---|---|---|---|---|---|---|---|
| | | 呼唤者 | 标准用语 | 应答者 | 标准用语 | 复诵者 | 标准用语 |
| 13 | 进入电化区段 | 副司机<br>非操纵司机 | 电化区段 | 操纵司机 | 注意安全 | 副司机<br>非操纵司机 | 注意安全 |
| 14 | 弯道、桥梁、道口、行人 | 副司机<br>非操纵司机 | 弯道注意 | 操纵司机 | 注意 | | |
| | | | 桥梁注意 | | 注意 | | |
| | | | 道口注意 | | 注意 | | |
| | | | 行人注意 | | 注意 | | |

## 活动 8.8.5　平面无线灯显呼唤标准

平面无线灯显呼唤标准如表 8-26 所示。

表 8-26　平面无线灯显呼唤标准

| 序号 | 呼唤时机 | 呼唤 | | 应答 | | 复诵 | |
|---|---|---|---|---|---|---|---|
| | | 呼唤者 | 标准用语 | 应答者 | 标准用语 | 复诵者 | 标准用语 |
| 1 | 红灯 | 操纵司机 | 停车 | 副司机<br>非操纵司机 | 停车 | | |
| 2 | 绿灯常亮 | 操纵司机 | 推进 | 副司机<br>非操纵司机 | 推进 | | |
| 3 | 绿灯后无灯 | 操纵司机 | 牵出 | 副司机<br>非操纵司机 | 牵出 | | |
| 4 | 绿黄闪后黄常亮 | 操纵司机 | 溜放 | 副司机<br>非操纵司机 | 溜放 | | |
| 5 | 黄闪三下黄常亮 | 操纵司机 | 十车 | 副司机<br>非操纵司机 | 十车 | | |
| 6 | 黄闪二下黄常亮 | 操纵司机 | 五车 | 副司机<br>非操纵司机 | 五车 | | |
| 7 | 黄闪后黄常亮 | 操纵司机 | 三车 | 副司机<br>非操纵司机 | 三车 | | |
| 8 | 黄闪后黄常亮 | 操纵司机 | 一车 | 副司机<br>非操纵司机 | 一车 | | |
| 9 | 黄闪后绿常亮 | 操纵司机 | 减速 | 副司机<br>非操纵司机 | 减速 | | |
| 10 | 双红灯 | 操纵司机 | 紧急停车 | 副司机<br>非操纵司机 | 紧急停车 | | |

## 【考核评价】

### 1. 自我评价

① 自我考核：熟练呼唤用语，掌握呼唤时机。

② 自我评价（见表 8−27）。

表 8−27　自我评价（每项满分为 10 分）

| 序号 | 评价内容 | 得分 | 亮点 |
|---|---|---|---|
| 1 | 课前知识查阅、调研完成情况 | | |
| 2 | 课前、课中与人协作沟通表现 | | |
| 3 | 机车乘务员呼唤应答标准掌握情况 | | |
| 4 | 课前、课中学习态度表现 | | |

### 2. 小组评价（见表 8−28）

表 8−28　小组评价（每项满分为 10 分）

| 序号 | 评价内容 | 得分 | 亮点 |
|---|---|---|---|
| 1 | 课中学习态度表现 | | |
| 2 | 课前、课中与人协作沟通表现 | | |
| 3 | 机车乘务员呼唤应答标准掌握情况 | | |

### 3. 教师评价（见表 8−29）

表 8−29　教师评价（每项满分为 10 分）

| 序号 | 评价内容 | 得分 | 亮点 |
|---|---|---|---|
| 1 | 课前知识查阅、调研完成情况 | | |
| 2 | 课中参与及协作情况 | | |
| 3 | 掌握机车乘务员呼唤应答标准的效果 | | |

## 【教师建议】

结合一次出乘作业各环节的作业标准，准确使用呼唤用语，合理掌握呼唤时机，起到对作业安全项点的卡控和确认作用，为以后从事相关工作打好基础。

# 任务 8.9　手信号、旗语、听觉信号演练及考核

## 【任务描述】

在实训教学中，将学生分成若干小组，演练各种手信号的显示方式，要求做到正确显示

手信号、旗语，听懂听觉信号，理解显示含义，规范显示动作，最终熟练掌握手信号、旗语及听觉信号。

【学习目标】

| 知识目标 | 了解手信号、旗语、听觉信号的显示含义、显示标准、使用时机 |
| --- | --- |
| 能力目标 | 能正确显示手信号、旗语，听懂听觉信号，理解信号显示的含义，规范显示动作 |
| 素质目标 | 养成细致、认真的工作作风，养成独立分析问题的良好习惯，能够比较自如地与他人沟通、协作完成工作 |

## 活动 8.9.1　手信号及听觉信号认知

【活动要点】：① 手信号显示的规范要求。
② 听觉信号的使用要求。

### 1. 手信号的作用

手信号是指铁路行车有关人员在作业中，通过信号旗（灯）或直接用手臂，进行指挥、联系等工作的一种视觉信号。根据行车的需要，可以机动地指挥列车运行和调车作业，也可作为联系和传达行车有关事项的旗（灯）语。

### 2. 手信号的分类

手信号按用途可分为：指示列车运行手信号、调车手信号、联系用手信号、列车制动机试验手信号及指示电力机车司机临时升降弓的手信号五类。

### 3. 手信号显示的规范要求

① 在显示手信号时，必须严肃、认真，应做到横平、竖直、灯正、圈圆。

② 在显示手信号时，凡昼间持有信号旗的人员，应将信号旗拢起，左手持红旗，右手持绿旗（或黄旗），不持信号旗的人员徒手按规定方式显示信号。

### 4. 听觉信号的使用要求

听觉信号是以不同的听觉符号，通过口笛、号角、机车及轨道车的鸣笛等发出的听觉符号而表示的一种信号。司机鸣示听觉信号时，应严格按照音节长短及间隔的规定标准进行，以防发生混淆。听觉信号的长声为 3 s，短声为 1 s，间隔为 1 s。重复鸣示时，须间隔 5 s 以上。

## 活动 8.9.2　手信号、旗语、听觉信号演练考核

【活动要点】：考核项目及评分标准。

手信号、旗语、听觉信号技能演练，考核成绩以百分制计算，分别考察学员对指示列车运行条件的手信号、联系用手信号、试验制动机信号、听觉信号的掌握情况。手信号、听觉信号演练考核试卷及评分标准见表 8-30。

**表 8-30　手信号、听觉信号演练考核试卷及评分标准**

班级　　　　姓名　　　　学号　　　　　　　　　　　　　　　　考试时间

| 考核项目 | 序号 | 考核内容 | | 标准分 | 扣分 | 考核项目 | 序号 | 考核内容 | | 标准分 | 扣分 |
|---|---|---|---|---|---|---|---|---|---|---|---|
| A.<br>指示列车运行条件的手信号 | 1 | 停车信号 | 旗 | 2 | | B.<br>联系用手信号 | 5 | 连接信号 | 旗 | 1 | |
| | | | 灯 | 2 | | | | | 灯 | 1 | |
| | 2 | 减速信号 | 旗 | 2 | | | 6 | 溜放信号 | 旗 | 1 | |
| | | | 灯 | 2 | | | | | 灯 | 1 | |
| | 3 | 发车指示信号 | 旗 | 2 | | | 7 | 指示机车向显示人方向来的信号 | 旗 | 1 | |
| | | | 灯 | 2 | | | | | 灯 | 1 | |
| | 4 | 发车信号 | 旗 | 2 | | | 8 | 指示机车向显示人方向稍行移动信号 | 旗 | 1 | |
| | | | 灯 | 2 | | | | | 灯 | 1 | |
| | 5 | 通过信号 | 旗 | 2 | | | 9 | 指示机车向显示人反方向去的信号 | 旗 | 1 | |
| | | | 灯 | 2 | | | | | 灯 | 1 | |
| | 6 | 引导及特定引导信号 | 旗 | 2 | | | 10 | 指示机车向显示人反方向稍行移动的信号 | 旗 | 1 | |
| | | | 灯 | 2 | | | | | 灯 | 1 | |
| B.<br>联系用手信号 | 1 | 股道号码显示 | 一道 旗 | 1 | | | 11 | 十、五、三车距离信号 | 旗 | 2 | |
| | | | 一道 灯 | 1 | | | | | 灯 | 2 | |
| | | | 二道 旗 | 1 | | | 12 | 取消信号 | 旗 | 1 | |
| | | | 二道 灯 | 1 | | | | | 灯 | 1 | |
| | | | 三道 旗 | 1 | | | 13 | 要求再度显示信号 | 旗 | 1 | |
| | | | 三道 灯 | 1 | | | | | 灯 | 1 | |
| | | | 四道 旗 | 1 | | C.<br>试验制动机信号 | 1 | 制动信号 | 旗 | 1 | |
| | | | 四道 灯 | 1 | | | | | 灯 | 1 | |
| | | | 五道 旗 | 1 | | | 2 | 缓解信号 | 旗 | 1 | |
| | | | 五道 灯 | 1 | | | | | 灯 | 1 | |
| | | | 六道 旗 | 1 | | | 3 | 试验完了信号 | 旗 | 1 | |
| | | | 六道 灯 | 1 | | | | | 灯 | 1 | |
| | | | 七道 旗 | 1 | | | 4 | 降弓信号 | 手 | 1 | |
| | | | 七道 灯 | 1 | | | | | 灯 | 1 | |
| | | | 八道 旗 | 1 | | | 5 | 升弓信号 | 手 | 1 | |
| | | | 八道 灯 | 1 | | | | | 灯 | 1 | |
| | | | 九道 旗 | 1 | | D.<br>听觉信号 | 1 | 起动注意信号 | | 2 | |
| | | | 九道 灯 | 1 | | | 2 | 退行信号 | | 2 | |
| | | | 十道 旗 | 1 | | | 3 | 召集信号 | | 2 | |
| | | | 十道 灯 | 1 | | | 4 | 牵引信号 | | 2 | |
| | 2 | 调车减速信号 | 旗 | 1 | | | 5 | 惰行信号 | | 2 | |
| | | | 灯 | 1 | | | 6 | 途中降弓信号 | | 2 | |
| | 3 | 道岔开通信号 | 旗 | 1 | | | 7 | 途中升弓信号 | | 2 | |
| | | | 灯 | 1 | | | 8 | 呼唤信号 | | 2 | |
| | 4 | 告知显示错误的信号 | 旗 | 1 | | | 9 | 警报信号 | | 2 | |
| | | | 灯 | 1 | | | 10 | 紧急停车信号 | | 2 | |
| 总分 | | | | | | 考评员签字 | | | | | |

## 【考核评价】

### 1. 自我评价

① 自我考核：描述手信号、旗语、听觉信号的规范标准及使用时机。

② 自我评价（见表 8-31）。

表 8-31　自我评价（每项满分为 10 分）

| 序号 | 评价内容 | 得分 | 亮点 |
|---|---|---|---|
| 1 | 课前知识查阅、调研完成情况 | | |
| 2 | 课前、课中与人协作沟通表现 | | |
| 3 | 手信号、旗语、听觉信号掌握情况 | | |
| 4 | 课前、课中学习态度表现 | | |

### 2. 小组评价（见表 8-32）

表 8-32　小组评价（每项满分为 10 分）

| 序号 | 评价内容 | 得分 | 亮点 |
|---|---|---|---|
| 1 | 课中学习态度表现 | | |
| 2 | 课前、课中与人协作沟通表现 | | |
| 3 | 手信号、旗语、听觉信号掌握情况 | | |

### 3. 教师评价（见表 8-33）

表 8-33　教师评价（每项满分为 10 分）

| 序号 | 评价内容 | 得分 | 亮点 |
|---|---|---|---|
| 1 | 课前知识查阅、调研完成情况 | | |
| 2 | 课中参与及协作情况 | | |
| 3 | 掌握手信号、旗语、听觉信号的效果 | | |

## 【教师建议】

手信号、旗语、听觉信号是机车乘务员的必知必会内容，要求既能正确显示信号，又能听懂、理解信号的含义，并且熟练掌握，为以后从事相关工作打好基础。

# 任务 8.10    一次乘务作业模拟演练及考核标准

## 【任务描述】

实训教学中，将学生分成若干小组，利用一次出乘作业实训设备，考核学生对机车乘务员一次乘务作业标准掌握情况，考察学生对机车乘务员的作业流程、作业内容、作业标准及机车模拟操纵掌握情况。

## 【学习目标】

| 知识目标 | 通过一次乘务作业模拟演练，使学生熟练掌握一次乘务作业程序、内容及安全注意事项 |
| --- | --- |
| 能力目标 | 能够规范执行机车乘务员一次乘务作业标准，运行中严格按"彻底瞭望、确认信号、准确呼唤、手比眼看"十六字令执行，并规范执行确认呼唤（应答）制度 |
| 素质目标 | 养成细致、认真的工作作风，养成独立分析问题的良好习惯，能够比较自如地与他人沟通、协作完成工作 |

## 活动 8.10.1    考核标准认知

🔥 【活动要点】：考核项目及成绩计算方式。

**1. 考核项目**

考核项目由一次乘务作业出退勤办理作业和机车途中运行作业两部分组成，分为一次乘务作业实践操纵成绩和作业单据填写、眼看手比及呼唤应答成绩两部分成绩。

**2. 成绩计算**

$$总成绩 = A \times 70\% + B \times 30\%$$

式中，$A$ 为一次乘务作业实践操纵成绩，计算机评判（满分 100 分）；

$B$ 为作业单据填写、眼看手比及呼唤应答成绩，人工评判（满分 100 分）。

**3. 考核失格**

模拟演练考核作业中发生下列情况之一的，考核失格：

① 超过规定时间 3 min 以上（不包括 3 min，超时三分一秒即算失格）；

② 违反考核纪律；

③ 评分标准中规定的失格条件。

## 活动 8.10.2    评分细则认知

🔥 【活动要点】：考核项目及评分标准。

### 1. 一次乘务作业实践操纵评分

评分办法：实践操纵考核满分为 100 分；由计算机采集学员操纵记录、结果进行自动评分，计算机自动评分标准如表 8–34 所示。

表 8–34　计算机自动评分标准

| 项目 | 序号 | 考核内容 | 扣分标准 |
|---|---|---|---|
| 出勤作业 | 1 | 证件包括工作证、驾驶证、岗位培训合格证；相关规程包括《铁路技术管理规程》《铁路机车操作规程》 | 错选、漏选每项 1 分 |
| | 2 | 未进行酒精测试 | 1 分 |
| | 3 | 未进行 IC 卡验卡 | 1 分 |
| | 4 | IC 卡验卡比对不一致（运行揭示不一致） | 1 分 |
| | 5 | IC 卡验卡数据（非正常、临时限速）数量登记不正确 | 1 分 |
| 发车站作业 | 1 | 未进行简略试验 | 4 分 |
| | 2 | 未确认尾部风压达规定值 [（600±20）kPa] | 2 分 |
| | 3 | 发车前未接到车站准备开车的通知，缓解列车制动 | 1 分 |
| | 4 | 按压开车键后，LKJ 监控装置（车次、区段号、车站号、车速等级）主要参数设置不正确 | 失格 |
| | 5 | 按压开车键后，LKJ 参数（总重、计长、辆数）错输、漏输 | 10 分 |
| | 6 | 未进行 IC 卡临时数据载入、确认 | 失格 |
| | 7 | 未进行简略试验 | 4 分 |
| 途中运行基本操作 | 1 | 动车前未按规定鸣笛（限鸣区除外） | 每次 1 分 |
| | 2 | 始发出站第一架通过信号 LKJ 显示距离未校正（未及时按压自动校正键） | 每次 1 分 |
| | 3 | 未按"断""合"电标顺序操作断开、闭合主断路器 | 每次 2 分 |
| | 4 | 未按"升降弓标"提示进行升降弓操作 | 每次 2 分 |
| | 5 | 运行中操作不当，造成带电过分相 | 每次 5 分 |
| | 6 | 列车运行中超过各种规定限制速度，造成 LKJ 实施紧急或常用制动 | 失格 |
| | 7 | 列车运行中操作不当，造成 LKJ 实施卸载动作 | 20 分 |
| | 8 | 运行中，未按规定地点（鸣笛标、进站信号机前、出站信号机前）、时机、方式鸣笛 | 每次 1 分 |
| | 9 | 操纵机车时，未缓解机车制动加负荷（特殊情况除外） | 每次 2 分 |
| | 10 | 在牵引电动机带负荷状态下断开主断路器 | 每次 3 分 |
| | 11 | 少量减压停车后，未追加减压 100 kPa 以上使列车制动保压 | 每次 5 分 |
| | 12 | 列车停车后，单阀未置全制动位 | 每次 2 分 |
| | 13 | 未按规定进行 LKJ 开车对标操作（误差大于 100 m） | 每项 2 分 |
| | 14 | 未及时按压 LKJ 监控装置的司机警惕功能的警惕键，导致紧急制动 | 失格 |
| | 15 | 进站停车错输、漏输股道号 | 每次 3 分 |
| | 16 | 未按规定进行车机联控 | 每次 2 分 |
| | 17 | 正常进站调速选择时机不当，造成二次调速 | 每次 5 分 |

续表

| 项目 | 序号 | 考核内容 | 扣分标准 |
|---|---|---|---|
| 途中运行基本操作 | 18 | 区间通过、进站信号机显示红灯时，停车距离信号机大于 200 m | 每次 2 分 |
| | 19 | 侧线进站制动调速，在速度限制起点速度低于允许速度值 3 km/h 时（不含 3 km/h） | 每低 1 km/h 扣 1 分，最多扣 10 分 |
| | 20 | 侧线进站调速缓解时机不当，降至限制速度时距起点距离大于 200 m | 每超过 5 m 扣 1 分，最多扣 10 分 |
| | 21 | 运行中机车制动缸压力自然上升未发现 | 失格 |
| | 22 | 非常（紧急、下同）制动后未停妥，自阀、单阀有任何移动 | 失格 |
| | 23 | 正常停车使用非常制动 | 失格 |
| | 24 | 正线进站停车时，进站速度低于 60 km/h | 每次 2 分 |
| | 25 | 进站停车进入接车线后，二次加载 | 每次 3 分 |
| | 26 | 自阀（未）缓解（后随即）机车加载（起车） | 每次 2 分 |
| | 27 | 进站停车对标时，采用两段制动 | 每次 5 分 |
| | 28 | 非常情况施行紧急制动后未迅速解除牵引力 | 每次 2 分 |
| | 29 | 列车制动时，初次减压量小于规定减压量（50 kPa） | 每次 2 分 |
| | 30 | 一次追加减压量超过初次减压量 | 每次 2 分 |
| | 31 | 累计追加减压量超过最大有效减压量 | 每次 2 分 |
| | 32 | 追加减压超过两次（不包括两次） | 每超一次 2 分 |
| | 33 | 列车制动时，自阀排风未止追加或缓解 | 每次 2 分 |
| | 34 | 列车制动时，制动管未充满风施行制动 | 每次 2 分 |
| | 35 | 列车一次制动实施最大减压量（170 kPa） | 每次 2 分 |
| | 36 | 列车制动停车时，采用单阀追加制动力 | 每次 3 分 |
| | 37 | 使用单阀制动使列车停车 | 每次 3 分 |
| | 38 | 列车正常停车时，操作不当使用非常制动 | 失格 |
| | 39 | 停车对标考核 | 越过或未到 1 m 以内不扣分；每越过或未到每 1 m 扣 1 分，最多扣 20 分 |
| 途中非正常行车操作 | 1 | 有计划的电话闭塞、绿色凭证、特定引导进站等非正常情况下的 LKJ 监控装置操作和行车办法 | 解锁时机不正确，每次扣 5 分；输入 LKJ 监控装置信息不正确，每项扣 2 分 |
| | 2 | 临时的电话闭塞、绿色凭证、引导进站等非正常情况下的 LKJ 监控装置操作和行车办法 | 解锁时机不正确，每次扣 5 分；输入 LKJ 监控装置信息不正确，每项扣 2 分 |
| | 3 | 解除运行揭示的 LKJ 操作方法 | 不能正确解除运行揭示，每项扣 2 分 |
| 机车故障处置 | 1 | 在给定的时间内不能及时处置机车故障 | 不能及时处置机车故障，每项扣 5 分 |

续表

| 项目 | 序号 | 考核内容 | 扣分标准 |
|---|---|---|---|
| 终到站及退勤作业 | 1 | 未进行 LKJ 运行记录文件转储或转储不正确 | 扣 5 分 |
| 运行时间 | 1 | 按规定时间完成途中运行作业 | 超过规定时间，每超过 1 min 扣 3 分，超过 5 min 失格 |

### 2. 作业单据填写、眼看手比及呼唤应答评分

对学员作业单据填写、眼看手比及呼唤应答标准进行考核，根据学员的手势、动作、呼唤应答等是否标准进行打分，满分 100 分，评分表如表 8-35 所示。

表 8-35　作业单据、眼看手比及呼唤应答评分表

| 项目 | 序号 | 类别 | 考核内容 | 扣分标准 |
|---|---|---|---|---|
| 出勤作业 | 1 | 呼唤应答 | 未进行出勤报到呼唤 | 1 分 |
| | 2 | 呼唤应答 | 未进行交付揭示核对呼唤 | 1 分 |
| | 3 | 呼唤应答 | 未进行 IC 卡核对呼唤 | 1 分 |
| | 4 | 单据填写 | 未按要求核对勾画运行揭示 | 2 分 |
| | 5 | 单据填写 | 《司机手册》"运行揭示"内容漏填、填写不正确 | 每项 0.5 分 |
| | 6 | 单据填写 | 《司机手册》上"运行注意事项"各项内容漏填、填写不正确 | 每项 0.5 分 |
| | 7 | 单据填写 | 未将司机手册、交付揭示出勤调度员进行审核 | 2 分 |
| 发车站作业 | 1 | 呼唤应答 | 发车前呼唤 | 1 分 |
| | 2 | 呼唤应答 | 未进行列车制动机试验呼唤 | 1 分 |
| | 3 | 呼唤应答 | 起动列车后呼唤 | 1 分 |
| | 4 | 单据填写 | 未在《司机手册》《司机报单》中登记机车编组情况 | 每项 0.5 分 |
| 途中运行作业 | 1 | 单据填写 | 未按规定在《司机手册》中填写过站到、发时刻 | 每项 1 分 |
| | 2 | 眼看手比 | 信号显示要求通过时未进行眼看手比 | 每次 2 分 |
| | 3 | 眼看手比 | 信号显示要求侧向径路运行时未进行眼看手比 | 每次 2 分 |
| | 4 | 眼看手比 | 信号显示要求停车时未进行眼看手比 | 每次 2 分 |
| | 5 | 眼看手比 | 注意警惕运行时未进行眼看手比 | 每次 2 分 |
| | 6 | 眼看手比 | 确认仪表显示时未进行眼看手比 | 每次 2 分 |
| | 7 | 眼看手比 | 运行中 LKJ 提示运行限制速度有变化时未进行眼看手比 | 每次 2 分 |
| | 8 | 呼唤应答 | 查询列尾时未呼唤 | 每次 1 分 |
| | 9 | 呼唤应答 | 接近慢行地段限速标未呼唤 | 每次 1 分 |
| | 10 | 呼唤应答 | 慢行减速地点（起）标未呼唤 | 每次 1 分 |
| | 11 | 呼唤应答 | 慢行减速地点（终）标未呼唤 | 每次 1 分 |
| | 12 | 呼唤应答 | 接近分相前未呼唤 | 每次 1 分 |
| | 13 | 呼唤应答 | 禁止双弓标前未呼唤 | 每次 1 分 |
| | 14 | 呼唤应答 | 断电标（T 断标）前未呼唤 | 每次 1 分 |
| | 15 | 呼唤应答 | 越过合电标后未呼唤 | 每次 1 分 |

续表

| 项目 | 序号 | 类别 | 考核内容 | 扣分标准 |
|---|---|---|---|---|
| 途中运行作业 | 16 | 呼唤应答 | 准备降弓标前未呼唤（有临时降弓标时） | 每次 1 分 |
| | 17 | 呼唤应答 | 禁止双弓标前未呼唤 | 每次 1 分 |
| | 18 | 呼唤应答 | 降弓标前未呼唤 | 每次 1 分 |
| | 19 | 呼唤应答 | 越过升弓标后未呼唤 | 每次 1 分 |
| | 20 | 呼唤应答 | 自动闭塞区段进站信号前一架通过信号机、进站（进路）信号机处未呼唤 | 每次 1 分 |
| | 21 | 呼唤应答 | 通过手信号前未呼唤 | 每次 1 分 |
| | 22 | 呼唤应答 | 预告信号前未呼唤 | 每次 1 分 |
| | 23 | 呼唤应答 | 接收临时调度命令时未呼唤 | 每次 1 分 |
| | 24 | 呼唤应答 | 接近信号前未呼唤 | 每次 1 分 |
| | 25 | 呼唤应答 | 进站（接车进路）信号前未呼唤 | 每次 1 分 |
| | 26 | 呼唤应答 | 出站（发车进路）信号前未呼唤 | 每次 1 分 |
| | 27 | 呼唤应答 | 自动闭塞区段闭塞分区通过信号前未呼唤 | 每次 1 分 |
| | 28 | 呼唤应答 | 列车运行限制速度变速点前（由高速变低速）未呼唤 | 每次 1 分 |
| | 29 | 呼唤应答 | 交会列车时未呼唤 | 每次 1 分 |
| | 30 | 呼唤应答 | 输入侧线股道号未呼唤 | 每次 1 分 |
| | 31 | 呼唤应答 | 接近限制鸣笛标前未呼唤 | 每次 1 分 |
| 退勤作业 | 1 | 单据填写 | 未按规定填写《司机手册》或内容填写不正确 | 2 分 |
| | 2 | 单据填写 | 未将《司机报单》《司机手册》和 IC 卡交还退勤调度员审核 | 2 分 |

### 3. 一次乘务作业考核评分汇总

一次乘务作业考核评分汇总表如表 8-36 所示。其中，项目 A 占总分的 70%，项目 B 占总分的 30%。

表 8-36　一次乘务作业考核评分汇总表

标准时间：　　　　　　　　　　实际用时：

| 班级 | | 姓名 | | 学号 | | |
|---|---|---|---|---|---|---|
| 项目 | 考核内容 | | 扣分标准 | 扣分次数 | 扣分合计 | 得分 |
| A | 一次乘务作业实践操作评分 | | | | | |
| B | 未按要求核对勾画运行揭示 | | 2 分 | | | |
| | 《司机手册》"运行揭示"内容漏填、填写不正确 | | 每项 2 分 | | | |
| | 《司机手册》上"运行注意事项"各项内容漏填或填写不正确 | | 每项 2 分 | | | |
| | 未将《司机手册》及交付揭示交出勤调度员进行审核 | | 2 分 | | | |
| | 未在《司机手册》中登记机车编组情况 | | 每项 1 分 | | | |
| | 未按规定在《司机手册》中填写过站到、发时刻 | | 每项 1 分 | | | |
| | 未将《司机手册》、IC 卡等物品交还退勤调度员审核 | | 2 分 | | | |
| | 未按规定进行眼看手比 | | 每次 2 分 | | | |
| | 未按规定进行呼唤应答 | | 每次 1 分 | | | |
| 失格 | 违反考核纪律 | | | | | |
| | 项目操作失格 | | | | | |
| 总分 | | | | | | |

考评员签字：

## 【考核评价】

### 1. 自我评价

① 自我考核：完成一次乘务作业模拟驾驶操纵考核。

② 自我评价（见表 8-37）。

表 8-37　自我评价（每项满分为 10 分）

| 序号 | 评价内容 | 得分 | 亮点 |
|---|---|---|---|
| 1 | 课前知识查阅、调研完成情况 | | |
| 2 | 课前、课中与人协作沟通表现 | | |
| 3 | 一次乘务作业标准掌握情况 | | |
| 4 | 课前、课中学习态度表现 | | |

### 2. 小组评价（见表 8-38）

表 8-38　小组评价（每项满分为 10 分）

| 序号 | 评价内容 | 得分 | 亮点 |
|---|---|---|---|
| 1 | 课中学习态度表现 | | |
| 2 | 课前、课中与人协作沟通表现 | | |
| 3 | 一次乘务作业标准掌握情况 | | |

### 3. 教师评价（见表 8-39）

表 8-39　教师评价（每项满分为 10 分）

| 序号 | 评价内容 | 得分 | 亮点 |
|---|---|---|---|
| 1 | 课前知识查阅、调研完成情况 | | |
| 2 | 课中参与及协作情况 | | |
| 3 | 掌握一次乘务作业标准的效果 | | |

## 【教师建议】

规范执行机车乘务员一次乘务作业标准，运行中按"彻底瞭望、确认信号、准确呼唤、手比眼看"的十六字令执行，为以后从事相关工作打好基础。

# 内燃机车微机网络控制系统操作技能训练

## 任务 9.1　微机显示屏认知

【任务描述】

在实训教学中，需要提供一台 $HX_N5$ 型内燃机车的微机显示屏。为了增强学生对内燃机车网络控制系统的直观感性认识，可将学生分成若干小组，以小组为单位，学习内燃机车的微机显示屏结构及操作方法，并根据实际操作展开针对性的讨论。

【学习目标】

| 知识目标 | 了解 $HX_N5$ 型内燃机车微机显示屏的结构，掌握 $HX_N5$ 型内燃机车微机显示屏的操作 |
| --- | --- |
| 能力目标 | 能用 $HX_N5$ 型内燃机车微机显示屏进行网络控制操作 |
| 素质目标 | 养成细致，认真的工作作风，养成独立分析问题的良好习惯，能够比较自如地与他人沟通、协作完成工作 |

## 活动 9.1.1　$HX_N5$ 型内燃机车微机显示屏的作用认知

◎【活动要点】：微机显示屏的五大作用。

微机显示屏是 $HX_N5$ 型内燃机车上的控制微机单元，也是整个控制系统的处理核心，它接收机车操作者的指令并读取机车的运行状态。在协调这些信息后，产生一组指令，并将指令传送到机车控制系统其他模块单元上，以实现操作者命令，对机车进行控制和保护。微机显示屏的作用有以下 5 个：

① 控制机车牵引功率、辅助系统功率的产生。

② 控制所有电子控制系统部件的工作，并协调第三方设备执行功能（事件记录、燃油液面监视、全球定位）。

③ 显示机车运行状态信息。

④ 记录机车系统上的事故（包括司机操作引起的事故）并诊断设备故障，及时推荐修复措施。

⑤ 对机车设备各个部件的工作状态进行自测试。

## 活动 9.1.2　微机显示屏的结构及显示内容认知

⬤【活动要点】：① 微机显示屏的结构。
　　　　　　　　② 微机显示屏的显示内容。

**1. 微机显示屏的结构**

微机显示屏的结构如图 9-1 所示。

图 9-1　微机显示屏的结构

1—亮暗键；2—指示灯；3—USB 接口；4—F8 退出（取消）键；5—帮助键；6—数字键（功能键）；7—菜单键。

显示屏的下边有两排按键，与显示屏下部的两排选项对应。因为机车微机显示屏不具备触屏功能，所以显示屏下部的选项选择通过按压显示屏下边的相应按键实现。进行功能选择时，第 1 排按键对应第 1 排选项，第 2 排按键对应第 2 排选项，上下相互对应。如选择"开关"功能时，就按压"F7"键；选择"更多菜单"功能时，就按压"8"键。微机显示屏主要功能键的作用如下：

① 亮暗键：用于改变显示界面的亮度。

② 菜单键（MENU）：用于进入界面显示，连续按压两次会返回主操作界面。

③ 帮助键（HELP）：用于进入帮助界面，提示用户如何操作。

④ 功能键（F1～F8）：用于进入信息界面或执行与机车设定、操作有关的功能。

⑤ 数字键（1～9）：有两项功能，功能一用于进入信息界面或执行与机车设定、操作有关的功能，功能二以数字形式输入选项需要的数据。

为方便阅读，图 9-2 中给出了局部放大的微机显示屏开关功能键。

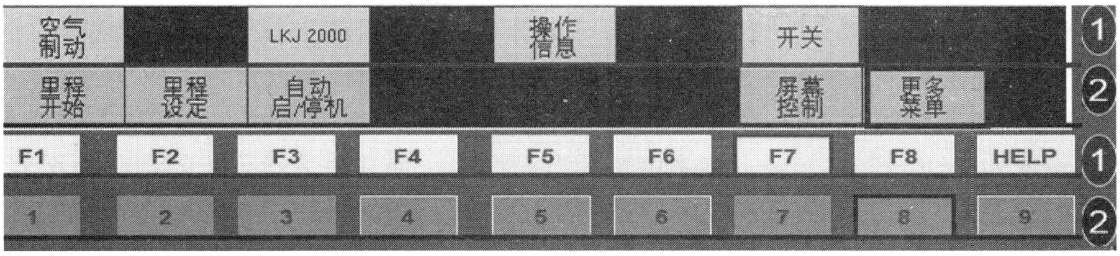

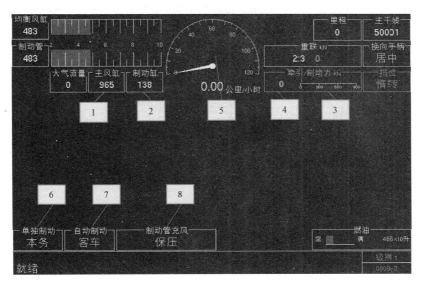

图 9-2　局部放大的微机显示屏开关功能键

### 2. 微机显示屏的显示内容

微机显示屏的显示内容如图 9-3 所示。

1—主风缸压力显示；2—制动缸压力显示；3—功率显示；4—重联显示；5—速度显示；

6—单独制动显示；7—自动制动显示；8—制动管充风显示。

图 9-3　微机显示屏的显示内容

① 主风缸压力显示：范围为 0～1 750 kPa，正常范围为 750～900 kPa。当风压低于 603 kPa 时，信息框变红。

② 制动缸压力显示：范围为 0～1 750 kPa，正常范围为 0～300 kPa。当机车速度大于 16.9 km/h 且风压高于 20.7 kPa 时背景为闪烁黄色。

③ 功率显示：以绿色字体显示机车牵引力，以黄色显示机车制动力。

④ 重联显示：从左至右，1 位数表示有动力台数，2 位数表示接重联线台数，3 位数表示机车牵引力单位。

⑤ 速度显示：黄色向下箭头表示机车减速，绿色向上箭头表示机车加速。

⑥ 单独制动显示：设置内容为"本务"或"重联"两项；设置为"本务"时表示能控

制本机车的单阀制动与缓解，设置为"重联"时表示将本机车的单阀切除，失去制动与缓解作用。

⑦ 自动制动显示：设置内容为"客车""货车""切除"三项。当设置为"客车"时，表示本机车自阀控制列车，在制动区回移时制动主管能阶段缓解；当设置为"货车"时，表示自阀不具备阶段缓解作用（"客车"或"货车"的设置相当于JZ-7型制动机客货车转换阀的作用）；当设置为"切除"时，表示将本机车的自阀切除，使其失去对列车的制动与缓解控制。

⑧ 制动管充风显示：设置内容为"保压"或"非保压"两项。当设置为"保压"时，表示自阀常用制动后制动主管风压漏泄时能自动补风；当设置为"非保压"时，表示自阀常用制动后制动主管风压漏泄时不能补风。

### 3. 微机显示屏中的机车信息提示

微机显示屏中的机车信息提示如图9-4所示。

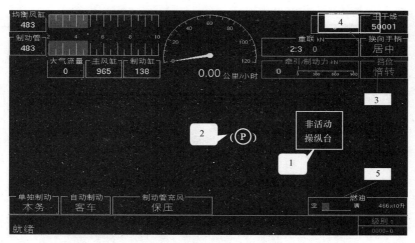

1—非活动操纵台显示；2—停车制动显示；3—挡位显示；4—换向手柄显示；5—油位显示。

图9-4 微机显示屏中的机车信息提示

① 非活动操纵台（非活动操纵台）显示：表示本操纵台为非操纵控制台，此显示屏只能查询内容，不能进行功能设置，在主/副操纵台更换后表示本操纵台切除。

② 停车制动（(P)）显示：在司机室处于关闭状态时，表示机车走行部弹簧制动在制动状态。解除/设置弹簧制动均由人工进行。

③ 挡位（挡位 惰转）显示：能显示"惰转""牵引""电阻制动"三个内容，根据机车操纵运行状态而变。"惰转"为非加载运行状态，保持柴油机最低转速。"牵引"表示机车在牵引工况加载运行状态，有加载挡位显示。"电阻制动"表示机车在电阻制动工况运行，无挡位显示。

④ 换向手柄（换向手柄 居中）显示：能显示"前进""后进""居中"三个内容，根

据机车换向手柄操纵状态进行变化。"居中"为非加载运行状态，"前进"表示机车在正向运行，"后进"显示机车在逆向运行。

⑤ 油位（ 空 □ 满 466×10升 ）显示：提示并显示机车燃油油位。

## 【考核评价】

### 1. 自我评价

① 自我考核：$HX_N5$ 型内燃机车微机显示屏的结构和显示内容描述。

② 自我评价（见表 9-1）。

表 9-1　自我评价（每项满分为 10 分）

| 序号 | 评价内容 | 得分 | 亮点 |
| --- | --- | --- | --- |
| 1 | 课前知识查阅、调研完成情况 | | |
| 2 | 课前、课中与人协作沟通表现 | | |
| 3 | $HX_N5$ 型内燃机车微机显示屏的结构及显示内容掌握情况 | | |
| 4 | 课前、课中学习态度表现 | | |

### 2. 小组评价（见表 9-2）

表 9-2　小组评价（每项满分为 10 分）

| 序号 | 评价内容 | 得分 | 亮点 |
| --- | --- | --- | --- |
| 1 | 课中学习态度表现 | | |
| 2 | 课前、课中与人协作沟通表现 | | |
| 3 | $HX_N5$ 型内燃机车微机显示屏的结构及显示内容掌握情况 | | |

### 3. 教师评价（见表 9-3）

表 9-3　教师评价（每项满分为 10 分）

| 序号 | 评价内容 | 得分 | 亮点 |
| --- | --- | --- | --- |
| 1 | 课前知识查阅、调研完成情况 | | |
| 2 | 课中参与及协作情况 | | |
| 3 | 掌握 $HX_N5$ 型内燃机车微机显示屏的结构及显示内容的效果 | | |

## 【教师建议】

掌握 $HX_N5$ 型内燃机车微机显示屏的结构及显示内容，为今后从事相关工作打好基础。

# 任务 9.2　微机网络控制系统常见故障及处理

## 【任务描述】

在实训教学中，需要提供一台 $HX_N5$ 型内燃机车的微机。为了增强学生对内燃机车微机网络控制系统的直观感性认识，可将学生分成若干小组，以小组为单位，对照实物学习内燃机车的微机复位操作，结合常见故障，用微机网络控制系统进行相应处理，并展开针对性的讨论。

## 【学习目标】

| 知识目标 | 了解 $HX_N5$ 型内燃机车微机网络控制系统的复位操作及故障时的微机处理方法 |
| --- | --- |
| 能力目标 | 会进行 $HX_N5$ 型内燃机车微机复位，会用微机显示屏处理常见故障 |
| 素质目标 | 养成细致、认真的工作作风，养成独立分析问题的良好习惯，能够比较自如地与他人沟通、协作完成工作 |

## 活动 9.2.1　$HX_N5$ 型内燃机车微机复位方法

◆【活动要点】：① 小复位时机及操作要点。

② 大复位时机及操作要点。

**1. 小复位**

1）小复位时机

① 机车发生通信中断时。

② 显示屏死机、乱显示（如白屏、花屏等）时。

③ 自动切轴影响运行需解除时。

④ 无法设置"制动管充风非保压"时。

注：若小复位处理无效，应进行大复位。

2）小复位操作步骤

① 常用制动停车。

② 断开蓄电池充电器及计算机断路器（BCCB）。

③ 等待三台显示器完全关闭，左下角的绿灯熄灭。

④ 闭合蓄电池充电器及计算机断路器（BCCB）。

⑤ 等待显示屏启动后，按压 F5 键选择"操作信息"选项来观察提示信息。

⑥ 在"请等待……系统诊断正在运行"提示消除后，将自阀手柄移至抑制位，消除由于上电引起的惩罚制动，可恢复运行。

**2. 大复位**

1）大复位时机

① 按正常操作柴油机不能起动，无故障信息提示时。

② 辅助发电机不发电处理无效时。

③ 转数不升不降时。

④ 电空制动系统故障，正常检查、操作处理无效时。

⑤ 产生锁轴或他车报警，切除传感器无效时。

⑥ 无故障信息提示，牵引受限或无法加载时。

⑦ 动力控制系统断开，牵引、电阻制动、自负荷无效时。

⑧ 空气管路无漏泄处所，空气压缩机持续泵风，总风缸压力下降，安全阀排风不止，不能维持运行时。

⑨ 机车出库前。

2）大复位操作步骤

① 停车，停机。

② 断开柴油机控制面板（ECP）上的蓄电池充电器及计算机断路器（BCCB），等待三个显示器完全关闭（左下角的绿灯熄灭）。

③ 断开柴油机控制面板上的多重功能断路器（MTB）、机车控制断路器（LCCB）、燃油泵断路器（FPB）、电空制动断路器（ABCB）。

④ 等待 3 min（系统放电及冷却）。

⑤ 先闭合多重功能断路器（MTB），然后依次闭合电空制动断路器（ABCB）、燃油泵断路器（FPB）、机车控制断路器（LCCB）、蓄电池充电器及计算机断路器（BCCB）。

⑥ 观察显示器，应完全启动，无故障提示信息。

⑦ 起动柴油机，完成机车复位。

## 活动 9.2.2　HX$_N$5 型内燃机车常见故障微机处理方法

**故障 1. "移动机车挡位手柄，机车无法加载"的处理方法**

① 确认机车换向手柄位置正确，非操纵台自阀手柄在重联位。

② 主操纵台的控制断路器闭合，当前操纵台的主发励磁断路器和电阻制动断路器闭合（非操纵台的主发励磁断路器必须断开，否则牵引受限），柴油机控制开关置运行位。

③ 检查显示器信息提示，按信息提示进行检查处理。

④ 如果显示器无任何故障信息提示，则进行"大复位"操作，若无效则请求救援。

**故障 2. "按压柴油机起动按钮，柴油机不能起动，有时显示屏显示'起机程序断开'"的处理方法**

① 当微机显示屏有不能起机的故障提示信息时，严禁起机。（如显示曲轴箱压力高、机油压力低、增压器故障等）

② 将柴油机控制开关（EC）置起动位。

③ 当燃油泵继电器（FPR）不吸合时，可手动吸合。（FPR 位于司机室 CA1 控制区内右上方左边第一位）

④ 起动柴油机。若警铃不响，可在检查停机开关无异样后二次起机；若二次不起，可第三次尝试起机。

⑤ 如果仍无法起动柴油机，应请求救援。

**注意：** 如果蓄电池电压低于 61 V，柴油机同样不能起动，而微机显示屏无提示，可以在二级菜单中查到此信息。

**故障 3.** "显示器空气制动参数显示'***'，机车产生惩罚制动，且将手柄置于抑制位 1 s 后移回运转位无法缓解"的处理方法

① 确认电空制动断路器（ABCB）是否断开；若断开，则将其恢复；如未断开，则进行"大复位"。由于电空制动断路器上加装了防护罩，确认时必须用手进入防护罩确认。

② 确认显示器显示的信息，按其要求做相应处理。

**故障 4.** "机车功率降低，牵引力下降，显示器提示'牵引力受限'等信息"的处理方法

① 进行全部重置。

② 机车发生空转时，适当回手柄以消除空转并撒砂。

③ 牵引电动机自动切除时，若不影响牵引，可维持运行。

④ 进行"大复位"操作，无效时请求救援。

**故障 5.** 机车在运行中突然停机的处理方法

① 当显示器有不能起机的提示信息（如曲轴箱压力高、机油压力低、增压器故障）时，严禁起机，请求救援。

② 当燃油泵断路器断开时，先恢复后起机。

③ 如果没有信息提示，则重新起机。

④ 进行大复位操作，无效时请求救援。

**故障 6.** 机车显示器出现黑屏、显示混乱或文字不可见故障的处理办法

① 如果不影响牵引，则维持运行。

② 如果影响牵引，当一台显示屏故障时，先停车，然后断开 ECP 面板后面对应的显示器断路器，进行小复位操作，维持运行。小复位无效时请求救援。

**故障 7.** 显示器显示英文界面的处理方法

按压两次菜单键，按压 F8 键返回微机显示屏主界面后，按压 7 号键选择"屏幕控制"选项，进入下一子界面后再按压 F4 键即可。

**注意：** 禁止机车乘务员对显示屏进行中英文界面转换，以防不能恢复。

## 【考核评价】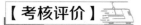

### 1. 自我评价

① 自我考核：HX$_N$5 型内燃机车的微机复位方法及常见故障微机处理方法描述。

② 自我评价（见表 9−4）。

表 9−4 自我评价（每项满分为 10 分）

| 序号 | 评价内容 | 得分 | 亮点 |
|---|---|---|---|
| 1 | 课前知识查阅、调研完成情况 | | |
| 2 | 课前、课中与人协作沟通表现 | | |
| 3 | HX$_N$5 型内燃机车微机复位方法及常见故障微机处理方法掌握情况 | | |
| 4 | 课前、课中学习态度表现 | | |

### 2. 小组评价（见表 9−5）

表 9−5 小组评价（每项满分为 10 分）

| 序号 | 评价内容 | 得分 | 亮点 |
|---|---|---|---|
| 1 | 课中学习态度表现 | | |
| 2 | 课前、课中与人协作沟通表现 | | |
| 3 | HX$_N$5 型内燃机车微机复位方法及常见故障微机处理方法掌握情况 | | |

### 3. 教师评价（见表 9−6）

表 9−6 教师评价（每项满分为 10 分）

| 序号 | 评价内容 | 得分 | 亮点 |
|---|---|---|---|
| 1 | 课前知识查阅、调研完成情况 | | |
| 2 | 课中参与及协作情况 | | |
| 3 | 掌握 HX$_N$5 型内燃机车微机复位方法及常见故障微机处理方法的效果 | | |

## 【教师建议】

掌握 HX$_N$5 型内燃机车的复位方法，掌握常见故障的微机处理方法，为今后从事相关工作打好基础。

# 项目 10

# 行车安全装备操作技能训练

## 任务 10.1　机车信号装置认知

【任务描述】

　　在实训教学中，需要一套机车信号装置。为了增强学生对机车信号装置的直观感性认识，可将学生分成若干小组，以小组为单位学习机车信号装置的组成、特点及原理，熟悉机车信号装置的安装位置，能够熟练掌握机车信号的显示方式及含义。

【学习目标】

| 知识目标 | 了解轨道电路、机车信号系统的组成及工作原理 |
| --- | --- |
| 能力目标 | 熟练掌握机车信号的显示方式及含义 |
| 素质目标 | 养成细致、认真的工作作风；养成独立分析问题的良好习惯；能够比较自如地与他人沟通、协作完成工作 |

### 活动 10.1.1　轨道电路

　　【活动要点】：轨道电路的组成与工作原理。

　　轨道电路是利用铁路轨道的两条钢轨作为导体所构成的电气回路。它可以反映轨道及其道岔区段是否有车占用，以及钢轨是否完整。

　　轨道电路是铁路信号基础设备（如自动闭塞、电气集中等）的基础，借助它可以监测列车在线路上的运行情况，也可传递与行车有关的各种信息。常用的轨道电路由送电端、钢轨线路和受电端三部分组成，其结构如图 10-1 所示。

　　两个分界绝缘节之间的钢轨线路（即从送电端到受电端之间），称为轨道电路的控制区段，也就是轨道电路的长度。轨道电路的长度受轨道电路工作状态的制约，不同类型的轨道电路长度不同。

当列车未进入轨道电路，即轨道电路控制区段空闲时，电流从轨道电路电源正极经过钢轨进入轨道继电器，再经另一股钢轨回到电源负极。这时因轨道继电器衔铁吸起，使其后接点断开、前接点闭合，接通信号机的绿灯电路，允许列车进入轨道电路控制区段，如图 10-1（a）所示。

当列车进入轨道电路，即轨道电路控制区段被占用时，电流同时流过机车车辆轮对和轨道继电器线圈，由于轮对电阻比轨道继电器线圈电阻小得多，可以认为轨道电路从列车轮对处被短路，轨道继电器衔铁被释放，用它的后接点闭合信号机的红灯电路，表示轨道有车占用，向续行列车发出停车信号，以保证列车在该轨道电路控制区段内运行的安全，如图 10-1（b）所示。

可以看出，采用这种轨道电路，当轨道电路的任一部分发生故障时，均能导致轨道继电器失磁落下，使信号机点亮红灯，从而保证了行车安全。

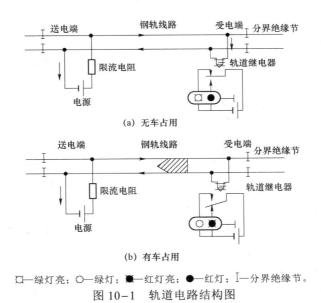

(a) 无车占用

(b) 有车占用

🞪—绿灯亮；〇—绿灯；●—红灯亮；●—红灯；ꞮꞮ—分界绝缘节。

图 10-1    轨道电路结构图

## 活动 10.1.2    机车信号

💧【活动要点】：机车信号的概念与分类。

**1. 机车信号基本概念**

机车信号是用设于机车驾驶室内的设备来自动反映运行条件、指示列车运行的信号设备，亦称机车自动信号机。机车信号设备是具有保证行车安全、提高运输效率及改善司乘工作条件等作用的重要行车设备。

机车信号是一种单方向的控制设备，只能从地面向机车传递控制命令。地面发送设备（如轨道电路或地面感应器）根据地面信号的显示情况，来控制机车信号和监控系统。因此，机车信号的主要技术问题就是将地面信号显示的信息准确无误地传递到运行的机车上去。其传递信息的方式有电气接触式、光电式、红外线式、无线式和电磁感应式等。目前，我国铁路主要采用电磁感应式机车信号车载设备。

机车信号固定安装在司机室中，它的系统框图如图10-2所示。

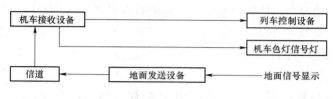

图 10-2　机车信号系统框图

**2. 机车信号的分类**

我国现阶段采用的机车信号有连续式和接近连续式两种类型。

*1）连续式机车信号*

连续式机车信号是能在整个运行线路上连续不断地反映线路状态和运行条件的机车信号机，用于自动闭塞区段。它的主要优点是能连续不断地把地面信号显示情况反映给机车乘务人员，大大改善机车乘务人员的工作条件。目前，主要采用微电子电码、极频和移频三种自动闭塞制式，与之相适应地也存在微电子电码、极频和移频三种连续式机车信号设备。无论何种连续式机车信号设备，为了使车载设备和地面设备间保持不断的联系，地面均设有有源的地面发送设备，向钢轨发送各种信息的电信号，该电信号在钢轨周围形成交变磁场，在机车第一轮对前方悬挂有一对接收线圈，该接收线圈从交变磁场中感应出交变电势，从而完成由地面向机车上传递信息的任务。

为了使机车运行在站内时能连续显示信号，在站内原有轨道电路的基础上，应加设向机车发送信息的设备，即必须进行站内轨道电路的电码化。

*2）接近连续式机车信号*

接近连续式机车信号是在固定地段连续地反映地面信号显示的机车信号，广泛用于非自动闭塞区段。在进站信号机外方 1 200 m 处的接近区段以及接车进路的道岔区段和股道上，分别由地面设备向列车所进入的区段发送与进站、出站信号机显示相符的信息。根据邻近区段的自动闭塞制式，分别采用微电子电码、极频和移频机车信号。

**3. 机车信号的作用**

因风雪雨雾等气候、隧道、曲线等不良瞭望条件影响，机车乘务人员往往不能在规定的距离内确认信号显示，存有冒进信号的行车危险。尤其是在运量大、载重量大和运行速度高的区段，发生冒进信号行车事故的可能性更大。采用机车信号设备后，能降低自然条件干扰的影响，方便机车乘务人员从容地采取制动措施，安全性、可靠性增强，提升列车运行的效率。在此基础上再装设列车运行监控记录装置，还可促使机车乘务人员提高警惕，并在机车乘务人员丧失警惕而有可能冒进信号时强迫列车减速，乃至停车，以防止列车冒进信号而发生事故。

## 活动 10.1.3 　JT-C 系列机车信号车载系统

🔥 【活动要点】：系统设备构成与工作原理。

JT-C 系列机车信号车载系统,吸取了 JT1-A/B 型通用式机车信号及 JT1-CZ2000 型主体化机车信号大面积推广运用的经验,采用先进的 DSP 技术,符合"故障—安全"原则,具有数据记录和远程监控接口功能,是国铁集团指定的机车信号设备升级产品。

### 1. 系统设备构成

JT-C 型一体化机车信号由车载设备和地面设备两部分组成,其车载设备主要由以下几部分构成:机车信号主机、机车信号记录器(位于机车信号主机机箱中)、机车信号机、双路接收线圈、机车信号远程监测数据传输模块(选配,简称"DTU")等,如图 10-3 所示。

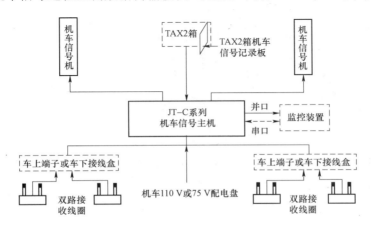

图 10-3　JT-C 系列机车信号车载系统的设备构成

1）机车信号主机

机车信号车载系统的主要设备为机车信号主机,主机箱采用一体化机箱设计,设有 6 槽的内部板结构,可插入能插拔的四类六块小电路板,依次为记录板、主机板 A、主机板 B、连接板、电源板。JT1-C2000 机车信号主机如图 10-4 所示。

机车信号主机从双路接收线圈接收钢轨信号,通过对接收到的信号进行处理、解调、译码得到机车信号信息,把机车信号信息输出到机车信号机,显示给机车乘务人员;同时,把机车信号信息输出到监控装置作为控车基本条件。

机车信号记录器可对机车信号运行状态及地面信息进行记录。

图 10-4　JT1-C2000 机车信号主机

2）机车信号机

机车信号机的作用是把从机车信号主机传输来的机车信号显示给机车乘务人员。JT-C 系统中的机车信号机与载频切换(上、下行)开关及 UM71 模式选择开关一体化设计,其下端设有载频切换（上、下行）开关和载频组指示灯，指示灯可显示机车信号主机正在接收的载频组（上、下行）状态。

当有需要时，可选择安装独立的开关盒。开关盒带有载频切换（上、下行）开关和载频组指示灯，指示灯可显示机车信号主机正在接收的载频组（上、下行）状态；同时设有 UM71 模式选择开关和对应模式指示灯。

3）双路接收线圈

安装在机车转向架前端，通过与钢轨的电磁耦合接收钢轨信号，并把钢轨信号传送给机车信号主机。接收线圈内部为双路冗余线圈。接收线圈电缆到车上连接端子连接图如图 10-5 所示。

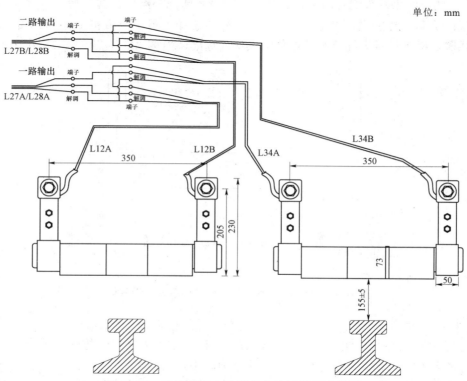

图 10-5　接收线圈电缆到车上连接端子连接图

JT-C 系列机车信号车载系统中使用的双路接收线圈，目前多为带两条出线的 JT1·JS-Ⅱ型。当一条引线断线时，另外一条引线可确保整个机车信号系统的可靠性。该型号可以配两种长度的吊装杆。

**2. 系统工作原理**

JT-C 系列机车信号车载系统设备，通过安装在机车第一轮对前面的接收线圈接收钢轨信号，对该信号进行处理、解调、译码得到机车信号信息，把该信息输出到机车信号机上，同时把机车信号信息输出到监控装置。

机车信号记录板可对机车信号运行状态及地面信息进行记录，并可通过地面处理系统对机车信号运行过程中采集的有关动态信息进行读取分析。图 10-6 为单端安装系统的工作原理,图 10-7 为双端安装系统的工作原理，实线部分为本系统部件。单端安装时，Ⅱ端接收线圈和机车信号机不用安装，Ⅰ/Ⅱ端信号可直接将Ⅰ端信号线接+110 V电源，使设备保持为Ⅰ端工作。

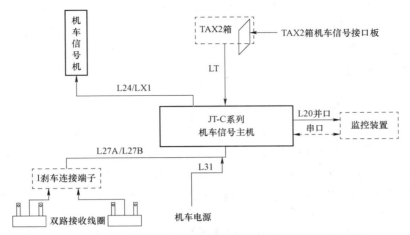

图 10-6　JT-C 系列机车信号车载系统工作原理（单端安装）

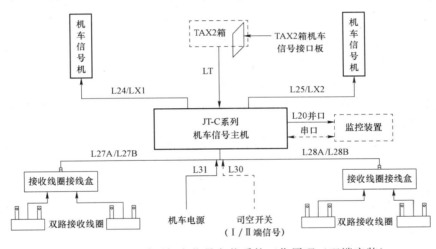

图 10-7　JT-C 系列机车信号车载系统工作原理（双端安装）

　　机车信号的功能是处理、解调和译制钢轨上传送的运行列车信息。根据译码结果控制机车信号点灯。同时还将译码结果输给列车运行监控装置或列车运行超速防护装置作为控车的基本条件。另外，主机还可以通过具有 USB 输出接口的记录器对机车信号的运行状态、地面信息以及监控装置 TAX2 箱输出的列车定位等信息进行实时记录，并可通过地面分析处理系统对机车运行过程中采集到的有关行车的动态信息进行读取分析。由于主机还配有远程监测功能接口，因此可以通过无线通信向地面处理系统实时传送车载机车信号信息以及部分列车运行信息，实现对机车信号的动态监测和故障诊断。

## 活动 10.1.4　机车信号显示

　　🔥【活动要点】：三显示、四显示自动闭塞区段的连续式机车信号机。

**1. 三显示自动闭塞区段的连续式机车信号机**

① 一个绿色灯光——准许列车按规定速度运行，表示列车接近的地面信号机显示绿色灯光。

② 一个半绿半黄色灯光——准许列车按规定速度注意运行，表示列车接近的地面信号机显示一个绿色灯光和一个黄色灯光。

③ 一个带"2"字的黄色闪光——要求列车注意运行，表示列车接近的地面信号机显示一个黄色闪光，并预告次一架地面信号机开放经 18 号及以上道岔侧向位置的进路，且列车运行前方第三架信号机开通直向进路或开放经 18 号及以上道岔侧向位置的进路。

④ 一个带"2"字的黄色灯光——要求列车注意运行，表示列车接近的地面信号机显示一个黄色灯光，并预告次一架地面信号机开放经道岔侧向位置的进路。

⑤ 一个黄色灯光——要求列车注意运行，表示列车接近的地面信号机显示一个黄色灯光，并预告次一架地面信号机处于关闭状态。

⑥ 一个双半黄色闪光——要求列车限速运行，表示列车接近的地面信号机开放经 18 号及以上道岔侧向位置的进路，且次一架信号机开通直向进路或开放经 18 号及以上道岔侧向位置的进路；或表示列车接近设有分歧道岔线路所的地面信号机开放经 18 号及以上道岔侧向位置的进路，显示一个黄色闪光和一个黄色灯光。

⑦ 一个双半黄色灯光——要求列车限速运行，表示列车接近的地面信号机开放经道岔侧向位置的进路，显示两个黄色灯光或其他相应显示。

⑧ 一个半黄半红色闪光——表示列车接近的进站、接车进路或接发车进路信号机显示引导信号或通过信号机显示容许信号。

⑨ 一个半黄半红色灯光——要求及时采取停车措施，表示列车接近的地面信号机显示红色灯光。

⑩ 一个红色灯光——表示列车已越过地面上显示红色灯光的信号机。

⑪ 一个白色灯光——不复示地面上的信号显示，机车乘务人员应按地面信号机的显示运行。

无显示时，表示机车信号机处于停止工作状态。

**2. 四显示自动闭塞区段连续式机车信号机**

① 一个绿色灯光——准许列车按规定速度运行，表示列车接近的地面信号机显示绿色灯光。

② 一个半绿半黄色灯光——准许列车按规定速度注意运行，表示列车接近的地面信号机显示一个绿色灯光和一个黄色灯光。

③ 一个带"2"字的黄色闪光——要求列车减速到规定的速度等级越过接近的显示一个黄色灯光的地面信号机，并预告次一架地面信号机开放经 18 号及以上道岔侧向位置的进路，且列车运行前方第三架信号机开通直向进路或开放经 18 号及以上道岔侧向位置的进路。

④ 一个带"2"字的黄色灯光——要求列车减速到规定的速度等级越过接近的显示一个黄色灯光的地面信号机，并预告次一架地面信号机开放经道岔侧向位置的进路。

⑤ 一个黄色灯光——要求列车减速到规定的速度等级越过接近的显示一个黄色灯光的地面信号机，并预告次一架地面信号机处于关闭状态。

⑥ 一个双半黄色闪光——要求列车限速运行，表示列车接近的地面信号机开放经 18 号及以上道岔侧向位置的进路，且次一架信号机开通直向进路或开放经 18 号及以上道岔侧向位置的进路；或表示列车接近设有分歧道岔线路所的地面信号机开放经 18 号及以上道岔侧向位置的进路，显示一个黄色闪光和一个黄色灯光。

⑦ 一个双半黄色灯光——要求列车限速运行，表示列车接近的地面信号机开放经道岔侧向位置的进路，显示两个黄色灯光或其他相应显示。

⑧ 一个半黄半红色闪光——表示列车接近的进站、接车进路或接发车进路信号机显示引导信号或通过信号机显示容许信号。

⑨ 一个半黄半红色灯光——要求及时采取停车措施，表示列车接近的地面信号机显示红色灯光。

⑩ 一个红色灯光——表示列车已越过地面上显示红色灯光的信号机。

⑪ 一个白色灯光——不复示地面上的信号显示，机车乘务人员应按地面信号机的显示行车。

无显示时，表示机车信号机处于停止工作状态。

注意：

① 接近连续式机车信号机的显示方式与连续式机车信号机相同。

② LKJ 屏幕显示器的机车信号显示应与机车信号机的显示含义相同。

## 【考核评价】

### 1. 自我评价

① 自我考核：是否掌握轨道电路的组成及工作原理，以及机车信号的显示含义。

② 自我评价（见表 10-1）。

表 10-1　自我评价（每项满分为 10 分）

| 序号 | 评价内容 | 得分 | 亮点 |
| --- | --- | --- | --- |
| 1 | 课前知识查阅、调研完成情况 | | |
| 2 | 课前、课中与人协作沟通表现 | | |
| 3 | 轨道电路与机车信号装置的掌握情况 | | |
| 4 | 课前、课中学习态度表现 | | |

### 2. 小组评价（见表 10-2）

表 10-2　小组评价（每项满分为 10 分）

| 序号 | 评价内容 | 得分 | 亮点 |
| --- | --- | --- | --- |
| 1 | 课中学习态度表现 | | |
| 2 | 课前、课中与人协作沟通表现 | | |
| 3 | 轨道电路与机车信号装置的掌握情况 | | |

**3. 教师评价（见表 10−3）**

表 10−3　教师评价（每项满分为 10 分）

| 序号 | 评价内容 | 得分 | 亮点 |
|---|---|---|---|
| 1 | 课前知识查阅、调研完成情况 | | |
| 2 | 课中参与及协作情况 | | |
| 3 | 掌握轨道电路与机车信号装置的效果 | | |

【教师建议】

一定要熟练掌握轨道电路的组成及工作原理、机车信号的显示。

# 任务 10.2　掌握机车综合无线通信设备操作

【任务描述】

在实训教学中，需要一套机车综合无线通信设备。为了增强学生对机车综合无线通信设备的直观感性认识，可将学生分成若干小组，以小组为单位学习机车综合无线通信设备的组成、特点及工作原理，熟悉机车综合无线通信设备的安装位置，熟练掌握机车综合无线通信设备的使用方法。

【学习目标】

| 知识目标 | 了解机车综合无线通信设备的组成 |
|---|---|
| 能力目标 | 能正确认识机车综合无线通信设备的结构特点，熟记机车综合无线通信设备的安装位置，能熟练使用综合无线通信设备完成相关工作 |
| 素质目标 | 养成细致、认真的工作作风；养成独立分析问题的良好习惯；能够比较自如地与他人沟通、协作完成工作 |

## 活动 10.2.1　机车综合无线通信设备组成认知

🔥【活动要点】：MMI、送受话器。

机车综合无线通信设备（简称 CIR）由主机、操作显示终端（简称"MMI"）、送受话器、打印终端、天线及连接电缆等组成，如图 10−8 所示。下面简要介绍 MMI 和送受话器。

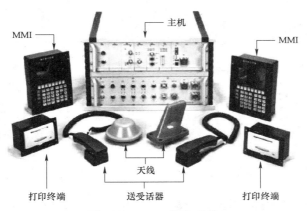

图 10-8　CIR 设备系统

① MMI 由外壳、液晶显示屏、控制板和按键等组成，根据不同的安装需求，MMI 分为横向式和竖立式两种外形结构，二者的功能及操作方法完全一样。MMI 外形图如图 10-9（a）和图 10-9（b）所示，其操作按键如图 10-9（c）所示。

MMI 的按键分为可配置式按键、数字字母输入按键、功能按键和列尾按键。

(a) 竖立式　　　　　　　　(b) 横向式　　　　　　　　(c) MMI操作按键

图 10-9　MMI 外形图及操作按键

由于 MMI 不具备触屏操作功能，所以具体操作时只能根据屏幕提示按压相应操作按键实现。

② 送受话器。根据不同的安装需求，送受话器分为通用式和紧凑式两种。送受话器配置有两个按键，当 CIR 工作在 450 MHz 模式下时，按键"Ⅰ"和按键"Ⅱ"分别用于呼叫"隧道车站"和"平原车站"；当 CIR 工作在 GSM-R 模式下时，按键"Ⅰ"和按键"Ⅱ"分别用于呼叫"调度"和"车站"。送受话器外形图如图 10-10 所示。

(a) 通用式　　　　　　　　　　(b) 紧凑式

图 10-10　送受话器外形图

---

## 活动 10.2.2　开车准备工作

🔥【活动要点】: 工作模式选择、车次号注册。

### 1. CIR 设备加电运行

机车加电时，CIR 设备应自动加电运行。CIR 设备加电运行后，MMI 根据上次关机时的状态进入 450 MHz 模式主界面或 GSM–R 模式主界面。若机车加电后 CIR 设备没有自动加电运行，检查 CIR 供电电源开关是否打开。

450 MHz 模式主界面和 GSM–R 模式主界面分别如图 10–11 和图 10–12 所示。

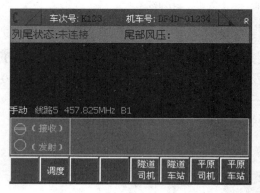

图 10–11　450 MHz 模式主界面

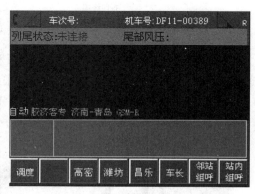

图 10–12　GSM–R 模式主界面

### 2. 主控切换

MMI 处于副控状态时，可配置按键区无显示。司机按压"主控"键 3 s 以上，手动将 MMI 切换至主控状态。主控切换按键如图 10–13 所示。

### 3. 界面介绍

MMI 在守候状态下的主界面，从上到下依次分为：基本信息显示区、列尾状态显示区、安全预警显示区、工作模式及运行线路显示区、调度通信状态显示区和功能按键显示区，一共六个区域，如图 10–14 所示。

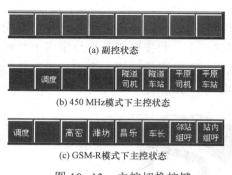

图 10–13　主控切换按键

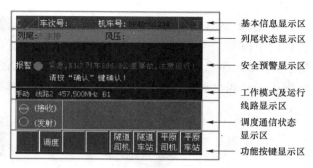

图 10–14　MMI 主界面

① 基本信息显示区。在这个显示区，显示内容包括扬声器或听筒的音量、车次号和机

车号、场强信息等。左侧的图标显示的是扬声器或听筒的音量，在挂机状态下显示扬声器音量，在摘机状态下显示听筒音量。在 GSM-R 工作模式下，右侧的场强信息图标显示设备接收到的 GSM-R 话音单元网络信号强度。车次号和机车号内容显示为白色时，表示功能号已注册，显示为黑色时表示功能号未注册。

②　列尾状态显示区。此区域显示与列尾相关的各种信息，主要信息包括列尾的连接状态、风压数值等。在与不同制式的列尾配合使用时，显示的内容不同。

③　安全预警显示区。此区域显示列车安全预警信息。在 CIR 设备装备有 LBJ 单元时，此区域显示列车防护报警的各种状态提示信息。

④　工作模式及运行线路显示区。此区域显示线路名称、运行区段等信息。

⑤　调度通信状态显示区。此区域显示调度通信的呼出、呼入、通话等状态信息。在 450 MHz 工作模式下，还显示 450 MHz 机车电台的收发状态，红色图标亮表示发射机发射，绿色图标上半圆亮表示接收到异频信号，绿色图标下半圆亮表示接收到同频信号。

⑥　功能按键显示区。此区域用于显示司机可单键发起呼叫的按键名称。在 450 MHz 模式下显示的按键有"调度""隧道司机""隧道车站""平原司机""平原车站"；在 GSM-R 模式下，显示的按键有"调度""车长""邻站组呼""站内组呼"，以及根据列车运行位置显示的车站名称。

#### 4. 工作模式选择

1）自动选择线路

在 MMI 主界面按压"设置"键，进入设置界面，根据屏幕提示按方向键，将光标移动到"2、运行区段"，也可以按数字键"2"快速定位至该选项（见图 10-15），按压"确认"键进入"线路选择"界面（见图 10-16），移动光标到"1、自动模式"，再次按压"确认"键，CIR 将被设置为线路自动切换模式。

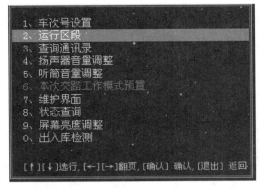

图 10-15　设置界面

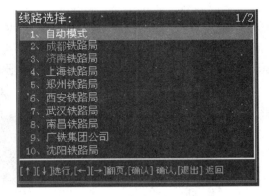

图 10-16　"线路选择"界面（1）

CIR 将根据位置信息自动在 450 MHz 和 GSM-R 两种工作模式之间切换。在 450 MHz 模式下，可自动转换工作制式和频点；在 GSM-R 模式下，可自动变换功能按键显示区的车站名称。

2）手动选择线路

在 MMI 主界面按压"设置"键，进入设置界面，选择"2、运行区段"，按压"确认"

键进入"线路选择"界面，此时屏幕上会列出所有的铁路局集团公司的名称。选择一个名称后按压"确认"键，屏幕上将列出该铁路局集团公司主要的运行线路。选中线路后，再次按压"确认"键，即可转到相应运行线路的工作模式。手动选择线路后，即使卫星定位信息有效，工作模式、车站名称也不随位置信息自动变化。图 10-17 是在图 10-16 中继续向下选择"2、成都铁路局"后出现的线路选择界面。

3）运行线路选择

除自动、手动两种线路选择方式外，还有一种指定运行线路的方式，即当 MMI 发出语音提示"通信转换，请选择线路"时，司机可按压"切换"键调出线路选择界面，选择运行线路，如图 10-18 所示。

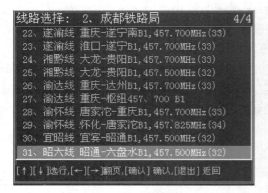
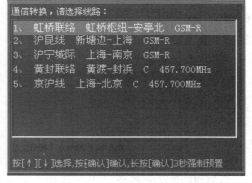

图 10-17 "线路选择"界面（2）　　　图 10-18 运行线路选择界面

**5. 车次功能号注册**

CIR 在 GSM-R 工作模式下必须进行车次功能号注册。车次功能号注册过程如下：

① 在 GSM-R 模式下，在主界面按压"设置"键，进入设置界面。将光标移动至"1、车次功能号注册"并按压"确认"键。根据 MMI 屏幕下方的提示，手动输入车次号后按压"确认"键，从随后弹出的选择机车牵引任务状态界面中选择"本务机"或"补机"，再次按压"确认"键，CIR 即向 GSM-R 网络注册车次功能号。

注册车次功能号的界面如图 10-19 所示。

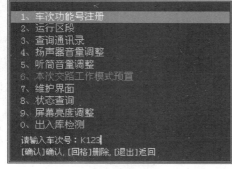
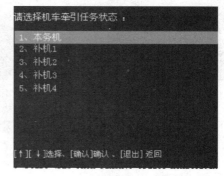

(a) 输入车次号　　　(b) 选择机车牵引任务状态

图 10-19　GSM-R 工作模式下注册车次功能号

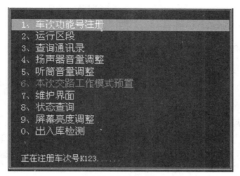

(c) 正在注册

图 10-19　GSM-R 工作模式下注册车次功能号（续）

② 在 450 MHz 模式下，注册车次号的操作过程与 GSM-R 模式下一样。车次号设置如图 10-20 所示。

图 10-20　输入车次号

## 活动 10.2.3　通话操作

🔥【活动要点】：GSM-R 通话、450 MHz 通话。

**1. GSM-R 通话**

GSM-R 通话分为与调度员通话、与车站值班员通话、与车长通话、邻站组呼、站内组呼、紧急呼叫、接收广播呼入、拨号呼叫等。

1）与调度员通话

在主界面按压"调度"键呼叫该区段列车调度员，通话过程中需要按 PTT 讲话。与调度员通话界面图如图 10-21 所示。

有调度员呼入时，在 MMI 上显示呼叫方信息并伴有振铃提示（振铃声），此时司机摘机即可进行通话。

2）与车站值班员通话

司机根据功能按键显示区显示的站名按压相应的按键，可以呼叫该车站的车站值班员，通话过程中需要按 PTT 讲话。呼叫车站值班员界面图如 10-22 所示。

有车站值班员呼入时，在 MMI 上显示呼叫方信息并伴有振铃提示（振铃声）。

图 10-21　与调度员通话界面　　　　　　图 10-22　呼叫车站值班员

3）与车长通话

在主界面按压"车长"键，可以呼叫车长，通话过程中需要按 PTT 讲话，如图 10-23 所示。有车长呼入时，在 MMI 上显示呼叫方信息并伴有振铃提示（振铃声）。

4）邻站组呼

在主界面按压"邻站组呼"键可以发起邻站组呼，呼叫列车所在位置的相邻三个车站及站间区间的相关用户，在通话过程中，需要讲话时按 PTT，当看到屏幕显示送受话器图标时即可讲话［见图 10-24（a）］，送受话器图标不可用时不能讲话［见图 10-24（b）］。

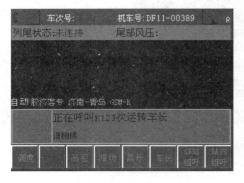

图 10-23　呼叫车长　　　　　　　　　图 10-24　邻站组呼

有邻站组呼呼入时，CIR 自动加入通话，此时屏幕显示邻站组呼的呼入信息，扬声器播放话音。

5）站内组呼

在主界面按压"站内组呼"键，发起站内组呼，呼叫列车所在的车站基站区内相关用户，通话过程与邻站组呼一样。如图 10-25 所示。

有站内组呼呼入时，CIR 自动加入通话，此时屏幕显示组呼呼入信息，扬声器播放话音。

6）紧急呼叫

司机按压"紧急呼叫"键，发起铁路紧急呼叫。此时若 CIR 处于其他通话状态，则退出正在进行的通话，优先发起铁路紧急呼叫。

有紧急呼叫进入时，CIR 自动加入通话，此时屏幕显示呼入信息，扬声器播放话音。在通话过程中的操作与组呼相同。

结束紧急呼叫时，发起方司机按压"挂断"键或直接挂机。

**注意：**

① 铁路紧急呼叫为最高优先级的组呼，接收方不能自己退出，除非呼叫发起方主动结束呼叫或由调度员人工拆除。

② 司机必须慎用铁路紧急呼叫功能。

7）接收广播呼入

有广播呼入时，CIR 自动接听，此时屏幕显示广播呼入信息，扬声器播放话音。广播过程中，只能收听，不能讲话。

8）拨号呼叫

除以上单键发起呼叫外，司机还可以直接输入被叫方的功能号或电话号码，按压"呼叫"键发起呼叫，如图 10-26 所示。

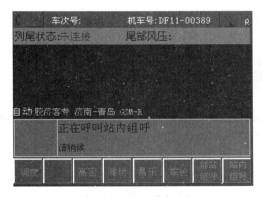

图 10-25 站内组呼

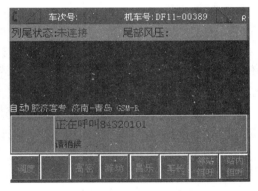

图 10-26 拨号呼叫

9）重拨

在主界面按压"呼叫"键，屏幕上显示司机上一次拨打过的号码，按压"回格"键可修改或重新输入号码，再次按压"呼叫"键能够方便地进行重拨。

**2. 450 MHz 通话**

1）450 MHz 主呼

在守候状态下摘机，根据需要呼叫的对象按压屏幕下方相应的按键即可以发起呼叫。通话过程中需要按 PTT 讲话，图 10-27 为 CIR 发起的与平原司机通话界面。

2）450 MHz 被呼

450 MHz 状态下被呼时，通过扬声器可听到对方的话音，此时摘机即可与对方通话，若未摘机，则通话将在 10 s 左右自动挂断。通话过程中需要按 PTT 讲话。图 10-28 为 CIR 接收的与隧道车站通话界面。

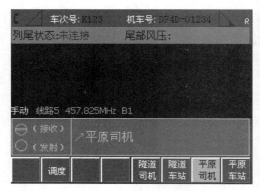 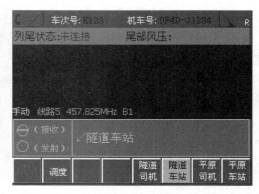

图 10-27　与平原司机通话界面（CIR 发起）　　图 10-28　与隧道车站通话界面（CIR 接收）

## 活动 10.2.4　运行线路转换及调度命令信息的接收与发送

🔥 【活动要点】：① 运行线路转换。
　　　　　　　　② 调度命令的阅读、签收、打印、查询。

**1. 运行线路转换**

CIR 的工作方式为自动时，由卫星定位单元根据当前运行位置来确定 CIR 的工作模式。

当列车运行过程中 CIR 无法区分两条及以上的运行线路，需要进行线路选择时，MMI 发出语音提示"通信转换，请选择线路"，司机按压"切换"键调出线路选择界面，选择运行线路。

在运行过程中，如果 CIR 判断列车的实际运行线路与司机选择的运行线路不符，MMI 自动弹出运行线路确认界面，并提示"请确认线路"，司机可重新选择运行线路。

**2. 调度命令信息的接收与发送**

调度命令信息包含调度命令、行车凭证、列车进路预告等。其中，列车进路预告是应用最多的一种调度命令信息，该信息由 CTC 设备自动向辖区内的运行列车发送。

1）调度命令显示界面

调度命令显示界面分调度命令信息显示区、调度命令正文内容显示区，如图 10-29 所示。

① 调度命令信息显示区。此区域显示凭证名称、调度命令编号、发令处所、调度命令发布时间、车次号和机车号、调度命令签收状态等信息。

② 调度命令正文内容显示区。此区域显示调度命令正文内容、签收时间、签收地点等信息。当 CIR 未连接 LKJ 时，签收地点信息显示"无"。

2）调度命令的阅读和签收

CIR 接收到调度命令信息后，MMI 显示接收到的调度命令信息，MMI 发出提示音"调度命令，请签收"。司机阅读完调度命令信息后按压"签收"键进行签收，MMI 在 10 s 后自动返回主界面。较长的调度命令会分页显示，司机应阅读完后再签收。如果未阅读至最后一页按压"签收"键，MMI 会提示"请阅读完再签收"。图 10-30 为多页调度命令的最后一页界面示例。

未签收的调度命令信息每间隔 15 s 重复显示一次，提醒司机签收。

图 10-29　调度命令显示界面　　　　　　　　　图 10-30　多页调度命令示例（最后一页）

3）调度命令的打印与查询

在调度命令界面下，按压"打印"键，打印终端即打印当前显示的调度命令信息。

在 MMI 主界面按压"查询"键，进入查询界面。移动光标选择要查询的调度命令信息类型（见图 10-31），然后按压"确认"键，屏幕上即显示查询到的调度命令信息索引列表，将光标移动到要查看的条目上按压"确认"键，即可查看该条调度命令信息的全部内容。

图 10-31　调度命令查询界面

## 活动 10.2.5　机车综合无线通信设备故障应急处理

💧【活动要点】：9 种常见故障的应急处理方法。

**1. 按键操作失效**

如连续出现按键操作失效的现象，须检查 MMI 是否处于主控状态：

① 如果不是主控状态，按压"主控"键 3 s 以上将 MMI 切换为主控状态后再尝试操作。

② 如果是主控状态，按压"复位"键 3 s 以上，对 CIR 整机进行复位重启，待 CIR 重启恢复正常工作后再尝试操作。

**2. 工作方式不正确，不能进行正常通信**

如果 CIR 操作、显示状态均正常，但无法进行正常的通信，须按以下步骤进行检查及操作。

首先确认 CIR 屏幕显示的工作方式是否正确：

① 当工作方式是"自动"时，如果机车上方无明显遮挡，说明卫星定位单元可能出现故障，须进入"运行区段"界面，手动选择正确的运行线路；如果机车上方有明显遮挡，如隧道、站房，司机无须处理，待列车通过遮挡区域后，CIR 应恢复正确的工作方式，如无法恢复或恢复后的工作方式仍不正确，则需要司机手动选择工作方式。

② 当工作方式是"手动"时，需要进入"运行区段"界面，选择正确的运行线路。

经过上述处理后，如果故障现象仍然存在，须按压"复位"键 3 s 以上，对 CIR 整机进行复位重启。待 CIR 重启恢复正常工作后，正确设置 CIR 的工作方式、运行线路和工作模式，然后再尝试操作。

**3. 进入 GSM-R 工作模式时，CIR 不自动注册车次号**

如果列车在运行过程中，在 GSM-R 工作模式区段列车运行在监控状态，未能自动注册车次号，须按以下步骤进行检查及操作。首先确认 CIR 的工作模式：

① 如果工作模式不是 GSM-R 模式，则手动选择 GSM-R 工作模式；

② 如果工作模式是 GSM-R 模式，则需要手动进行车次号注册。

**4. GSM-R 工作模式时，车次号注册不成功**

如果出现"车次号注册失败"的提示，则按以下步骤进行检查及操作。首先检查 CIR 屏幕左上角显示的车次号是否正确：

① 如果车次号不正确，须输入正确的车次号并注册；

② 如果车次号正确，则呼叫调度员并报告"×××次列车车次号注册失败"，然后按调度员指示行车，同时机车乘务员应及时向维修人员报告。

**5. GSM-R 工作模式时，可配置式功能按键不能正确显示车站名**

如果在 GSM-R 工作模式时 CIR 屏幕下方的可配置式功能按键不能正确显示车站名，则按以下步骤进行检查及操作：

首先确认 CIR 的线路名称是否正确：如果线路名称不正确（例如列车在胶济客线运行，但 CIR 显示的线路名称为"胶济货线"），须按压"切换"键进入运行线路选择界面选择正确的运行线路，或者进入"运行区段"界面选择正确的运行线路。

如果 CIR 工作方式是"自动"，但"自动"两字符闪烁，可能是卫星定位单元有故障。可通过查询"通讯录"选择需要呼叫的车站进行通话，也可按压"本站"键呼叫当前车站的值班员。

**6. GSM-R 工作模式时，不能接收进路预告信息**

如果 CIR 未按预期接收到列车接车进路预告信息，须按以下步骤进行检查及操作：

首先检查 CIR 的车次号是否正确，如果不正确，则输入正确的车次号。然后检查机车号是否正确：

① 如果机车号不正确，须呼叫调度并报告"×××次列车 CIR 设备机车号不正确，当前机车号为×××××××××"。

② 如果机车号正确，则对 CIR 整机进行复位重启后再尝试操作。如果 CIR 复位重启后故障未消除，则呼叫调度并报告"××××次列车不能接收进路预告信息，机车号为×××××××××"。

**7. MMI 未显示车次号信息**

如果列车进入正线运行后，CIR 屏幕左上方一直未显示车次号，则须进入设置界面，输入正确的车次号。

**8. MMI 显示错误的车次号信息**

如果列车正常运行中 CIR 屏幕左上方车次号显示错误，则须检查 LKJ 显示的车次号是否正确：

① 如果 LKJ 显示的车次号不正确，则操作 LKJ 输入正确的车次号。

② 如果 LKJ 显示的车次号正确，则操作 CIR 输入正确的车次号。

**9. 通话时音量过小或过大**

通话过程中，如果感觉音量过高或过低，请按以下操作调整。

① MMI 在主界面时，直接按压"←"键将音量调低；按压"→"键将音量调高。

② MMI 进入设置界面，选中"4、扬声器音量调整"或"5、听筒音量调整"，按压"←"键将音量调低；按压"→"键将音量调高。如图 10-32、图 10-33 所示。

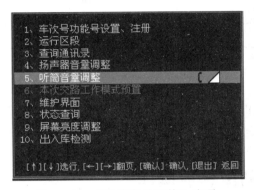

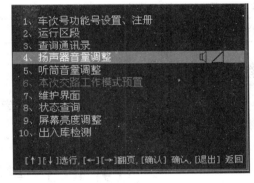

图 10-32　"听筒音量调整"选项　　　　　图 10-33　"扬声器音量调整"选项

**【考核评价】**

**1. 自我评价**

① 自我考核：能否熟练使用机车综合无线通信设备。

② 自我评价（见表 10-4）。

表 10-4　自我评价（每项满分为 10 分）

| 序号 | 评价内容 | 得分 | 亮点 |
|------|----------|------|------|
| 1 | 课前知识查阅、调研完成情况 | | |
| 2 | 课前、课中与人协作沟通表现 | | |
| 3 | 机车综合无线通信设备使用情况 | | |
| 4 | 课前、课中学习态度表现 | | |

## 2. 小组评价（见表 10-5）

表 10-5  小组评价（每项满分为 10 分）

| 序号 | 评价内容 | 得分 | 亮点 |
|---|---|---|---|
| 1 | 课中学习态度表现 | | |
| 2 | 课前、课中与人协作沟通表现 | | |
| 3 | 机车综合无线通信设备使用情况 | | |

## 3. 教师评价（见表 10-6）

表 10-6  教师评价（每项满分为 10 分）

| 序号 | 评价内容 | 得分 | 亮点 |
|---|---|---|---|
| 1 | 课前知识查阅、调研完成情况 | | |
| 2 | 课中参与及协作情况 | | |
| 3 | 机车综合无线通信设备使用效果 | | |

【教师建议】

熟记机车综合无线通信设备的使用方法，能正确运用机车综合无线通信设备解决常见问题。

# 任务 10.3  掌握列尾装置操作

【任务描述】

在实训教学中，需要一套列尾装置。为了增强学生对列尾装置的直观感性认识，可将学生分成若干小组，以小组为单位学习列尾装置的组成情况及列尾装置的使用方法，并展开讨论。

【学习目标】

| 知识目标 | 了解列尾装置的频率选择、输号等操作 |
|---|---|
| 能力目标 | 能手动查询列车尾部风压，能进行风压自动报警和电池欠压报警，能熟练进行辅助排风操作和销号操作，会使用列车防护报警装置 |
| 素质目标 | 养成细致、认真的工作作风；养成独立分析问题的良好习惯；能够比较自如地与他人沟通、协作完成工作 |

## 活动 10.3.1　450 MHz 列尾装置操作

🔥 【活动要点】：① 列尾装置的输号和销号操作。
　　　　　　　　② 列车尾部风压的查询。

**1. 频率选择**

判断 MMI 上列尾状态显示区的频率与当前列尾装置主机的工作频率是否一致。若不一致，进入运行区段界面选择正确的频率。

**2. 输号**

当听到 MMI 发出提示音 "××××列尾装置等待确认" 时，司机判断该列尾装置主机 ID 与本机是否一致，一致时按压 "列尾确认" 键，听到提示音 "××××机车，确认完毕" 则表示输号成功。

**3. 手动查询列尾风压**

按压 "风压查询" 键，可以主动查询当前列尾风压数据，查询结束后 MMI 提示 "××××机车，风压×××"。

**4. 风压自动报警**

当 CIR 收到列尾装置主机发送的风压报警信号时，MMI 显示区的风压值变成红色，并播报提示音 "××××机车注意，风压×××"。当风压值恢复正常或司机按压 "列尾确认" 键后，屏幕风压值变回黑色。如图 10−34、图 10−35 所示。

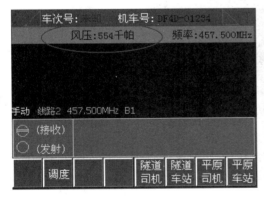

图 10−34　风压显示界面

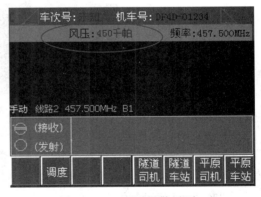

图 10−35　风压报警界面

**5. 电池欠压报警**

当 CIR 收到列尾装置主机发送的电池欠压报警信号时，MMI 发出提示音 "××××机车，电量不足"。司机按压 "列尾确认" 键后停止提示。

**6. 辅助排风制动**

CIR 进行辅助排风制动动作可通过以下两种方法实现：

① 持续按压 "列尾排风" 键 3 s 以上。

② 按压 "列尾排风" 键后，3 s 内按压 "列尾确认" 键。

按以上方法操作后，CIR 即向列尾装置主机发送排风命令，并发出提示音 "××××机车，排风"。列尾主机排风结束后，CIR 会收到一条风压数据，MMI 发出提示音"××××机车，注意风压×××"。

**7. 销号**

按压"[列尾消号]"键，销号成功时 MMI 播放"××××机车，销号成功"提示音。

## 活动 10.3.2　客车列尾装置操作

🔥【活动要点】：① 辅助排风操作。
② 列尾风压查询。

**1. 建立连接关系**

当 CIR 处于列尾未连接状态时，司机进入设置界面，输入需要连接的列尾装置 ID 并按压"确认"键发起连接。连接成功后 MMI 主界面显示客列尾 ID 并发出提示音"××××列尾装置，连接成功"；如果连接不成功，MMI 会发出提示音"列尾装置连接失败"。连接成功后，列尾主界面如图 10-36 所示。

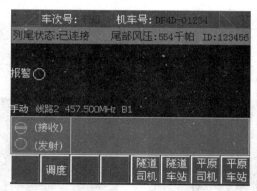

图 10-36　列尾主界面

**2. 手动查询列尾风压**

司机在主界面下按压"风压查询"键，查询当前列尾风压，查询结果显示在 MMI 上，并发出提示音"××××机车，风压×××"。

**3. 列尾风压动态显示**

CIR 每隔一段时间（120～130 s）自动轮询列尾风压 1 次，并在 MMI 上动态更新风压数据。当 CIR 与列尾连接失效时，CIR 会进入列尾连接故障告警状态，每隔 5 s 发出一次"列尾装置通信失效"提示音。按压"列尾确认"键可以停止提示；如果 CIR 重新接收到风压信息，即恢复与列尾装置主机的连接。

**4. 辅助排风制动**

持续按压"列尾排风"键 3 s 以上，或按压"列尾排风"键后 3 s 内按压"列尾确认"键，CIR 向客车列尾装置发送列尾排风制动命令，并发出提示音"××××机车，排风"。

**5. 风压自动提示**

列车主风管风压不正常时，MMI 显示区的风压值变成红色，并发出提示音"××××机车注意，风压×××"。司机可以按压"列尾确认"键停止 MMI 的声光提示。

**6. 供电电压欠压自动提示**

当 MMI 发出提示音"××××机车，列尾装置电压不足"时，司机可以按压"列尾确认"键，停止 MMI 的语音提示。

**7. 解除列尾连接关系**

解除列尾连接关系的方法有两种：

① 进入列尾 ID 输入界面，输入 6 个 0 并按压"确认"键；

② 按压" 列尾 消号 "键 3 s 以上。

列尾连接关系解除后，MMI 发出提示音"××××列尾装置，销号成功"。解除列尾连接关系后，列尾主界面如图 10-37 所示。

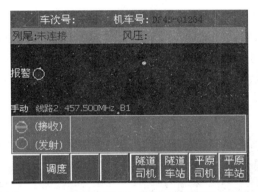

图 10-37　列尾主界面（解除列尾连接关系）

## 活动 10.3.3　列车防护报警装置

🔥【活动要点】：列车防护报警信息的发送与接收。

CIR 可以通过列车防护报警装置（LBJ）发送和接收列车防护报警信息，以及解除列车防护报警，还可以接收施工防护报警信息、道口报警信息等其他报警信息。报警主界面如图 10-38 所示。

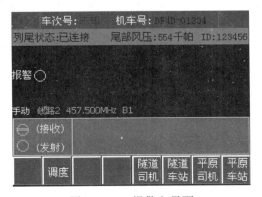

图 10-38　报警主界面

开机后，CIR 与 LBJ 连接正常，MMI 显示报警主界面。报警主界面里的圆形区域为工作状态指示灯，平常状态下为黄色圆环。司机按压"报警"键发送过报警信息后该圆环变成红色，需要维护人员处理后才能变回黄色圆环。

**1. 发送列车防护报警信息**

CIR 发送报警信息有两种方法：

① 按压 MMI 上的"报警"键 3 s 以上。

② 按压"报警"键后，5 s 内按压"确认"键。

发送报警信息时 MMI 发出间歇性的蜂鸣音。发送报警信息界面如图 10-39 所示。

需要解除报警时，司机再次按压 MMI 上的"报警"键，MMI 发出约 5 s 的连续性的蜂鸣音，表示报警解除。

**2. 接收列车防护报警信息**

CIR 接收到列车防护报警信息时，MMI 显示报警内容"紧急，×××次列车×××.×公里事故，注意运行！"，司机可以按压"确认"键确认，如图 10-40 所示。

CIR 接收到报警解除信息时，MMI 上显示 "×××次列车报警解除，注意运行！"，并语音播放报警解除信息的内容。

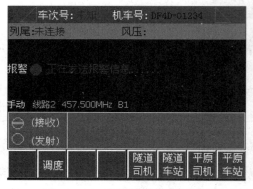

图 10-39　发送报警信息界面

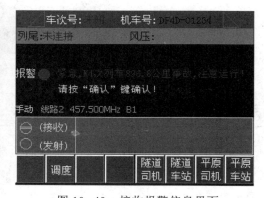

图 10-40　接收报警信息界面

**注意：**CIR 接收到施工防护报警信息、道口报警信息等其他报警信息的处理方法与列车防护报警相同。

【考核评价】

**1. 自我评价**

① 自我考核：能否熟练使用列尾装置。

② 自我评价（见表 10-7）。

表 10-7    自我评价（每项满分为 10 分）

| 序号 | 评价内容 | 得分 | 亮点 |
|---|---|---|---|
| 1 | 课前知识查阅、调研完成情况 | | |
| 2 | 课前、课中与人协作沟通表现 | | |
| 3 | 列尾装置的使用情况 | | |
| 4 | 课前、课中学习态度表现 | | |

## 2. 小组评价（见表 10-8）

表 10-8    小组评价（每项满分为 10 分）

| 序号 | 评价内容 | 得分 | 亮点 |
|---|---|---|---|
| 1 | 课中学习态度表现 | | |
| 2 | 课前、课中与人协作沟通表现 | | |
| 3 | 列尾装置的使用情况 | | |

## 3. 教师评价（见表 10-9）

表 10-9    教师评价（每项满分为 10 分）

| 序号 | 评价内容 | 得分 | 亮点 |
|---|---|---|---|
| 1 | 课前知识查阅、调研完成情况 | | |
| 2 | 课中参与及协作情况 | | |
| 3 | 使用列尾装置的效果 | | |

【教师建议】

本任务的操作重点是使用列尾装置进行列尾风压的查询、制动排风操作。

# 任务 10.4    掌握 LKJ2000 型监控装置操作

【任务描述】

在实训教学中，需要一套 LKJ2000 型监控装置。为了增强学生对 LKJ2000 型监控装置的直观感性认识，可将学生分成若干小组，以小组为单位学习 LKJ2000 型监控装置的组成，熟练掌握 LKJ2000 型监控装置在各种情况下的操作方法并展开讨论。

**【学习目标】**

| 知识目标 | 掌握 LKJ2000 型监控装置的组成及工作原理 |
|---|---|
| 能力目标 | 熟练使用 LKJ2000 型监控装置，能够运用 LKJ2000 型监控装置安全行车 |
| 素质目标 | 养成细致、认真的工作作风；养成独立分析问题的良好习惯；能够比较自如地与他人沟通、协作完成工作 |

## 活动 10.4.1　LKJ2000 型监控装置的系统组成、功能及工作原理

🔥 **【活动要点】：** ① LKJ2000 型监控装置的系统组成。
② LKJ2000 型监控装置的主要功能。
③ LKJ2000 型监控装置的工作原理。

**1. LKJ2000 型监控装置的系统组成**

LKJ2000 型监控装置的全称是 LKJ2000 型列车运行控制记录装置，是用于控制列车两冒一超（冒进，冒出，超速）的重要控制设备。该设备主要由主机（双机冗余）、屏幕显示器、事故状态记录仪、速度传感器、压力传感器等组成。系统结构框图如图 10-41 所示。

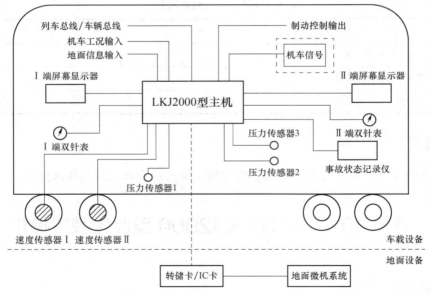

图 10-41　LKJ2000 型监控装置的系统结构框图

1）主机

LKJ2000 型监控装置的主机一般安装在电气间内，背面装有电源开关、保险，其外形如图 10-42 所示。

图 10-42　LKJ2000 型监控装置主机外形

主机为监控装置的控制中心，其内部由 A、B 二组完全相同的控制单元组成（左边为 A 组，右边为 B 组），每组有九个插件位置，各插件位置以机箱中心线为基准，从中心线开始往左、往右对称排列，各插件排列顺序依次为：监控记录、地面信息、通信、模拟信号、通信扩展、数字输入、数字输出、电源，主机前面板排列示意图如图 10-43 所示。

| 电源 A | 数字输出 A | 数字输入 A | 通信扩展 A | 模拟信号 A | 通信 A | 地面信息 A | 监控记录 A | 监控记录 B | 地面信息 B | 通信 B | 模拟信号 B | 通信扩展 B | 数字输入 B | 数字输出 B | 电源 B |
|---|---|---|---|---|---|---|---|---|---|---|---|---|---|---|---|

图 10-43　主机前面板排列示意图

2）显示器

显示器采用 10 英寸 TFT 高亮度彩色液晶显示屏，以屏幕滚动方式显示实际运行速度曲线及模式限制速度曲线，同时在显示屏上提供运行前方 4 km 的线路纵断面，显示诸如桥梁、隧道、坡度、道口、曲线等信息，以及标准操纵的运行速度曲线，方便机车乘务员操纵。LKJ2000 型监控装置显示器界面如图 10-44 所示。

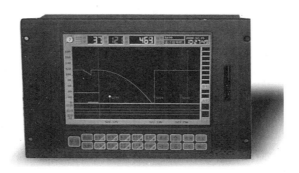

图 10-44　LKJ2000 型监控装置显示器界面

**2. LKJ2000 型监控装置主机箱各插件的主要功能**

① 监控记录插件：主要完成地面线路数据的存储与调用、运行状态数据的记录与同步、控制模式曲线的计算、实时时钟的产生，同时提供记录文件转储接口，并对系统其他模块进

行控制与管理。

② 地面信息插件：完成地面轨道电路绝缘节的识别，所产生的过绝缘节信号供监控记录插件校正距离误差。

③ 通信插件：提供监控装置的各种对外串行通信接口。

④ 模拟信号插件：完成模拟量输入信号和频率输入信号的调整、隔离、模/数转换及模拟输出信号的数/模转换、隔离及调整输出工作。

⑤ 通信扩展插件：提供与无线传输和机车标签的通信接口。

⑥ 数字输入插件：完成对机车信号点灯条件输入（50 V）的光电隔离与转换，并供监控记录插件读取。

⑦ 数字输出插件：完成机车工况输入信号（110 V）的隔离与转换，以及制动指令的执行输出。

⑧ 电源插件：将 110 V 输入电源转换成系统所需的各种电源。

**3. LKJ2000 型监控装置的主要功能**

1）监控功能

① 防止列车越过关闭的地面信号机。

② 防止列车超过线路（或道岔）及机车、车辆的允许速度。

③ 防止以高于规定的限制速度进行调车作业。

④ 在列车停车情况下，防止列车溜逸。

⑤ 可按列车运行揭示要求控制列车不超过临时限速。

2）记录功能

① 开关机时相关参数记录。

② 乘务员输入参数（或 IC 卡输入）记录。

③ 运行参数记录。

④ 事故状态记录。

3）显示功能

① 显示列车运行的实际速度及限制速度（或目标速度）。

② 显示距前方信号机距离及前方信号机种类。

③ 显示运行线路状况。

④ 显示机车优化操纵曲线。

⑤ 显示其他运行参数。

4）地面分析功能

将车载记录的列车运行数据经过翻译、整理，以直观的全程记录、运行曲线、各种报表等形式再现列车运行全过程，为机务管理现代化及事故分析提供强有力的工具。

5）综合信息输出功能

通过 TAX2 箱向相关部门提供监控装置记录信息。

**4. LKJ2000 型监控装置的工作原理**

监控装置通过实时检测列车运行的速度，依次调出事先存入装置内的线路参数，不断计算出列车距前方信号机的距离，再结合机车信号显示状态及列车编组等条件，实时计算出允许列车运行的最高速度（又称模式限制速度），当列车超速或有可能冒进关闭的信号机，即当列车实际运行速度达到或超过模式限制速度时，监控装置起动常用或紧急制动设备，使列车减速，甚至停车，以防止列车运行中的"两冒一超"事故发生。

## 活动 10.4.2　LKJ2000 型监控装置系统操作界面认知

【活动要点】：① 屏幕上方有哪些数据窗口？
② 屏幕右边的状态窗口有哪些状态显示？
③ 屏幕中间显示哪些内容？

### 1. 显示器主界面

LKJ2000 型监控装置的彩色液晶显示器是新一代列车运行控制记录装置采用的显示操纵设备，除了具备常规数码显示器的输入、查询等功能外，由于该装置使用了大屏幕彩色图形显示，在显示速度、限速、距离等常规的监控内容的同时，还可以实时显示当前位置前方限速、线路纵断面、信号机和车站等情况，能直观、全面地提供列车运行情况。显示器主界面如图 10-45 所示。

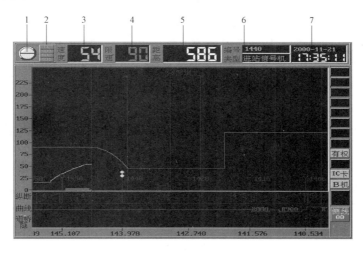

1—信号灯状态显示窗口；2—速度等级显示窗口；3—速度窗口；4—限速窗口；5—距离窗口；
6—编号和类型窗口；7—日期和时间窗口。

图 10-45　LKJ2000 型监控装置显示器主界面

### 2. 屏幕显示内容

1）屏幕最上方的数据窗口

屏幕最上方共有 7 个数据窗口，从左向右依次为：

① 信号灯状态显示窗口：显示机车当前的信号状态，有绿灯、绿黄灯、黄灯、红灯、半黄半红灯、双黄灯、黄 2 灯、白灯共 8 种显示。

② 速度等级显示窗口：从上至下有 LC、SD3、SD2、SD1 四种速度等级标志，亮的部分表示当前所处的速度等级状态。其中，LC 亮表示绿灯信号状态下的最高速度等级，SD1、

SD2、SD3 分别表示速度等级 1、速度等级 2、速度等级 3。

③ 速度窗口：显示列车当前的实际运行速度（蓝色数字）。

④ 限速窗口：显示列车当前运行位置的模式限制速度（红色数字）。

⑤ 距离窗口：显示列车当前运行位置距前方信号机的距离（黄色数字）。

⑥ 编号和类型窗口：显示前方信号机的编号和类型。运行中过绝缘节校正时显示背景为绿色，过绝缘节不校正时显示背景为红色。

⑦ 日期和时间窗口：显示当前的系统日期及时间。

2）屏幕右边的状态窗口

状态窗口指示系统状态，自上到下依次为：

① 故障：当 CAN 总线故障时，指示灯点亮。显示"CANA"时表示 CAN 总线 A 路有故障，显示"CANB"时表示 CAN 总线 B 路有故障，显示"故障"时表示 CANA 和 CANB 均有故障。显示"故障"时，显示器不能与监控主机进行正常通信。

② 降级：监控装置处于降级工作状态时，指示灯点亮。

③ 紧急：监控装置施行紧急制动时，指示灯点亮。

④ 常用：监控装置施行常用制动时，指示灯点亮。

⑤ 卸载：监控装置施行卸载动作时，指示灯点亮。

⑥ 解锁：解锁成功后，指示灯点亮，4 s 后指示灯自动熄灭。

⑦ 开车：参数有效设定完毕指示灯点亮，按压"开车"键进入监控状态后指示灯熄灭。

⑧ 调车：监控装置处于调车状态时指示灯点亮，退出调车状态时指示灯熄灭。

⑨ 控制权：指示本端显示器是否有操作权，显示"有权"表示有操作权，显示"无权"表示无操作权。

⑩ 巡检：按压"巡检"键，生效后指示灯点亮，4 s 后指示灯自动熄灭。

⑪ IC 卡：插入 IC 卡时指示灯点亮，无 IC 卡时指示灯熄灭。

⑫ A/B 机：指示当前工作主机是 A 机还是 B 机，显示 A 机表示 A 机是工作机，B 机为备机；显示 B 机表示 B 机是工作机，A 机为备机。

⑬ 支线：列车运行中，当允许支线输入操作时，指示灯点亮；支线输入有效后，显示所输入的支线号。

⑭ 侧线：列车运行中，当允许侧线输入操作时，指示灯点亮；侧线输入有效后，显示所输入的侧线号。

⑮ 入库：进入入库状态显示"入库"，进入出库状态显示"出库"，退出出入库状态时指示灯熄灭。

3）速度、限速窗口

屏幕中间的窗口为速度、限速窗口，显示范围为 5 km，靠左侧 1/5 处的竖直线将窗口分为两部分，左侧显示列车越过 1 km 范围内的运行信息，右侧显示列车运行前方 4 km 范围内的监控模式允许速度、信号机信息、道岔、电分相及线路纵断面状态等信息。具体说明如下：

① 限制速度：以红色曲线方式显示当前区段的限制速度和前方 4 000 m 以内的限制速度情况。

② 实际速度：以绿色曲线方式显示列车当前运行速度和刚走行过的速度曲线情况。

③ 信号机位置、编号、信号机的状态：以坐标的方式显示前方 4 000 m 以内的信号机位置、信号机编号、前方一架信号机的信号状态。

④ 站中心及站名：以坐标（垂直线）的方式显示前方 4 000 m 以内所有站的站中心位置，并用汉字标注对应车站的名称。

⑤ 列车位置：在整个曲线显示的约五分之一处有一条垂直分隔线（黄色线），表示此处为当前列车位置，下部显示一个列车图标，图标的长度与输入的列车计长成正比。

⑥ 道岔：以坐标（垂直线加进岔、出岔标记）形式显示进、出站的道岔位置。

⑦ 纵断面、曲线、道桥隧：在整个屏幕的下方用三个横向窗口显示运行前方线路纵断面、线路曲线、桥梁、隧道的情况，指导乘务员操纵。

监控数据中在本分区有支线时，在曲线窗口中以文字方式显示各支线号及走行方向。

⑧ 公里标：屏幕的最下方显示信号机的公里标。

⑨ 优化操纵曲线：预留有优化操纵曲线显示的功能，指导机车乘务员操作。

## 活动 10.4.3　LKJ2000 型监控装置的功能按键

🔥 【活动要点】：各功能按键的作用。

**1. 功能按键区**

显示器面板下部为功能按键区，面板上的操作按键示意图如图 10-46 所示。

图 10-46　面板上的操作按键示意图

操作按键为背光薄膜按键，在光线变暗时，按键上的字可自动透光。这个区域共有按键 21 个，0～9 键为复合键，其他为单功能键。

**2. 按键功能**

操作按键上带有数字的，在监控状态作为功能键使用，在参数修改状态作为数字键使用。这些键用作功能键时的定义如下：

①"警惕"键：降级 ZTL 报警时起暂停报警作用；防溜报警及防溜动作后起解除作用，终止当前语音报警。

②"解锁"键：进站（进路）信号机普通引导或特殊站靠标开口操作；与其他键组合进行某些特定操作。

③"向前"键：运行过程中，先按压"车位"键，3 s 内再按压"向前"键，调整滞后误差。

④"调车"键：按压"调车"键，进入或退出调车工作状态。

⑤ "车位"键：该键为组合键，调整距离误差时先按压"车位"键，3 s 内再按压"向前"或"向后"键进行车位调整。

⑥ "进路号"键：运行中，当支线号或侧线号选择允许灯点亮而支线或侧线输入窗口消失时，按压"进路号"键可进入支线号或侧线号输入操作状态。

⑦ "定标"键：线路坐标打点记录或者进站确认解除报警。

⑧ "缓解"键：按压该键，进行常用制动后的"缓解"操作。

⑨ "向后"键：运行过程中，先按压"车位"键，3 s 内再按压"向后"键，调整超前误差。

⑩ "开车"键：按压"开车"键，执行对标开车操作。特定引导时该键和"解锁"键作为组合键使用。

⑪ "自动校正"键：运行过程中，按压"自动校正"键，自动调整滞后或超前误差。

⑫ "出入库"键：按压该键，进入或退出出入库状态。

⑬ "巡检"键：在运行中，按压该键，执行机械间巡检记录操作。

⑭ "查询"键：按压该键，进入信息查询操作状态。

⑮ "转储"键：按压该键，进入文件转储操作状态。运行中此键与"1～5"数字键组合使用，可解除前发调度命令。

⑯ "设定"键：进入或退出参数设定操作。

⑰ "确认"键：按压该键，参数设定或修改有效，保存退出；与其他键组合使用可进行某些特定操作。

⑱ "←""↑""→""↓"键：在参数设定或查询状态，按压这些键，可以改变光标的位置：

a）在输入数字时，"←"键为退格键；

b）需要弹出"非正常行车确认"窗口时，按压"↑"键 2 s 以上即可；

c）其他状态按压"←"键或"→"键可以调整语音大小，按压"↑"键或"↓"键可以调整显示器亮度。

注意：LKJ2000 的显示屏不具备触屏操作功能，所有操作均通过显示屏下部的操作按键实现，例如，执行显示屏中的"确定"操作时，需要先用箭头键将光标移动到"确定"项，再按压"确认"操作按键实现，以下简称按压"确认"键。

## 活动 10.4.4　LKJ2000 型监控装置正常行车操作

◆【活动要点】：① 设定参数的操作方法。
　　　　　　　② 列车运行中的操作方法。

**1. 开机和参数设定操作**

1）开机

打开监控装置主机背面的电源开关后，监控装置执行自检功能，主机各面板指示灯进行相应的闪烁，显示器在刚开机时进入 DOS 启动状态，大约 30 s 后进入正常的显示状态。

监控装置起动完毕后，自动转入降级运行状态，收到色灯信号后进行相应的语音提示。

在正常起动完毕后，如果机车信号为关闭信号（如半黄半红灯、红灯或白灯），但车速高于 5 km/h，监控装置将进行 ZTL 报警。

2）参数设定

参数设定操作在机车运行状态或者停车状态下均可进行。但出现 ZTL 报警、限速报警、防溜报警时禁止进行参数设定操作。参数设定操作分为手动输入和 IC 卡输入两种。

（1）手动输入

① 按压图 10-46 中的"设定"键，进入"参数设定"窗口，如图 10-47 所示。

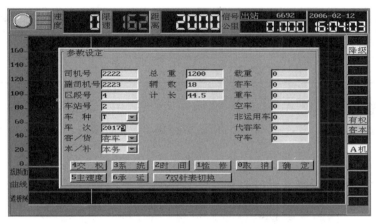

图 10-47　"参数设定"窗口

② 通过"↑""↓""←""→"键，移动光标到相应位置，按压数字键输入各项参数，按压"确认"键确认输入内容。

③ 对于带有下拉菜单的输入项，按压"↓"键，调出菜单选择窗口，选择正确菜单项后按压"确认"键。

④ 所有参数输入、修改完毕后，将光标移到"确定"项后，按压"确认"键，或直接按压"设定"键，确认修改有效并退出参数设定状态。

⑤ 各项参数正确输入完成后，如果输入参数有效，"开车"指示灯点亮，并在屏幕上显示始发站的名称和相关设定信息。

注意：

① "区段号"文本框输入交路号，LKJ2000 型监控装置支持的最大区段号为"99"。

② "车站号"文本框输入"车站代码"，LKJ2000 型监控装置支持的最大车站代码为"255"。

③ "车种"文本框中内容为担当列车种类，可根据担当列车种类进行选择，共有 17 种，如表 10-10 所示。

表 10-10　列车种类代码表

| 代码 | 列车种类 | 代码 | 列车种类 |
|---|---|---|---|
| 无 | 无种类 | 0Z | 回送直达列车 |
| Z | 直达列车 | 0T | 回送特快列车 |
| T | 特快列车 | 0K | 回送快速列车 |
| K | 快速列车 | 0N | 回送管内列车 |
| N | 管内列车 | 0L | 回送临时列车 |
| L | 临时列车 | 0Y | 回送旅游列车 |
| Y | 旅游列车 | 0H | 回送货运列车 |
| H | 货运列车 | 0X | 回送行包列车 |
| X | 行包列车 | | |

（2）IC 卡输入

① 将写有参数的 IC 卡，正确插入屏幕显示器 IC 卡插槽内，"IC 卡"指示灯点亮，如图 10-48 所示。

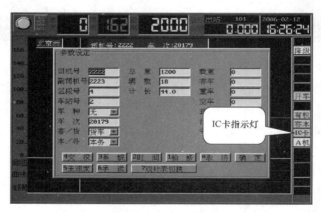

图 10-48　IC 卡输入

② 按压"设定"键，监控装置自动读出卡内的设定参数，弹出"参数设定"窗口，其中的参数为从 IC 卡中读入的参数。此时可按照手动输入的方法更改不正确项，检查并确认正确后按压操作按键区的"设定"键确认。

③ 设定完毕后，IC 卡通过显示器向监控主机发送揭示信息，弹出信息如图 10-49 所示的窗口，显示输入的揭示条数。

按压"确认"键后，显示器弹出如图 10-50 所示的窗口，提示"请查询揭示！"。按压"确认"键后，自动调出揭示查询结果，如图 10-51 所示。检查并确认正确后，按压"0 返回"键退出查询界面。

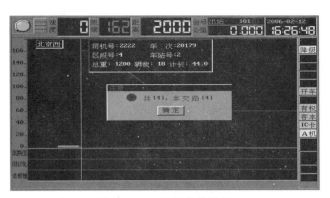

图 10-49　揭示条数提示

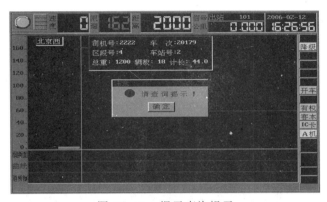

图 10-50　揭示查询提示

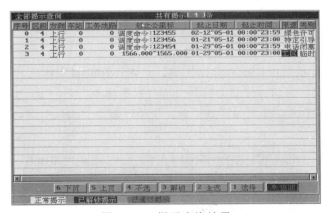

图 10-51　揭示查询结果

④ 若 IC 卡内无揭示信息，则显示空白卡，此时可按压"确认"键进入手动设定状态。

**注意：**

① 在输入数字过程中，按压"←"键，可以删除最后输入的一位数字，用以修正某一位的错误输入。

② "计长"参数输入的最后一位为小数位。

③ 设定完成后，监控装置自动进入降级状态。

④ 当机车信号显示为关闭信号时，若车速高于 20 km/h，禁止进行参数设定操作。

⑤ 若输入的车站代码在监控数据中不存在或者是终到站，在参数设定退出时会有"输入无效"的语音提示。

⑥ 如果关机时间超过规定的时间（1 min），需要重新进行设定操作。

**2. 列车运行中的操作**

1）操作权选择

（1）交权操作

① 在有权端的显示器上按压"设定"键，进入参数设定状态。

② 在"参数设定"窗口，移动光标到"交权"项上，按压"确认"键，显示器提示"确认交权？"（见图 10-52），将光标移到"确定"项，按压"确认"键，操作权转向另一端，本端的操作权指示由"有权"变为"无权"。

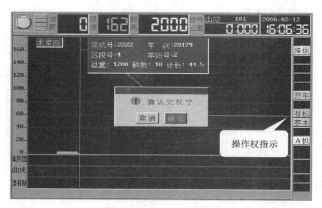

图 10-52　交权提示

（2）夺权操作

① 在无权端的显示器上按压"设定"键，进入参数的设定状态。

② 在"参数设定"窗口，移动光标到"1 夺权"项上（见图 10-53），按压"确认"键，显示器提示是否进行夺权，将光标移到"确定"项，按压"确认"键，本端的操作权指示由"无权"变为"有权"。

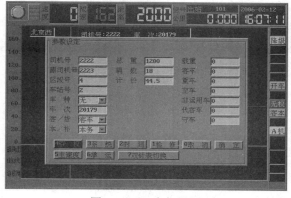

图 10-53　夺权设置

注意：

① "交权"操作在停车状态和有速度的情况下都可进行，但"夺权"操作必须在停车状态下进行。

② 在有权端进入调车状态，无权端自动退出调车状态，也可以完成操作权的转换。

2）查询操作

按压"查询"键，弹出"查询选择"窗口（见图 10-54），可进行信息查询。

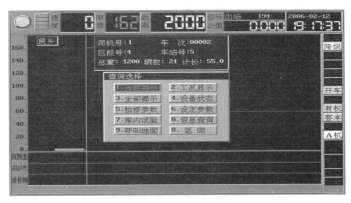

图 10-54　"查询选择"窗口

① 设定参数查询。在"查询选择"窗口里，选定"6. 设定参数"项，按压"确认"键，显示监控装置当前设定的参数，包括司机号、区段号、车站号、车种、车次、总重、辆数、计长（3 位）、载重信息等，按压"确认"键返回。

② 调度命令及揭示信息查询。在"查询选择"窗口里，选择"3. 全部揭示"项，按压"确认"键，显示全部揭示信息，按压"确认"键返回。

注意：若无调度命令及揭示信息，屏幕将显示提示信息"禁止查询"，按压"确认"键返回。

③ 当前揭示查询。在"查询选择"窗口里，选择"1. 当前揭示"项，按压"确认"键，可查询列车运行前方 4 000 m 内的揭示信息，按压"确认"键返回。

④ 工况查询显示。在"查询选择"窗口里，选择"2. 工况显示"项，按压"确认"键，在屏幕右上角出现机车工况信息，内容包括列车管压力、制动缸压力、均衡风缸 1 和均衡风缸 2 压力、工况、过机校正和当前公里标信息，按压"确认"键可消除工况显示信息。

3）出入库操作

出入库动车前按压"出入库"键，监控装置限速 15 km/h，显示器显示"出库"。循环按压"出入库"键可实现 15 km/h、20 km/h、40 km/h 不同限速，可根据实际情况选择，示例如图 10-55 所示。

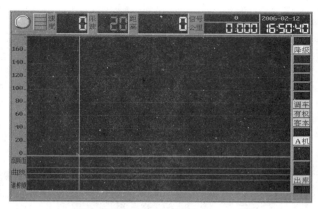

图 10-55　出库限速 20 km/h

4）开车对标操作

在显示器"开车"指示灯点亮的前提下，当列车运行至规定的"开车"对标点时，按压"开车"键，使监控装置内存储的监控数据与地面基准点同步。"开车"对标点一般为正线出站（发车进路）信号机处或段定的规定地点处。

注意：

① 按压"开车"键的地点一定要准确，避免产生距离误差。

② 当车次、车站、交路号等参数改变时，需重新开车对标。

5）巡检操作

巡检时，按压操纵端的"巡检"键，显示器巡检灯亮（见图 10-56）。巡检到非操纵端时按压显示器上的"巡检"键；返回到操纵端时，再次按压显示器上的"巡检"键，此时语音提示"巡检完成"，即完成一次巡检操作。

注意：进站、出站及停车状态下巡检操作无效。

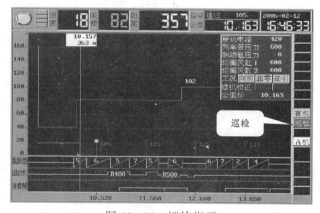

图 10-56　巡检指示

6）过机误差校正操作

（1）过机误差

列车运行中，显示器上的"距离"显示区以不断递减的数值显示列车当前位置距前方信号机的距离。列车越过地面信号机时瞬间显示的距离与列车实际位置的误差称为"过机误差"。过机误差有两种：

① 滞后误差。列车越过信号机时距离显示仍有余值，经过一段距离后才显示"0"。这种"0"显示出现在信号机位置之后的过机误差称为滞后误差。

② 超前误差。列车距信号机还有一段距离，但距离显示值提前进入"0"显示。这种"0"显示出现在信号机之前的过机误差称为超前误差。

（2）滞后误差的手动调整

方法一：在地面信号机前按压"车位"键，运行至信号机处按压"向前"键，显示距离余值清零，调出距下一架信号机的距离。

方法二：在地面信号机前按压"车位"键，运行至信号机处按压"自动校正"键，显示距离余值清零，调出距下一架信号机的距离。

（3）超前误差的手动调整

方法一：在地面信号机前按压"车位"键，运行至信号机处按压"向后"键，显示距离余值清零，调出距下一架信号机的距离。

方法二：在地面信号机前按压"车位"键，运行至信号机处按压"自动校正"键，显示距离余值清零，调出距下一架信号机的距离。

**注意：**

① "自动校正"键在误差小于 300 m 时操作有效。

② 在进行车位调整时，必须谨慎操作，尤其在高速运行时（如前方有低限速时容易造成超速放风）。

（4）过机自动校正

在过信号机处，监控装置根据收到的轨道电路信息判断是否过绝缘节，并据此进行距离自动校正，校正范围为 100 m。如果自动校正有效，在显示器的"信号"栏亮绿灯，自动校正无效则亮红灯或黄灯。如图 10-57 所示。

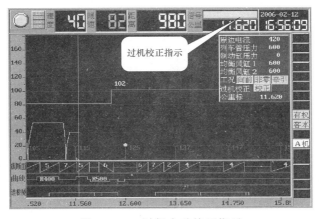

图 10-57  过机自动校正指示

7）侧线、支线操作

（1）侧线选择操作

① 要求输入侧线号时，"侧线"提示灯点亮，并语音提示"请输入侧线股道号"，同时

图10-58 "输入进路号"窗口

自动弹出"输入进路号"窗口，如图10-58所示。

② 机车乘务员依据车机联控告知的接车股道，利用数字键输入侧线股道号后，按压"确认"键，输入的股道号码在屏幕右侧"侧线"信息中显示。

③ 如果输入窗口消失或需要修改"侧线"信息，在本架信号机距离未走完时，按压"进路号"键进行再次输入。

（2）支线选择操作

① 要求输入"支线"号时，"支线"提示灯点亮，并语音提示"请输入支线号"，同时自动弹出"请输入支线号"窗口，如图10-59所示。

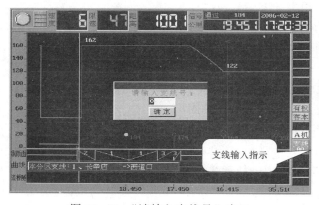

图10-59 "请输入支线号"窗口

② 根据列车运行径路，需要转入支线运行时，利用数字键输入支线号，按压"确认"键，输入的支线号在屏幕右侧"支线"信息中显示。

③ 如果输入窗口消失或需要修改"支线"信息，在本架信号机距离未走完时，可按压"进路号"键进行再次输入。

**注意**：在有些地点，遇机车信号显示双黄灯时，在监控数据中按自动转支线处理，此时不能进行支线选择修改操作。

（3）支线、侧线同时有效的输入

① 在同一地点，需同时输入支线、侧线时，可按压"进路号"键进入侧线、支线输入状态，显示默认的支线、侧线号，如图10-60所示。

② 利用数字键，分别输入支线号、侧线号，按压"确认"键即可。

③ 如输入窗口消失或需要修改"支线""侧线"信息时，在本架信号机距离未走完时，可按压"进路号"键进行再次输入。

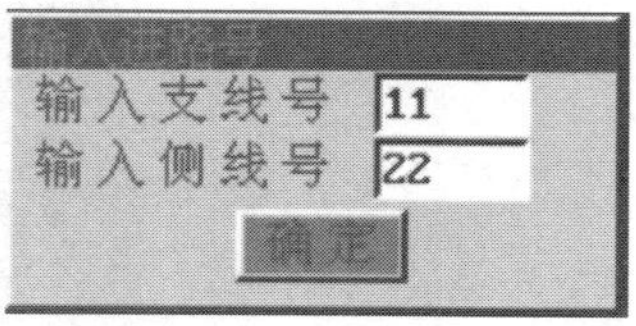

图10-60 同时输入
支线号、侧线号

8）补机操作

机车担当补机或加挂时，可操作监控装置进入"补机"状态。注意，必须在停车状态下进入"补机"模式。

设定时，先将光标移至"本补"项，利用"↓"键调出下拉菜单，选择"补机"项，退出设定状态后监控装置进入补机状态，如图 10-61 所示。根据输入的客、货状态不同，补机状态灯显示"客补"或"货补"。

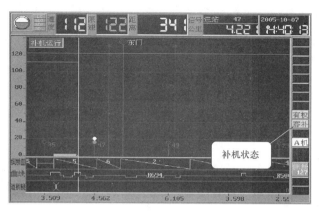

图 10-61　补机状态

以"补机"模式运行时，监控装置仅能实现运行记录功能，显示器曲线窗口左上角显示"补机运行"字样。此时"补机"模式限速取输入交路的最高限速。

9）揭示解锁操作

列车运行中，机车乘务员接到调度命令：要求取消慢行揭示、非正常行车揭示控制时，有两种解锁方式。

（1）方式一

列车运行中，对于在揭示提示窗口显示的揭示，在满足揭示解锁条件时，5 s 内顺序按压"转储"键、相应序号，弹出"揭示解锁"窗口，如图 10-62 所示。

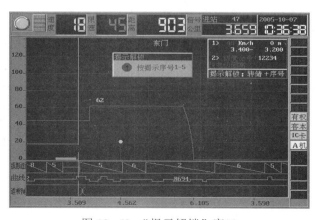

图 10-62　"揭示解锁"窗口

如图 10-63 所示，按需要解锁的提示序号，输入取消该揭示的调度命令号，将光标移到"确定"项后，按下"确定"键，该条揭示被解锁，机车按正常限速、正常模式控制。

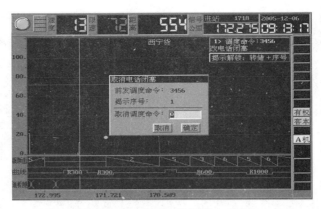

图 10-63　输入取消调度命令号

（2）方式二

在停车状态时，可通过揭示查询界面解锁揭示控制。进入全部揭示查询界面（如图 10-64 所示），选中要解锁的揭示，选择"解锁"项，按压"确认"键后弹出如图 10-65 所示的窗口，输入取消慢行揭示、非正常行车揭示控制的调度命令号，确定后该条揭示被解锁，会弹出"取消揭示成功！"提示窗口，如图 10-66 所示。

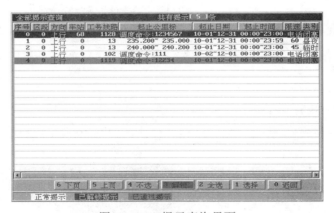

图 10-64　揭示查询界面

图 10-65　输入取消调度命令号

图 10-66　取消揭示成功

10）亮度、语音调整操作

在正常监控状态下，可以用"↑""↓"键调整屏幕亮度，用"←""→"键调整音量大小。

11）常用制动缓解操作

在固定限速下运行时，实施常用制动控制的减压量，客、货车均取 80 kPa。

在减速和停车模式下，实施常用制动控制的减压量，客运列车取 130 kPa，货运列车取 120 kPa。

列车运行中，因某种原因监控装置实施常用制动后，当满足缓解条件时，"缓解"指示灯点灯，机车乘务员可以根据实际情况，一次按压"缓解"键，完成缓解操作。

12）文件转储操作

利用 IC 卡进行文件转储操作时，根据转储的范围或转储数据多少可以分为选择转储、全部转储、转储未转文件三种情况。

（1）选择转储

选择转储步骤如下：

① 在速度为 0 的情况下按压"转储"键后屏幕进入"文件转储"窗口，如图 10-67 所示。

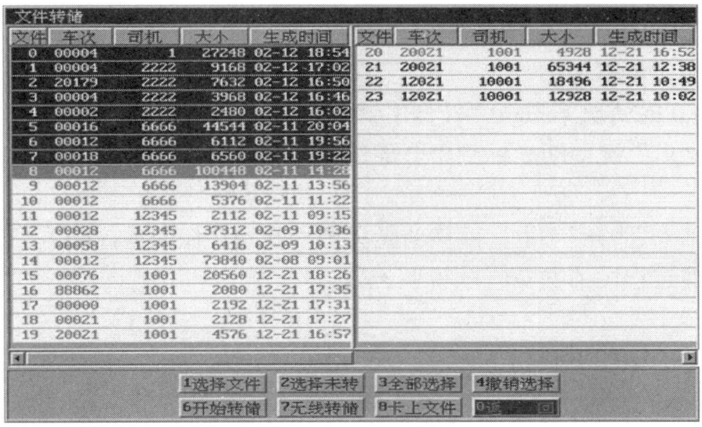

图 10-67　"文件转储"窗口

② 用"↑""↓"键移动光标到"选择文件"项，按压"确认"键，使光标到文件目录区。

③ 用"←""↑""→""↓"键移动光标到需转储的文件，按压"确认"键选中该文件。选中后光标自动移到下一个文件，同时选中的文件变成蓝色。如果想取消已经选中的文件，只需将光标移到所选文件，再次按压"确认"键即可。

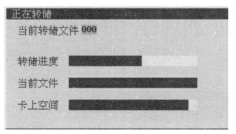

图10-68 "正在转储"窗口

④ 文件选择完毕，用"←""↑""→""↓"键移动光标到"开始转储"项，按压"确认"键，进行文件转储操作。

⑤ 在转储过程中，会弹出一个指示转储情况的"正在转储"窗口（如图10-68所示），窗口上部是当前正在转储的文件序号，中部的两个进度条分别指示整个转储工作的进度、当前文件转储进度。按压"确认"键返回"文件转储"窗口，此时可以选择退出或继续进行下次转储。

⑥ 转储结束后，如果转储成功，自动弹出一窗口，提示"转储成功！"（如图10-69所示），否则提示"转储失败！"。

图10-69 "转储成功"提示界面

（2）全部转储

全部转储的操作步骤如下：

① 在车速为0的情况下按压"转储"键，进入"文件转储"窗口。

② 用"↑""↓"键移动光标到"全部选择"项，按压"确认"键，选中全部文件，所有文件变成蓝色。

③ 用"←""↑""→""↓"键移动光标到"开始转储"项，按压"确认"键，进行文件转储操作。转储过程同前文第⑤项说明。

（3）转储未转文件

转储未转文件的操作步骤如下：

① 在车速为0的情况下按压"转储"键，进入"文件转储"窗口。

② 按压"转储"键，自动开始转储未转文件。转储过程同选择转储的第⑤项说明。

注意：

① 将光标移到"撤销选择"项，按压"确认"键，将撤销已选择的所有文件。

② 在文件目录显示区，绿色的文件是已经转储过的文件，蓝色的文件是选中的文件。

13）防溜操作

正常监控模式下，满足下列条件时，防溜功能起动：

① 列车停车时，如果列车减压量不足 80 kPa，5 s 后连续语音提示"注意防溜"，屏幕上显示"防溜倒计时！"，如图 10-70 所示。如果未按键应答或追加减压至 80 kPa，10 s 后实施紧急制动控制。

② 当机车未加载，由停车状态动车，速度≥3 km/h 或者移动距离≥10 m 时，连续语音提示"注意防溜"。如果未按键应答或加载，10 s 后实施紧急制动控制。

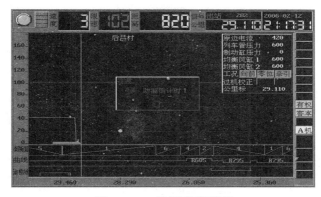

图 10-70　防溜报警界面

防溜控制模式启动后，可采用以下方法解除：

① 减压停车报警时，可追加减压至 80 kPa 或按压"警惕"键解除。

② 动车（包括运行中速度突降零后上升）报警时，可变换牵引手柄位置或按压"警惕"键解除。

14）降级控制操作

① 列车运行中禁止人为将监控装置置于"降级"状态。

② 机车乘务员输入"车次、车站号、客/货"种类等参数时，监控装置将转入"降级"控制状态。

③ 遇下列情况，输入无效：

a）装置已处于报警状态，机车信号半黄半红灯、速度不为零时；

b）机车信号为红灯、灭灯，或由黄灯、双黄灯转白灯，速度不低于 20 km/h 时。

④ 遇下列情况之一，监控装置将处于"降级"控制状态：

a）监控装置关机 60 s 以上再开机；

b）未按压"开车"键；

c）未输入参数数据或交路数据走完；

d）无监控数据；

e）自动闭塞区段连续 120 架、半自动闭塞区段连续 36 架信号机未过机校正。

⑤ 监控装置在"降级"状态（"降级"指示灯点亮）下工作时，如果机车信号为关闭信号（单红灯、半黄半红灯、双黄转白灯、黄转白灯），并且机车运行速度超过 5 km/h 时，监控装置发出音响报警。在报警开始后 7 s 内按压"警惕"键应答，报警暂停；未及时按压"警惕"键的话，将实施紧急制动控制。

15）系统故障排除操作

运行中，当系统 A、B 机都发生故障时，监控装置将转入故障报警状态，其界面如图 10-71 所示。进入故障报警状态后，"蜂鸣器"将持续报警，需要机车乘务员确认监控装置系统故障（显示屏故障标识灯点亮），必须在 3 min 内切除监控装置电源，否则将实施紧急制动控制。

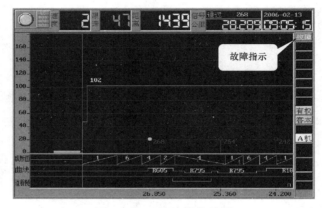

图 10-71　故障报警界面

16）行车警示

为保障机车乘务员夜间行车精神良好，监控装置设有行车警示功能，在 22:00 至 8:00 间警示功能有效。该功能有两种报警方式：

① 间隔报警方式。在模式设定时间内，每间隔 20 min 报警一次，报警方式为音响报警，报警持续时间为 2 min。机车乘务员确认地面信号显示后按压"警惕"键应答，解除报警。如果在报警时间内未按键应答，则监控装置将实施卸载、常用制动。

② 进站信号机报警方式。在模式设定时间内，运行中越过预告信号机后，监控装置语音提示"请确认信号"，机车乘务员确认地面信号显示后按压"定标"键应答。若在进站信号机前未按压"定标"键应答，则越过进站信号机后音响报警，报警持续时间为 30 s，如果在报警时间内未按键应答，则监控装置将实施卸载、常用制动。

## 【考核评价】

### 1. 自我评价

① 自我考核：LKJ2000 型监控装置的组成、作用及操作方法掌握程度。

② 自我评价（见表 10-11）。

表 10-11　自我评价（每项满分为 10 分）

| 序号 | 评价内容 | 得分 | 亮点 |
|---|---|---|---|
| 1 | 课前知识查阅、调研完成情况 | | |
| 2 | 课前、课中与人协作沟通表现 | | |
| 3 | LKJ2000 型监控装置掌握情况 | | |
| 4 | 课前、课中学习态度表现 | | |

## 2. 小组评价（见表 10-12）

表 10-12　小组评价（每项满分为 10 分）

| 序号 | 评价内容 | 得分 | 亮点 |
|---|---|---|---|
| 1 | 课中学习态度表现 | | |
| 2 | 课前、课中与人协作沟通表现 | | |
| 3 | LKJ2000 型监控装置掌握情况 | | |

## 3. 教师评价（见表 10-13）

表 10-13　教师评价（每项满分为 10 分）

| 序号 | 评价内容 | 得分 | 亮点 |
|---|---|---|---|
| 1 | 课前知识查阅、调研完成情况 | | |
| 2 | 课中参与及协作情况 | | |
| 3 | 掌握 LKJ2000 型监控装置的效果 | | |

## 【教师建议】

本任务要求重点掌握 LKJ2000 型监控装置的组成、正常行车操作方法及非正常行车操作方法。

# 任务 10.5　机车 6A 系统认知

## 【任务描述】

在实训教学中，需要一套机车 6A 系统。为了增强学生对机车 6A 系统的直观感性认识，可将学生分成若干小组，以小组为单位学习机车 6A 系统在机车上的布置情况，熟悉机车 6A

系统各设备的安装位置、作用及用法，并展开讨论。

【学习目标】

| 知识目标 | 了解机车 6A 系统的组成及功能 |
|---|---|
| 能力目标 | 能指出机车 6A 系统各设备的安装位置，能正确、熟练地使用机车 6A 系统处理各部故障 |
| 素质目标 | 养成细致、认真的工作作风；养成独立分析问题的良好习惯；能够比较自如地与他人沟通、协作完成工作 |

## 活动 10.5.1　机车 6A 系统的发展、构成及车载主机

🔥【活动要点】：机车 6A 系统的构成及各设备在车上的安装位置。

机车 6A 系统即机车车载安全防护系统，其车载主机如图 10-72 所示。

**1. 机车 6A 系统的发展**

2011 年 2 月，开始研发机车 6A 系统。

2011 年 10 月 25 日，下发《6A 系统总体暂行技术条件》（铁运函〔2011〕737 号）。

2012 年 9 月 26 日，下发《6A 系统中央处理平台及六个子系统暂行技术条件》（铁运〔2012〕227 号）。

2012 年 10 月 29 日，在中铁认证中心主持下，召开关于 6A 系统产品 CRCC 认证规则讨论会，确定了 6A 系统认证的基本规则。

2012 年 11 月底，6A 系统首批供应商通过 CRCC 认证。

2012 年 12 月，在 HX$_D$3C 和 HX$_D$1 型机车上批量安装 6A 系统。

2013 年 4 月，在 HX$_D$3C 型机车 97 台、HX$_D$1 型八轴机车 50 台上批量生产投入运用。

2013 年 5 月，下发《机车车载安全防护系统（6A 系统）运用维护管理规则（试行）》（运机技验函〔2013〕179 号），自 2013 年 7 月 1 日起施行。

2014 年 9 月，下发《机车车载安全防护系统（6A 系统）中央处理平台及各子系统技术条件》（铁总运〔2014〕208 号），自 2014 年 9 月 1 日起施行。

**2. 机车 6A 系统的构成**

机车 6A 系统主要由中央处理平台和六个子系统构成，如图 10-73 所示。

① CPP——中央处理平台；

② ABDR——空气制动安全监测子系统；

③ AFDR——防火监控子系统；

④ AGDR——高压绝缘检测子系统；

⑤ APDR——列车供电监测子系统；

⑥ ATDR——走行部故障监测子系统；

⑦ AVDR——视频监控子系统。

图 10-72　机车 6A 系统车载主机　　　图 10-73　机车 6A 系统的六个子系统

### 3. 机车 6A 系统的车载主机

机车 6A 系统以中央处理平台（CPP）为核心，集成了 6 个监控子系统，各子系统之间的关系及机车 6A 系统工作示意图，如图 10-74 所示。

| ABDR 空气制动安全监测 | AFDR 防火监控 | AGDR 高压绝缘检测 | APDR 列车供电监测 | ATDR 走行部故障监测 | AVDR 视频监控 |
| --- | --- | --- | --- | --- | --- |

中央处理平台：多监测系统集成，综合处理诊断，统一存储、显示、发送

视频监控　　列车供电监测　　高压绝缘检测　　防火监控
无线发送数据，综合地面应用
获取速度、线路、列车等信息
获取微机网络控制系统的信息和参数
中央处理平台　CVD　LKJ　车载微机
走行部故障监测　　空气制动安全监测

| 机车运行中的安全监控 | | | | | |
| --- | --- | --- | --- | --- | --- |
| 空气制动安全监测 | 防火监控 | 高压绝缘检测 | 列车供电监测 | 走行部故障监测 | 视频监控 |
| 1.监测机后折角塞门意外关闭；<br>2.监测停放制动意外施加 | 1.火灾报警；<br>2.火情可视；<br>3.灭火（可选）；<br>4.相关事件记录 | 1.升弓前对车顶设备绝缘状态进行确认；<br>2.绝缘测试数据记录 | 1.接地诊断；<br>2.供电统计；<br>3.列车供柜数据及故障记录 | 1.监测轴承、齿轮、踏面状态及机车横向和纵向动态数据；<br>2.综合在线诊断，分级故障报警并提示司机处置；<br>3.相关动态数据记录 | 1.记录前后方、司机室、机械间等处的视频图像并供司机查询；<br>2.实现与防火监控的联动；<br>3.视频数据存储 |
| **地面维护中的安全保障** | | | | | |
| 空气制动安全监测 | 防火监控 | 高压绝缘检测 | 列车供电监测 | 走行部故障监测 | 视频监控 |
| 1.制动相关记录数据查询；<br>2.辅助意外事件分析 | 1.火灾报警状态分析 | 1.升弓前高压设备绝缘状态数据查询 | 1.列车供电相关记录数据查询；<br>2.辅助列车供电故障分析 | 1.记录数据查询；<br>2.对预警数据进行趋势分析和状态跟踪。对一级、二级报警进行专家综合诊断，并给出处理建议；<br>3.全寿命状态跟踪及事件记录 | 1.视频图像查询；<br>2.辅助事故过程分析 |

图 10-74　机车 6A 系统工作示意图

机车 6A 系统与车载微机系统、LKJ 监控系统共同构成机车数据源，相互之间的关系如图 10-75 所示。

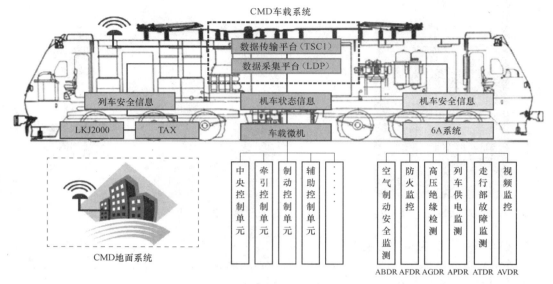

图 10-75　机车 6A 系统与车载微机系统、LKJ 监控系统的关系

机车 6A 系统在 6 轴机车上的总体布局，如图 10-76 所示。

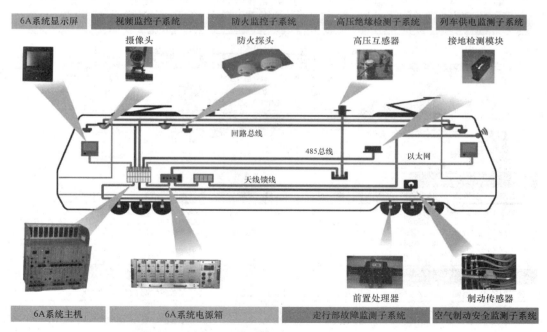

图 10-76　机车 6A 系统在 6 轴机车上的总体布局

机车 6A 系统在 6 轴机车上的总体配置见表 10-14。

表 10-14　机车 6A 系统在 6 轴机车上的总体配置

| 系统 | 位置 | 数量 | 说明 |
|---|---|---|---|
| 中央处理平台 | 6A 主机箱内 | 1 套 | |
| 空气制动安全监测子系统（ABDR） | 6A 主机箱内 | 1 块 | 制动监测板卡 |
| | 制动柜的列车管出口的管路上 | 1 只 | 列车管压力传感器 |
| | 停放单元切除塞门之后的管路上 | 1 只 | 停放缸压力传感器 |
| | 在制动柜的均衡缸管路上 | 1 只 | 均衡缸压力传感器 |
| 高压绝缘检测子系统（AGDR） | 6A 电源箱内 | 1 块 | 绝缘检测板卡 |
| 走行部故障监测子系统 1（ATDR） | 6A 主机箱内 | 1 块 | 走行部 1 板卡 |
| | 车下轴承 | 36 只 | 传感器 |
| 防火监控子系统（AFDR） | 6A 主机箱内 | 1 块 | 防火板卡 |
| | 司机室 1 顶部 | 1 只 | 高温探头 |
| | 司机室 1 顶部 | 1 只 | 烟温复合探头 |
| | 司机室 2 顶部 | 1 只 | 高温探头 |
| | 司机室 2 顶部 | 1 只 | 烟温复合探头 |
| | 制动机上方、中轴线位置 | 1 只 | 高温探头 |
| | 制动机上方、中轴线位置 | 1 只 | 烟温复合探头 |
| | 中梁、中轴线位置 | 1 只 | 高温探头 |
| | 中梁、中轴线位置 | 1 只 | 烟温复合探头 |
| | 人孔盖、中轴线位置 | 1 只 | 高温探头 |
| | 人孔盖、中轴线位置 | 1 只 | 烟温复合探头 |
| | 列供柜 1 柜体上方 | 1 只 | 高温探头 |
| | 列供柜 2 柜体上方 | 1 只 | 高温探头 |
| | 通道地板下动力电缆区 | 1 条 | 感温线缆 |
| 音视频显示终端 | 一端司机台左侧墙壁 | 1 台 | 音视频显示终端 A |
| | 二端司机台左侧墙壁 | 1 台 | 音视频显示终端 B |
| 视频监控子系统（AVDR） | 6A 主机箱内 | 3 块 | 视频采集、存储板卡 |
| | 前后司机台右侧 | 各 1 只 | 路况摄像头 |
| | 前后司机室顶棚右侧 | 各 1 只 | 司机室摄像头 |
| | 机械间走廊顶棚，均匀分布 | 3 只 | 机械间摄像头 |

机车 6A 系统在 8 轴机车上的总体布局如图 10-77 所示。

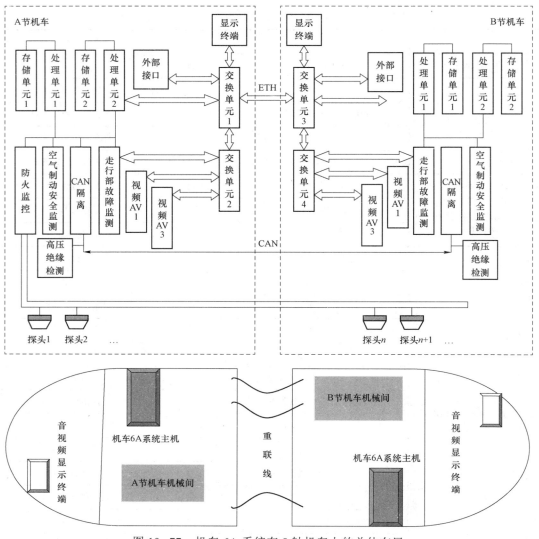

图 10-77　机车 6A 系统在 8 轴机车上的总体布局

在这个 8 轴机车上：

① A 节机车内的为主机，B 节机车内的为从机；

② 两节机车之间的数据通过以太网重联线传输；

③ A 节机车的 AF 板卡诊断 A 节车和 B 节车的火灾故障。

## 活动 10.5.2　机车 6A 系统的功能

🔥【活动要点】：各子系统的功能。

**1. 机车 6A 系统中央处理平台的功能**

中央处理平台由电源箱/板卡、6A 系统主机和音视频显示终端构成，是 6A 系统必备与核心的信息承载体。音视频显示终端和中央处理平台主机如图 10-78 所示。

(a) 音视频显示终端         (b) 中央处理平台主机

图 10-78 音视频显示终端和中央处理平台主机

1）中央处理平台主机的主要功能

① 综合处理报警。

② 安全信息存储。

③ 人机交互界面。

④ 平台统一供电。

⑤ 实时网络传输。

⑥ 双处理器冗余工作。

⑦ 监测子系统可扩展。

⑧ 为监测子系统提供电源。

⑨ 具备输入输出电压监测功能。

2）机车 6A 系统主机的功能

① 具备对子系统关联诊断及分析的功能。

② 具备向各子系统发送公共信息的功能。

③ 具备网络传输功能。

④ 具备存储各子系统、LKJ 监控系统、车载微机系统数据并加盖时间戳的功能。

⑤ 具备统一下载各子系统数据的功能。

⑥ 支持 8 轴车主从工作模式。

3）音视频显示终端的功能

① 具备在人机接口中显示当前发生的报警信息及各子系统相关数据的功能。

② 具备显示视频图像的功能，能根据操纵指令进行单画面或四画面显示。

③ 具备火灾报警时向视频子系统发送图像切换指令的功能。

④ 具备播放机车 6A 系统报警语音的功能。

⑤ 具备查看历史报警的功能，包括报警内容、报警时间、运行速度等。

⑥ 具备设置系统参数的功能，包括报警阈值、报警音量等。

⑦ 具备显示列供子系统漏电电流曲线的功能。

⑧ 具备显示机车 6A 系统自检报告的功能。

⑨ 具备使能和禁止 USB 口供电的功能。

**2. 空气制动安全监测子系统的功能**

① 具备停放制动非正常施加监测功能；

② 具备列车管折角塞门关闭监测功能；

③ 具备贯通辆数语音提示报警功能。

空气制动安全监测子系统的停放制动非正常施加模块监测试验方法如下：

① 在机车处于静止状态时观察制动监测界面，应无停放制动意外施加故障报警；

② 调整停放缸压力，使之小于 370 kPa，观察制动监测界面，应无停放制动意外施加报警；

③ 调整 LKJ，模拟机车速度大于 5 km/h，查看制动界面，应在 5 s 内报停放制动意外施加；

④ 调整停放缸压力，使之大于 370 kPa，查看制动界面，报警应该在 5 s 内解除；

⑤ 调整停放缸压力，使之小于 370 kPa，查看制动界面，应在 5 s 内报停放制动意外施加；

⑥ 调整 LKJ，模拟机车速度 0 km/h，查看制动界面，报警应该在 5 s 内解除。

**3. 防火监控子系统的功能**

① 火情探测。这是防火监控子系统的基本功能，通过感应烟雾、温度、光等物理量，检测是否发生火情，及时发出报警。所有探测与报警装置应均可通过本地指示灯发出报警或故障信号。

② 具备智能判断、关联报警功能，可将报警、故障及系统状态信息通过 CAN 总线上传给中央处理平台。

③ 具备司机室占用端智能烟雾判别功能。

④ 实时采集前端探测设备状态信息，并能将状态信息实时分析处理，判断设备的正常、火警、故障状态。

⑤ 能实时采集烟雾浓度数据、温度数据，并通过防火板卡进行逻辑判断及诊断，将判定结果实时上传中央处理平台。所有烟、温数据通过专用设备能直观地显示出来。

⑥ 具备自动扫描探测功能，能自动识别探测器的类型。

⑦ 具备依据机车提供的火警开关量信息进行报警的功能（可扩展）。

⑧ 具备自检、复位功能，可实时监测前端探测设备及线路问题，并可手动复位。

**4. 高压绝缘检测子系统的功能**

① 具备检测车顶高压部件的绝缘状态的功能。

② 具备设备自身的短路保护的功能。

③ 具备有网压时的自动锁闭检测功能。

④ 具备升弓状态下的自动锁闭检测功能。

车顶绝缘检测设备的自身故障为 1 级，车顶绝缘状态报警为 3 级。绝缘报警阈值如下：

① 机车出库时检测电压≥19 kV。

② 线路运行时检测电压≥15 kV。

具体的阈值由各铁路局集团公司根据机车运行区段、气候条件、使用经验自行确定。

**5. 列车供电监测子系统的功能**

① 监测列车供电系统的运行状态和测量供电线路对地漏电流。

② AP 板卡能向中央处理平台提供 1 路和 2 路的"供电申请""供电允许""集控隔离开关闭合"信号，用于中央处理平台判断是否自动挂车。

③ 向中央处理平台发送类型代码、厂商代码和软件版本号。

④ 供电统计。

⑤ 定时保存列供柜的运行状态信息。

⑥ 输出电压波动时保存列供柜运行状态信息。

**6. 走行部故障监测子系统的功能**

1）轴承

① 监测对象：轴箱轴承、牵引电动机轴承、抱轴轴承、齿轮箱轴承。

② 监测物理量：振动冲击、温度。

③ 监测要求：能够诊断出轴承的故障。

2）齿轮

① 监测对象：主、从动齿轮。

② 监测物理量：振动冲击。

③ 监测要求：能够诊断出齿轮的故障。

3）车轮踏面

① 监测对象：车轮踏面。

② 监测物理量：振动冲击。

③ 监测要求：能够诊断车轮踏面是否剥离、擦伤及其不圆度。

**7. 视频监控子系统的功能**

1）基本功能

① 实时采集相关监控区域的视频图像，并通过以太网方式传输。

② 图像可叠加监控区域、车次、机车号、时间、公里标、速度和火灾报警信息。

③ 当接收到火灾报警数据时，视频图像叠加防区名称，并可对相应报警区域的视频图像进行抓图，通过以太网发送给中央处理平台。

④ 具备司机室视频摄像头遮挡报警功能。

⑤ 实时采集司机室监控区域的音频数据（用户可选装），且音频固定叠加于第 2 通道视频上。

2）视频存储功能

① 对不同监控区域的视频支持以不同的帧率、不同的分辨率进行存储。操纵端的路况监控视频帧率不低于 25 fps、分辨率不低于 4CIF 格式；操纵端司机室监控视频帧率不低于 8 fps、分辨率不低于 CIF 格式；其余通道视频监控帧率不低于 4 fps、分辨率不低于 CIF 格式。

② 实时存储监控区域音视频数据，存储时间不少于 15 天。

③ 音视频存储采用滚动方式，当占用的存储介质空间达到上限时，自动覆盖早期的音视频数据。

④ 具备外挂 USB 存储器同步存储功能（仅限操纵端司机室摄像头），插入授权的 USB 存储器后 1 min 内开始同步存储，采用滚动存储方式。

## 【考核评价】

### 1. 自我评价

① 自我考核：对机车 6A 系统各个子系统的功能掌握程度。

② 自我评价（见表 10-15）。

表 10-15　自我评价（每项满分为 10 分）

| 序号 | 评价内容 | 得分 | 亮点 |
|---|---|---|---|
| 1 | 课前知识查阅、调研完成情况 | | |
| 2 | 课前、课中与人协作沟通表现 | | |
| 3 | 机车 6A 系统的掌握情况 | | |
| 4 | 课前、课中学习态度表现 | | |

### 2. 小组评价（见表 10-16）

表 10-16　小组评价（每项满分为 10 分）

| 序号 | 评价内容 | 得分 | 亮点 |
|---|---|---|---|
| 1 | 课中学习态度表现 | | |
| 2 | 课前、课中与人协作沟通表现 | | |
| 3 | 机车 6A 系统的掌握情况 | | |

### 3. 教师评价（见表 10-17）

表 10-17　教师评价（每项满分为 10 分）

| 1. | 评价内容 | 得分 | 亮点 |
|---|---|---|---|
| 1 | 课前知识查阅、调研完成情况 | | |
| 2 | 课中参与及协作情况 | | |
| 3 | 掌握机车 6A 系统的效果 | | |

## 【教师建议】

熟知机车 6A 系统各子系统的功能。

# 参考文献

[1] 杨兆昆. 东风$_4$型内燃机车乘务员 [M]. 北京：中国铁道出版社，2000.

[2] 曹国丽，杨兆昆，宋兆昆. 东风$_7$型内燃机车乘务员 [M]. 北京：中国铁道出版社，2002.

[3]《铁路机车乘务员专业培训教材》编委会. DF$_4$型内燃机车乘务员 [M]. 北京：中国铁道出版社，2016.

[4]《铁路机车乘务员专业培训教材》编委会. HXN$_5$型内燃机车乘务员 [M]. 北京：中国铁道出版社，2016.

[5] 于彦良. 内燃机车电传动 [M]. 北京：中国铁道出版社，2008.

[6] 张春雨. HXN$_5$型内燃机车原理与操作 [M]. 北京：北京交通大学出版社，2016.

[7] 北京铁路局. HXN$_5$型内燃机车乘务员手册 [M]. 北京：中国铁道出版社，2011.

[8] 于欣杰. 内燃机车驾驶专业实训指导书 [M]. 北京：中国铁道出版社，2008.

[9] 铁道部运输局，铁道部劳动和卫生局，铁路机车司机培训考试中心. DF$_4$型机车实作技能 [M]. 成都：西南交通大学出版社，2008.

[10] 铁道部运输局，铁道部劳动和卫生局，铁路机车司机培训考试中心. DF$_7$型机车实作技能 [M]. 成都：西南交通大学出版社，2008.

[11] 郭进龙. 内燃机车运用 [M]. 北京：中国铁道出版社，2006.